Martha Nussbaum

Fähigkeiten schaffen

Über eine lange Zeit hinweg haben Ökonomen, politische Entscheidungsträger und Verwaltungsbeamte, die mit den Problemen der ärmeren Nationen der Welt beschäftigt sind, den Menschen eine Geschichte vermittelt, welche die menschliche Erfahrung verfälscht. In ihren vorherrschenden Modellen behaupteten sie, die Lebensqualität einer Nation werde nur dann verbessert, wenn sich das Bruttoinlandsprodukt pro Kopf erhöht. Aufgrund dieser undifferenzierten Ansicht erhielten Länder gute Noten, die alarmierende Ungleichheiten aufwiesen und in denen ein großer Teil der Bevölkerung nicht in den Genuss des allgemeinen wirtschaftlichen Aufschwungs des Landes kam. Weil aber Ländern öffentliche Ranglisten, die ihr internationales Ansehen betreffen, alles andere als egal sind, bestärkte sie dieser undifferenzierte Denkansatz darin, allein das Wirtschaftswachstum zu befördern, ohne sich um den Lebensstandard ihrer ärmeren Bewohner zu kümmern und ohne sich mit Fragen wie der Gesundheit und Bildung zu beschäftigen, die sich normalerweise nicht im Zuge des Wachstums der Wirtschaft verbessern.

Heute gibt es in der Welt der Entwicklungspolitik ein neues theoretisches Paradigma. Es ist unter der Bezeichnung »Human Development« bekannt geworden, in der deutschsprachigen Debatte bekannt als »Fähigkeits-« oder »Fähigkeitenansatz«, und hebt mit einer ganz einfachen Frage an: Was sind die Menschen wirklich befähigt zu tun und zu sein? Welche tatsächlich gegebenen Möglichkeiten stehen ihnen zur Verfügung? Diese Frage ist, wiewohl einfach, zugleich komplex. Denn zur Qualität eines Menschenlebens gehören mannigfache Elemente, deren wechselseitige Verbindungen einer genauen Untersuchung bedürfen. In der Tat besteht eines der ansprechenden Merkmale des neuen Ansatzes in seiner Komplexität: Er scheint gut gerüstet, um auf die Komplexitäten menschlichen Lebens und Strebens zu antworten. Letztlich ist die mit diesem Ansatz verbundene Frage eine solche, die sich Menschen in ihrem Lebensalltag oft selber stellen.

Die Autorin:

Martha Nussbaum, Jahrgang 1947, ist Professorin für Rechtswissenschaften und Ethik an der University of Chicago. Sie gilt als eine der einflussreichsten Philosophinnen der Gegenwart. Ihre Bücher (u. a. *Die Grenzen der Gerechtigkeit* und *Politische Emotionen*) wurden mehrfach ausgezeichnet und in viele Sprachen übersetzt.

Martha Nussbaum

Fähigkeiten schaffen

Neue Wege zur Verbesserung menschlicher Lebensqualität

Aus dem Amerikanischen von Veit Friemert

Verlag Karl Alber Freiburg / München

KOSMOPOLIS

Politische Philosophie und Rechtsphilosophie heute

Herausgegeben von
Matthias Lutz-Bachmann, Andreas Niederberger und
Philipp Schink

Band 3

Übersetzt aus dem Englischen:
CREATING CAPABILITIES The Human Development Approach
First published by: The Belknap Press of Harvard University Press

Zweite Auflage

www.verlag-alber.de

Satz: SatzWeise GmbH, Trier
Herstellung: CPI books GmbH, Leck

Printed in Germany

ISBN 978-3-495-48669-6

Inhalt

Vorwort

Über eine lange Zeit hinweg haben Ökonomen, politische Entscheidungsträger und Verwaltungsbeamte, die mit den Problemen der ärmeren Nationen der Welt beschäftigt sind, den Menschen eine Geschichte vermittelt, welche die menschliche Erfahrung verfälscht. In ihren vorherrschenden Modellen behaupteten sie, die Lebensqualität einer Nation werde nur dann verbessert, wenn sich das Bruttoinlandsprodukt (BIP) pro Kopf erhöht. Aufgrund dieser undifferenzierten Ansicht erhielten Länder gute Noten, die alarmierende Ungleichheiten aufwiesen und in denen ein großer Teil der Bevölkerung nicht in den Genuss des allgemeinen wirtschaftlichen Aufschwungs des Landes kam. Weil aber Ländern öffentliche Ranglisten, die ihr internationales Ansehen betreffen, alles andere als egal sind, bestärkte sie dieser undifferenzierte Denkansatz darin, allein das Wirtschaftswachstum zu befördern, ohne sich um den Lebensstandard ihrer ärmeren Bewohner zu kümmern und ohne sich mit Fragen wie der Gesundheit und Bildung zu beschäftigen, die sich normalerweise nicht im Zuge des Wachstums der Wirtschaft verbessern.

Diese Modellvorstellung wird weiterhin verfolgt. Obwohl sie am stärksten in den Standardauswertungen der Leistungen von »Entwicklungsländern« – wie in der Praxis der Entwicklungsökonomie und in den mit Entwicklungsfragen befassten Behörden, wie dem Internationalen Währungsfonds (IWF) und der Weltbank – verankert ist, wird sie auch weithin eingesetzt, um reichere Länder einzuschätzen und zu erkennen, was es für diese heißt, sich zu »entwickeln« oder ihre Lebensqualität zu verbessern. (Alle Länder sind »Entwicklungsländer«, obwohl diese Formulierung zuweilen auf ärmere Länder bezogen wird: Ein jedes Land hat in vielfacher Hinsicht die Möglichkeit, die Bedingungen zu verbessern, unter denen eine angemessene Lebensqualität für alle seine Bewohner erbracht wird.) Weil auch in diesen Ländern große Ungleichheiten bestehen, führt dieser Denkansatz bei ihnen zu ähnlichen Verfälschungen.

Heute gibt es in der Welt der Entwicklungspolitik ein neues theoretisches Paradigma. Es ist unter der Bezeichnung »Human Development« bekannt geworden, in der deutschsprachigen Debatte bekannt als »Fähigkeits-« oder »Fähigkeitenansatz«, und hebt mit einer ganz einfachen Frage an: Was sind die Menschen wirklich befähigt zu tun und zu sein? Welche tatsächlich gegebenen Möglichkeiten stehen ihnen zur Verfügung? Diese Frage ist, wiewohl einfach, zugleich komplex. Denn zur Qualität eines Menschenlebens gehören mannigfache Elemente, deren wechselseitige Verbindungen einer genauen Untersuchung bedürfen. In der Tat besteht eines der ansprechenden Merkmale des neuen Ansatzes in seiner Komplexität: Er scheint gut gerüstet, um auf die Komplexitäten menschlichen Lebens und Strebens zu antworten. Letztlich ist die mit diesem Ansatz verbundene Frage eine solche, die sich Menschen in ihrem Lebensalltag oft selber stellen.

Dieses neue Paradigma hatte einen wachsenden Eindruck auf internationale, mit Wohlfahrtsfragen befasste Behörden hinterlassen – von der Weltbank bis zum Entwicklungsprogramm der Vereinten Nationen (UNDP). Mittels der Berichte über die menschliche Entwicklung (Human Development Reports), die seit dem Jahre 1990 jährlich durch das Büro für die Erstellung dieser Berichte (Human Development Report Office) veröffentlicht werden, beeinflusst der neue Ansatz mittlerweile auch den Großteil der gegenwärtig existierenden Staaten, die dazu angeregt werden, ihre eigenen fähigkeitsbasierten Studien zur Wohlfahrt verschiedener Regionen und Gruppen innerhalb ihrer eigenen Gesellschaften zu erstellen. Gegenwärtig sind es nur wenige Staaten, die keinen solchen Bericht regelmäßig verfassen. (Selbst die Vereinigten Staaten traten der Gruppe im Jahre 2008 bei.) Auch gibt es Regionalberichte wie den für die arabische Welt (Arab Human Development Report). Des Weiteren fördert die Vereinigung für menschliche Entwicklung und Befähigung (Human Development and Capability Association, HDCA), die etwa 700 Mitglieder aus 80 Ländern umfasst, eine hochwertige Forschung, die sich über ein weites Spektrum an Themen erstreckt, zu denen die entwicklungs- und fähigkeitsbasierten Ansätze maßgebliche Beiträge liefern und liefern können. Jüngstes Beispiel für den prägenden Einfluss des Paradigmas ist der Bericht der Sarkozy-Kommission zur Bestimmung der wirtschaftlichen Leistungsfähigkeit und des gesellschaftlichen Fortschritts.

Der zunehmend einflussreiche Fähigkeitenansatz ist bisher hauptsächlich in fachsprachlich dichten Aufsätzen und Büchern für ein Expertenpublikum verfasst worden. Wiederholt haben die allgemeine Leserschaft und die Lehrerschaft im Grundstudium den Mangel an einem verständlicheren Buch zu diesem Thema beklagt. Der vorliegende Band hat den Anspruch, diese Lücke zu schließen; er möchte Schlüsselelemente dieses Ansatzes verdeutlichen und Menschen dabei helfen, diesen Ansatz im Vergleich zu dessen Konkurrenten einzuschätzen. Vor allem jedoch wird hier versucht, den Fähigkeitenansatz im narrativen Kontext menschlicher Leben zu verorten sowie aufzuzeigen, was ihn von dem unterscheidet, was politische Entscheidungsträger an diesen Leben wahrnehmen, und welche Bedeutung ihm für das Vermögen der Politik zukommt, sinnvolle Einsprüche zu formulieren, aus denen der Respekt für wirkliche Menschen spricht und die deren Position stärkt, statt einfach die Vorlieben intellektueller Eliten widerzuspiegeln.

Die Verbesserung der menschlichen Lebensqualität erfordert seitens vieler Einzelner kluge politische Entscheidungen und engagiertes Handeln. Es mag somit unnötig sein, zu diesem Thema eine theoretische Abhandlung in Buchform zu verfassen, wie tief diese auch immer in die narrativen Details einzudringen vermag. Jedoch bilden Theorien einen großen Teil unserer Welt. Sie schaffen den Rahmen, innerhalb dessen Probleme wahrgenommen werden, sie prägen das, was an Vorstellungen hervorsticht, sie verweisen die Debatte damit auf bestimmte Strategien und schließen andere aus. In den Korridoren der Macht haben vernünftige Aktivisten einen viel zu geringen Einfluss. Die vorherrschenden, geschichtlich gesehen in diesem Bereich entscheidungsleitenden Theorien sind, wie ich zeigen werde, zutiefst verfehlt. Sie haben deshalb die Entwicklungspolitik vor Alternativen gestellt, die in Bezug auf von vielen geteilte menschliche Werte (wie die der Achtung der Gleichheit und Würde) falsch sind. Wenn wir der politischen Entscheidungsfindung die richtige Richtung weisen wollen, benötigen wir eine Gegentheorie, die diese fest verwurzelten, aber unangebrachten Theorien herausfordert. Eine solche Gegentheorie sollte der sich entwickelnden Welt auf neuen Wegen Ausdruck verleihen und uns ein anderes Bild dessen aufzeigen, was unsere Prioritäten sein sollten. Der Fähigkeitenansatz ist die Gegentheorie, die wir benötigen – in einer Zeit drängender Menschheitsprobleme und nicht zu rechtfertigender menschlicher Ungleichheiten.

1. Eine Frau auf der Suche nach Gerechtigkeit

Überall in der Welt gibt es Menschen, die um ein Leben kämpfen, das ihrer Menschenwürde entspricht. Staatsoberhäupter konzentrieren sich oft allein auf das Wachstum ihrer Volkswirtschaften; die Menschen aber, die sie regieren, streben derweil nach etwas anderem – nach einem für sie sinnvollen Leben. Nicht immer hat ein Zuwachs des Bruttoinlandsprodukts die Lebensqualität dieser Menschen verbessert; auch werden Berichte volkswirtschaftlichen Gedeihens wahrscheinlich nicht jene ermutigen, deren Existenz durch Ungleichheit und Entbehrung geprägt ist. Diese Menschen benötigen theoretische Ansätze, die ihre Kämpfe unterstützen oder zumindest eine öffentliche Debatte dadurch auslösen können, dass sie die Aufmerksamkeit auf diese richten. Ansätze hingegen, die diese Kämpfe im Verborgenen belassen oder Diskussion und Kritik die Stimme nehmen, benötigen sie nicht. Wie Mahbub ul Haq, der vor einigen Jahren verstorbene pakistanische Wirtschaftswissenschaftler, der die Berichte über die menschliche Entwicklung für das Entwicklungsprogramm der Vereinten Nationen ins Leben gerufen hatte, im Jahre 1990, im ersten dieser Berichte schrieb: »Der wirkliche Reichtum einer Nation sind ihre Menschen. Das Entwicklungsziel besteht darin, ein Umfeld zu schaffen, das Menschen die Möglichkeit eröffnet, sich eines langen, gesunden und schöpferischen Lebens zu erfreuen. Im Streben nach materiellem und finanziellem Reichtum wird diese einfache, aber einflussreiche Wahrheit allzu oft vergessen.« Haq zufolge benötigt die Entwicklungsökonomie einen neuen theoretischen Ansatz, wenn sie auf die drängendsten Probleme der Menschen antworten soll.

Man kann hierbei an Vasanti denken, eine kleine Frau Anfang Dreißig, die in Ahmedabad lebt, einer großen Stadt des indischen Bundesstaates Gujarat im Nordwesten Indiens. Vasantis Ehemann war ein Spieler und Alkoholiker. Er gab das Haushaltsgeld für Alkohol aus. Als dieses aufgebraucht war, unterzog er sich einer Vasektomie, um für sich den finanziellen Anreiz zu nutzen, den die Regierung von Gujarat zur Beförderung der Sterilisation bietet. So hatte Vasanti auch keine Kinder, die ihr zur Hand gehen konnten – was angesichts der Tatsache eine große Bürde ist, dass kinderlose Frauen häuslicher Gewalt stärker ausgesetzt sind. Nachdem die Übergriffe ihres Mannes immer weiter zunahmen, verließ sie ihn schließlich und ging zurück zu ihrer eigenen Familie.

Arme Eltern (oder Geschwister, falls die Eltern nicht mehr leben) sind oft nicht bereit, ein inzwischen verheiratetes Kind wieder aufzunehmen. Dies gilt insbesondere im Falle weiblicher Kinder, für die eine Aussteuer aufgebracht worden war. Die Bereitschaft, ein Kind wieder in den Haushalt aufzunehmen, bedeutet, einen weiteren Magen stopfen und einer Reihe weiterer Ängste entgegensehen zu müssen. Im Falle Vasantis würde sich die Scheidung als kostspielig erweisen, denn ihr Ehemann war nicht bereit, in diese einzuwilligen. So war es ihr Glück, dass die eigene Familie bereit war, ihr zu helfen. Viele Frauen in ihrer Lage landen auf der Straße und haben keine Möglichkeit, sich der Prostitution zu entziehen. Vasantis Vater, der Teile für Singer-Nähmaschinen hergestellt hatte, war verstorben. Aber ihre Brüder betrieben in der früheren Werkstatt ihres Vaters ein Geschäft für Autoteile. Vasanti nutzte eine seiner alten Nähmaschinen und lebte in dem Betrieb. Löcher für Häkchen an Sari Tops anzubringen, verschaffte ihr ein geringes Einkommen. Zwischenzeitlich hatte sie von ihren Brüdern einen Kredit für eine zweite Maschine erhalten, mit der die Ränder der Saris genäht werden können. Vasanti nahm das Geld, aber die Abhängigkeit von ihren Geschwistern mochte sie nicht – diese waren verheiratet und hatten Kinder. Ihre Unterstützung konnte jederzeit enden.

Dann stieß Vasanti auf SEWA, die Organisation für freiberuflich arbeitende Frauen (Self-Employed Women's Organization), eine wegweisende Nichtregierungsorganisation mit Sitz in Ahmedabad, die arme Frauen betreut. Gegründet von der international geachteten Aktivistin Ela Bhatt hatte SEWA damals mehr als 50 000 Mitgliedern mit mehreren Programmen geholfen – unter ihnen solche für Kleinkredite, Bildung und Gesundheitsfürsorge –, aber auch durch ihre Gewerkschaftsarbeit. Im Unterschied zu einigen anderen indischen Bundesstaaten verfolgt Gujarat eine wachstumsorientierte Programmpolitik, die nur wenige Ressourcen den Bedürfnissen der ärmsten Einwohner verfügbar macht. Regierungsprogramme, die Vasanti möglicherweise hilfreich gewesen wären – für Rechtsbeihilfe, Gesundheitsfürsorge, Kreditvergabe und Bildung –, gab es nicht. Es war ein für sie glücklicher Zufall, dass eine der besten Nichtregierungsorganisationen Indiens in ihrer Stadt zu finden war.

Durch die Hilfe von SEWA erhielt Vasanti einen eigenen Bankkredit und konnte ihren Brüdern das Geld zurückzahlen. (SEWA, die als bescheidene Genossenschaft begann, betreibt heute eine Bank in einem beeindruckenden Bürobau im Zentrum von Ahmedabad. Die Bank beschäftigt, auch auf der Leitungsebene, nur weibliches Personal. Unter den Angestellten finden sich viele frühere Nutznießerinnen von SEWA-Programmen.) Als ich einige Jahre später Vasanti traf, hatte sie den SEWA-Kredit nahezu vollständig zurückgezahlt. Auch war sie berechtigt, sich für die Bildungsprogramme von SEWA anzumelden. Sie hatte vor, Lesen und Schreiben zu lernen und sich die notwendigen Fertigkeiten anzueignen, um eine größere gesellschaftliche und wirtschaftliche Selbständigkeit zu erlangen und am politischen Leben teilzunehmen. Dank der Hilfe ihrer Freundin Kokila beteiligte sie sich aktiv am Kampf gegen häusliche Gewalt in ihrer Gemeinde. Ohne SEWA wäre diese Freundschaft wahrscheinlich nicht zustande gekommen. Denn Vasanti ist, obwohl arm, Angehörige der hohen Kaste der Brahmanen, Kokila aber entstammt einer der niederen Kasten. Teilungen entlang religiöser und Kastenzugehörigkeiten sind, obwohl in der Gesellschaft im Ganzen immer noch offenkundig, in der indischen Frauenbewegung kein Thema.

Welcher theoretische Ansatz könnte die Aufmerksamkeit auf die wichtigsten Merkmale der Lebensumstände von Vasanti lenken, eine angemessene Analyse dieser Umstände befördern und sachdienliche Handlungsvorschläge unterbreiten? Nehmen wir für einen Moment an, wir wären nicht an einer ökonomischen oder politischen Theorie interessiert, sondern einfach an Menschen: Was würden wir an Vasantis Geschichte wahrnehmen, was als hervorstechend betrachten?

Zunächst würden wir vermutlich bemerken, wie klein Vasanti ist, und könnten dies zunächst als Hinweis auf eine nicht hinreichende Ernährung in ihrer Kindheit verstehen. Mittellose Eltern sind oftmals genötigt, alle ihre Kinder mangelhaft zu ernähren. Jedoch würden wir auch wissen wollen, wie es ihren Brüdern ergangen ist. Es gibt eine Vielzahl an Befunden dafür, dass Mädchen schlechter ernährt werden als Jungen und bei Krankheit weniger häufig einem Arzt vorgestellt werden. Warum? Weil Mädchen im Vergleich zu Jungen geringere Beschäftigungsmöglichkeiten haben und somit weniger wichtig für das Wohlergehen der ganzen Familie zu sein scheinen. Die Arbeit, die sie im Haushalt verrichten, erbringt kein Geld. Somit ist es ein

Leichtes, deren wirtschaftliche Bedeutung zu ignorieren. Ferner verlassen die Mädchen in Nord- und Westindien mit der Heirat Haus und Familie und nehmen eine Aussteuer mit. Sie sind folglich teurer als Jungen. Somit fragen sich Eltern oft, warum sie ihre Mittel auf Mädchen verwenden sollen, die später nicht da sein werden, um sich um sie im Alter zu kümmern. Nord- und Westindien sind für ihre Sterblichkeitsraten von zweiten Töchtern berüchtigt. Vasantis Mangelernährung ist also nicht einfach der Armut geschuldet, sondern auch ihrer Diskriminierung als Frau.

Ungleichheiten im Vermögens- und Erbrecht tragen zu der Zwangslage bei, in der sich Indiens Töchter befinden; so muss jeder, der über Vasantis Leben nachdenkt, in Betracht ziehen, welche Rolle diese Faktoren in ihrer Lage gespielt haben. Religionsbasierte Systeme des Personalstatuts, die es in Indien seit der Unabhängigkeit gibt, bestimmen das Vermögens- und Erbrecht sowie das Familienrecht. In all diesen Systemen werden Frauen betreffende gravierende Ungleichheiten institutionalisiert. So erbten bis zum Jahre 1986 christliche Frauen nur ein Viertel dessen, was Söhnen zukam – ein Brauch, der sicherlich dazu beiträgt, den Lebenswert einer Tochter als unter dem eines Sohnes anzusetzen. Auch Hindu-Frauen mussten unter dem Vermögensrecht ihrer Religionsgruppe leiden. Gleiche Anteile an wirtschaftlich genutztem Land erlangten sie erst im Jahre 2005, sieben Jahre nachdem ich Vasanti getroffen hatte. Ihre Familie verfügt nicht über Landbesitz, aber eine Untersuchung der Zwangslage Vasantis würde uns selbstredend dazu führen, diese eng damit verwandte Ungleichheit zu bemerken.

Denkt man über solche Probleme nach, gelangt man zu einer Untersuchung der eklatanten Geschlechterungleichheit in der indischen Bevölkerung. Demographen schätzen, dass unter der Bedingung gleicher Ernährung und Gesundheitsfürsorge Frauen im Durchschnitt etwas länger als Männer leben – man könnte etwa mit einem Verhältnis von 102 Frauen zu 100 Männern rechnen. Hingegen erweist die jüngste indische Volkszählung ein Verhältnis von 92 Frauen zu 100 Männern. Diese Zahlen sind Durchschnittswerte. Im Süden, in dem Eigentum über die mütterliche Abstammungslinie vererbt wird und der Ehemann in das Haus der Braut einzieht, statt diese fort- und in die eigene Familie aufzunehmen, entspricht die Lebenserwartung der Frauen der Annahme der Demographen: Im Staat Kerala kommen auf 100 Männer 102 Frauen. Im Unterschied dazu ist in einigen nördlichen Staaten das Verhältnis in erschreckendem Maße aus dem Gleichgewicht geraten. Eine Haus-zu-Haus-Umfrage in einer ländlichen Gegend im Bundesstaat Bihar erbrachte den frappierenden Befund eines Verhältnisses von 75 Frauen auf 100 Männer. Es ist wohlbekannt, dass diese Unausgewogenheiten verstärkt werden, wo immer Informationen über das Geschlecht des Fötus zugänglich sind. Kliniken, die Fruchtwasseruntersuchungen durchführen, gibt es überall im ganzen Land. Weil geschlechtsabhängige Abtreibung ein so weit verbreitetes Problem in Indien ist, gilt der Versuch, Informationen über das Geschlecht des Fötus zu erlangen, als illegal. Die entsprechenden Gesetze finden allerdings kaum Anwendung.

So hat Vasanti ziemlich Glück gehabt, überhaupt am Leben zu sein. Ihre Familie hatte sie nicht besonders gut ernährt, aber immer noch besser als viele andere arme Familien deren Kinder. Als ich Vasanti traf, schien sie durchaus gesund zu sein. Sie hat glücklicherweise eine starke Konstitution, denn für Arme ist es in Gujarat nicht einfach, Gesundheitsfürsorge zu erlangen. Die indische Verfassung macht das Gesundheitswesen statt zu einer Angelegenheit des Gesamtstaates zu einer der Bundesstaaten. Somit gibt es von Bundesstaat zu Bundesstaat große Unterschiede hinsichtlich der den Armen zur Verfügung stehenden Mittel. Einige indische Staaten, wie etwa Kerala, haben ein wirksames Gesundheitssystem, die meisten jedoch nicht.

Als nächstes werden wir wahrscheinlich die Tatsache registrieren, dass einer so klugen und entschlossenen Frau wie Vasanti nur wenige Auswahlmöglichkeiten verfügbar waren, eine Beschäftigung zu finden. Denn Lesen und Schreiben hatte sie nie gelernt. Man kann dieses Problem auf einen Mangel im Bildungssystem von Gujarat zurückführen. Denn gleich der Gesundheitsfürsorge ist Bildung Angelegenheit der Bundesstaaten, wobei der Alphabetisierungsgrad zwischen diesen stark variiert. In Kerala beträgt der Alphabetisierungsgrad unter Heranwachsenden nahezu 100 % bei Jungen wie Mädchen; im nationalen Durchschnitt hingegen können 75,3 % der Männer lesen und schreiben, verglichen mit nur 53,7 % der Frauen. Die diese Abweichungen erzeugenden Einflussfaktoren stehen mit denen in Verbindung, die für die Geschlechterlücke in der Lebenserwartung und der Gesundheitsfürsorge verantwortlich sind: Von Frauen wird geglaubt, sie hätten geringere Auswahlmöglichkeiten in Beruf und Politik, womit es aus Sicht der Familie sinnvoller zu sein scheint, Mädchen die Hausarbeit zuzuteilen, während Jungen auf die Schule geschickt werden. Diese Voraussage bewahrheitet sich selbst, denn der Analphabetismus verschließt den Frauen die meisten Beschäftigungsverhältnisse und viele politische Chancen. Hinzu kommt die Tatsache, dass ein Mädchen schon bald die Familie ihrer Geburt verlassen wird, um in eine andere Familie einzuheiraten. Damit haben Eltern eine geringeres Eigeninteresse an der Zukunft ihrer Tochter. In Kerala sind diese Probleme effizienter thematisiert worden als in Gujarat, obwohl Kerala eine schlechte Bilanz hinsichtlich der Beschäftigungsmöglichkeiten für jene hat, die ihre Ausbildung abgeschlossen haben.

Weil Bildung ein so entscheidender Zugang zur Chancenfreiheit ist, wurde die indische Verfassung im Jahre 2002 abgeändert. Der Grund- und Oberschuldbildung sollte der Status eines erzwingbaren Grundrechts verliehen werden. Angesichts der Tatsache, dass mittellose Eltern ihre Kinder häufig nicht zur Schule schicken, weil sie deren Arbeitskraft zum Überleben brauchen, hat das Oberste Bundesgericht Indiens angeordnet, allen Schülern ein nährstoffreiches Mittagessen an den Schulen anzubieten, das zumindest 350 Kilokalorien und 18 Gramm Eiweiß enthalten muss. Damit wird armen Eltern ein wirtschaftlicher Anreiz gegeben, der oft den ausbleibenden Lohn für die Kinderarbeit während der Schulstunden aufwiegt. Vasanti hatte die durch diesen Politikwechsel eröffneten Möglichkeiten nicht. Andernfalls würde sie heute möglicherweise lesen und schreiben können und wäre vermutlich körperlich größer.

Unterdessen wurde im Jahre 1991 auf Bundesebene die Verfassung geändert, um Frauen ein Drittel der Sitze in den örtlichen *Panchayats*, den Dorfversammlungen, zuzuweisen. Wie auch das schulische Mittagessen schafft dies Anreize dafür, dass Eltern ihre Töchter gleich den Jungen auf die Schule schicken, denn eines Tages könnten auch diese die Interessen der Familie in der Kommunalverwaltung vertreten. Auch dieser Wandel kam für Vasanti zu spät, sofern er nämlich nicht die Entscheidungen beeinflussen konnte, die Vasantis Eltern familienbezogen hinsichtlich des Schulbesuchs trafen. Nun aber wird Vasanti möglicherweise das von SEWA angebotene Bildungsprogramm für Erwachsene nutzen, um die Möglichkeiten ihrer Teilnahme an der Erwerbsarbeit und am politischen Leben zu erweitern.

Weil Vasanti keine Schuldbildung genossen hat, ist ihr ein volles Verständnis der Geschichte und der politischen wie ökonomischen Verfassung ihrer Nation versagt. (Vasanti kann Nachrichten im Fernsehen verfolgen und erfährt sie durch ihre Freunde; sie ist aber immer noch in ihrem Vermögen beschränkt, ein umfassenderes Bild zu erlangen oder die sie interessierenden Themen weiter zu verfolgen.) Auch kann sie nicht Lyrik und Prosa schätzen, auch nicht die vielen anderen Werke der Phantasie, die ihr Leben reicher und vergnüglicher machen würden. Versagt sind ihr aber nicht Musik und Tanz. SEWA nutzt diese Medien intensiv, um Frauen wie Vasanti zu bilden.

Ein zentrales Thema der Geschichte Vasantis ist häusliche Gewalt. Zu dieser komplizierten Geschichte wiederum haben gesellschaftliche und behördliche Entscheidungen vielfältiger Art beigetragen. Der Alkoholismus ihres Ehemanns hat eindeutig dessen Gewalt befeuert. Mehrere indische Staaten haben aus genau diesem Zusammenhang von Alkoholismus und Gewalt Prohibitionsgesetze verabschiedet. Als besonders effizientes Heilmittel hat sich dies nicht erwiesen. Hilfreicher wären Aufklärungsprogramme über Alkohol und Drogen, im Verbund mit qualitativ hochwertigen Behandlungs- und Therapiemaßnahmen – von denen keines den ärmeren Schichten der Bevölkerung von Gujarat zur Verfügung stand. Hingegen war es die Tätigkeit des Staates, nicht dessen Untätigkeit, welche die Vasektomie von Vasantis Ehemann erklärt. Arme Menschen zu verleiten, sich einer Vasektomie zu unterziehen, stellt aus vielen Gründen kein besonders wirksames Mittel der Geburtenkontrolle dar, nicht zuletzt deshalb, weil sie Frauen Entscheidungsmöglichkeiten nimmt. Was die Gewalt selbst betrifft, so erhielt Vasanti keine Hilfe durch die Polizei. Dieses Versagen ist mangelhafter Rechtsdurchsetzung und schlechter Polizeiausbildung zuzuschreiben. Ihre körperliche Unversehrtheit wie ihre Gesundheit waren somit beständig gefährdet und ihre Würde wurde verletzt.

Wenn wir über häusliche Gewalt nachdenken, müssen wir auch über Ausstiegsmöglichkeiten nachdenken wie auch über die Stärkung der Verhandlungspositionen von Frauen in der Ehe. Hat eine Frau die Möglichkeit, den Ehebund aufzukündigen, dann muss sie häusliche Gewalt nicht länger über sich ergehen lassen. Weiß der Ehemann, dass seine Frau ihn verlassen kann, weil ihr Beschäftigungsverhältnisse offenstehen oder weil sie über Eigentum verfügt, ist es zumindest etwas weniger wahrscheinlich, dass sie von ihm geschlagen wird. In bedeutsamen Untersuchungen konnte Bina Agarwal zeigen, dass Landbesitz der wichtigste Einzelfaktor für die Erklärung dessen ist, warum einige Frauen in einer Region häusliche Gewalt erleiden und andere nicht. Eine Frau, die über Grundeigentum verfügt, wird mit geringerer Wahrscheinlichkeit zum Opfer von Übergriffen, denn sie kann den Ehebund aufkündigen, und wenn sie ihn aufkündigt, nimmt sie etwas von großem Wert mit sich. Andere Mittel, sich einem gewalttätigen Ehemann zu widersetzen, sind Beschäftigung, Bildung, bewegliches Eigentum und Ersparnisse. Eine andere Ausstiegsmöglichkeit bieten teilnahmsvolle eigene Eltern und Geschwister. Vasantis Familie ist außergewöhnlich, denn sie eröffnete ihr die Möglichkeit, ihren Ehemann mit Würde zu verlassen und sogar eine Beschäftigung aufzunehmen. Und dennoch bleibt es schwierig, eine Scheidung zu erwirken, denn das Rechtssystem arbeitet langsam und ist für seine Korruption berüchtigt. Dies erschwerte es Vasanti, auf eigenen Füßen zu stehen.

Der SEWA-Kredit hat hier einen Wandel bewirkt. Die Organisation verschaffte Vasanti einen Rückhalt, der nicht an den Status einer Abhängigen gebunden ist. Das Geld war ihr Geld, das sie ausgeben konnte, selbst wenn dies ihren Brüdern missfiel. Diese Unabhängigkeit steigerte ihre Selbstachtung und ihre Fähigkeit zu wählen.

Der Tribut, den die die häusliche Gewalt der physischen Gesundheit abverlangt, ist enorm. Aber deren Auswirkungen auf das emotionale Befinden sind gleichfalls verheerend. Frauen in der Lage, in der sich Vasanti befunden hat, leiden erheblich unter Furcht wie darunter, ihre Wut unterdrücken zu müssen. Oft haben sie kein echtes Vergnügen an Liebe und Sexualität. Die Bedingungen, die es Vasanti ermöglichten, ihren Ehemann zu verlassen, verbesserten auch ihr emotionales Befinden, wie dies auch ihre gute Beziehung zu ihren Brüdern tat. Der SEWA-Kredit öffnete ihr noch weitere Türen zum Glück. Ersichtlich erfreut sie sich der Freundschaft zu Kokila und der Erfahrung, anerkannt zu sein und als Gleiche in einer Gruppe von Frauen behandelt zu werden.

Während ihrer Ehe waren Vasanti alle Beziehungen außer der durch extreme Ungleichheit geprägten Beziehung zu ihrem gewalttätigen Mann versperrt. Sie hatte keine Freunde und durfte nicht arbeiten. Am politischen Leben nahm sie nicht teil. Dies ist das Los vieler Frauen, die in Beziehungen leben, die durch Gewalt und körperlichen Missbrauch gekennzeichnet sind. Besonders häufig trifft es jedoch jene Frauen, deren Kastenstellung es für sie zur Schande macht, nach einer Anstellung außerhalb des Hauses zu suchen. Frauen, die wie Vasanti zu höheren Kasten gehören, sind oftmals schlechter gestellt als Frauen aus niedrigeren Kasten, die sich frei bewegen können. Vasanti waren selbst eigene Kinder verwehrt, die ihr eine

Quelle der Zuneigung hätten sein können. SEWA hat ihr ermöglicht, aktiv am politischen Leben teilzunehmen und eine Gruppe von Freunden zu finden, die sie als Gleiche respektieren. Schon die Tatsache, dass sie zum Büro von SEWA kam und ihre Geschichte einer Fremden erzählte, war ein Zeichen neuer Offenheit und Neugier. Sie schien begeistert und stolz darüber, anderen ihr Leben mitzuteilen. Dennoch sind die Beschäftigungsmöglichkeiten, die ihr als Brahmanin offenstehen, eng begrenzt. Ihre Beteiligung am politischen Leben leidet darunter, dass sie nicht lesen und schreiben kann.

Vasanti ist in einem Bereich der Politik engagiert, denn sie und Kokila beteiligen sich am Kampf gegen häusliche Gewalt. Wir können uns jedoch fragen, ob sie die Rechte kennt, die ihr als Bürgerin zur Verfügung stehen, ob sie zur Wahl geht, ob und in welchem Maße sie darüber informiert ist, wie man das Rechtssystem nutzt. Weil die *Panchayat*-Ordnung erheblich dazu beigetragen hat, das politische Engagement und das Wissen von Frauen zu erweitern, und weil die Wahlbeteiligung unter Indiens Armen generell sehr hoch ist, wird Vasanti wahrscheinlich das politische System in gewissem Maße verstehen. Da sie aber nicht lesen und schreiben kann, da sie keine Schuldbildung genossen hat, ist ihre Fähigkeit, sich noch besser zu informieren, begrenzt. Studien, die sich mit den *Panchayats* beschäftigten, konnten zeigen, dass es für Frauen, die des Lesens und Schreibens unkundig sind, sehr schwer ist, sich an den öffentlichen Angelegenheiten zu beteiligen und respektiert zu werden.

SEWA konzentriert sich auf ein sehr grundsätzliches Thema, das alle diese Fragen durchdringt: die Fähigkeit von Frauen, ihr Leben in die eigenen Hände zu nehmen und zu planen. SEWA lehrt sie, dass sie nicht passive Wesen sind, nicht Gegenstände, die von anderen herumgestoßen werden, keine bloßen Schachfiguren oder Diener anderer Leute: Sie sind fähig, ihre eigenen Entscheidungen zu treffen und ihre jeweils eigene Zukunft zu planen. Für Frauen, die erzogen wurden, um sich fern jeder Selbstbestimmung als von anderen Abhängige zu verstehen, ist das eine aufregende neue Idee. In Vasantis Fall waren es in der Tat hauptsächlich Unabhängigkeit und Entscheidungsfreiheit, worin sich der SEWA-Kredit von dem Kredit ihrer Brüder unterschied. Die Freude an der neu entdeckten Position, Entscheidungsträgerin zu sein, schien ihre Freundschaft zu Kokila zu erfüllen (einer frei gewählten Freundschaft, für sie vielleicht die erste Freundschaft dieser Art überhaupt) und ihren Umgang mit der Frauengruppe zu prägen.

Was ließe sich noch bemerken? Wir wissen wenig über Vasantis Arbeitszeit, wenig über ihren Tagesablauf. Hat sie Zeit für Muße? Kann sie jemals einfach nur dasitzen und nachdenken, sich an etwas Schönem erfreuen oder Tee mit ihren Freundinnen trinken? Sie scheint Freude daran zu haben, sich gut zu kleiden. Vasantis Sari ist von wunderbar leuchtend blauer Farbe. Wie die meisten ärmeren Frauen Indiens lässt sie es nicht zu, dass die Not ihre ästhetische Phantasie beeinträchtigt. Sicherlich genießt sie in gewissem Maße freie Zeit und Vergnügen, nicht deshalb, weil die Gesellschaft ihren Bürgerinnen und Bürgern Freizeit garantiert, sondern weil Vasanti keine eigenen Kinder hat und auch nicht für angeheiratete Verwandte Verantwortung trägt. Die Kehrseite ihrer traurigen Geschichte ist, dass zumindest sie keinen doppelten Arbeitstag bewältigen muss, der aus einer fordernden Berufsarbeit und der vollen Verantwortung für die Hausarbeit einschließlich der Sorge um die Kinder und die Alten besteht, womit Millionen Frauen weltweit konfrontiert sind. Generell gesehen ist für Werktätige, insbesondere aber für weibliche Werktätige, der Schutz der freien Zeit bedeutsam für die Schaffung einer achtbaren Gesellschaft.

Beim Nachdenken über Spiel und Vergnügen habe ich mich gefragt, ob Vasanti nicht daran interessiert ist, einige nette Männer kennenzulernen und, nach überstandener Scheidung, vielleicht auch wieder zu heiraten. Eine der auffallendsten Eigenheiten der indischen Frauenbewegung besteht in der nahezu vollständigen Abwesenheit von westlichen Vorstellungen romantischer Liebe. Frauen, die eine unglückliche Beziehung zu ertragen hatten, zeigen sich selten daran interessiert, einen neuen Ehepartner zu finden. Sie möchten in der Lage sein, ohne einen Mann zu leben, und schätzen die Tatsache, dass eine der zentralen Wertvorstellungen von SEWA Gandhis Autarkiekonzept ist. Wie Indien Selbstachtung und Freiheit nicht erlangen konnte, so lautet die Vorstellung, ohne unabhängig von seinem Kolonialherren geworden zu sein, sei auch Frauen die Selbstachtung und Freiheit verwehrt, solange sie sich nicht selbst aus der Abhängigkeit von ihren Kolonialherren, also den Männern, befreiten. Frauen verstehen ihre Fähigkeit, ohne einen Mann leben zu können, als Zeichen von Selbstachtung. Man könnte fragen, ob solche Frauen (die oft homophob sind und von daher unwahrscheinlich lesbische Beziehungen eingehen) nicht eines der großen Vergnügen des Lebens beraubt sind. Haben sie sich wirklich entschieden, als alleinstehende Frauen zu leben, oder sind sie seelisch zu traumatisiert oder durch Mangelernährung zu entkräftet, um nach einem Partner zu suchen? Wenn sie von westliche Vorstellungen romantischer Liebe sprechen und der Solidarität innerhalb einer Gruppe von Frauen den Vorzug geben, sind wir jedoch daran erinnert, dass ein Lebensentwurf (in diesem Falle eine entweder verschieden- oder gleichgeschlechtliche Liebesbeziehung) nicht zwangsläufig der beste für Frauen weltweit ist.

Zumindest einige von uns haben möglicherweise Fragen, die Vasantis Beziehung zu ihrer Umwelt betreffen. Ist diese verschmutzt? Gehen von ihr Gefahren aus? Hat Vasanti die Gelegenheit, über ökologische Fragen nachzudenken und in dieser Hinsicht Entscheidungen, die sie und andere betreffen, zu fällen? Viele Frauenorganisationen sind ökologisch orientiert. SEWA allerdings nicht. Auch der Staat, in dem Vasanti lebt, ist an diesen Fragen kaum interessiert. Aller Wahrscheinlichkeit nach wird Vasanti also keine Gelegenheit haben, produktive Überlegungen zur Umweltpolitik anzustellen. Möglicherweise ist ihre Gesundheit gegenwärtig durch Umweltzerstörung gefährdet (Luft- und Wasserverschmutzung und so weiter). Oft sind Frauen, die ein scheinbar besonders »naturnahes« Leben führen, am meisten gefährdet, denn Kuhdung, der in vielen ärmeren Ländern als Brennmaterial genutzt wird, ist einer der Schadstoffe, welche die Atmungsorgane am stärksten belasten.

Dies sind zumindest einige der Aspekte der Lebenslage von Vasanti, die ein besorgter Beobachter oder Leser in Kenntnis ihrer gesellschaftlichen Lage bedenken würde. Für SEWA und jene, die Vasanti nahestehen, sind die meisten dieser Problemstellungen vordringlich. Viele davon sind auch für Vasanti schon immer relevant gewesen. Während sie mehr über ihre Lage erfährt und darüber, was zu dieser geführt hat, werden auch andere Fragen, die ihr noch nicht bewusst waren (zum Beispiel das *Panchayat*-System oder die für Kinder unerlässliche Eiweißmenge), ebenfalls für sie bedeutsam.

Wie wir bereits hier sehen können, bilden die verschiedenen Aspekte von Vasantis Lebenssituation untereinander einen komplexen Interaktionszusammenhang. Zugleich ist ein jeder davon ein eigenes Thema, das für sich selbst zu betrachten ist, wenn Vasanti das Leben, das sie verdient, führen können soll. Eine angemessene praktische Politik kann ihre Erfahrung in allen relevanten Aspekten beeinflussen. Um einen Zugang zur »Entwicklung« zu finden – wobei »Entwicklung« bedeutet, Dinge zu verbessern –, ist es sinnvoll, sich darauf zu konzentrieren, wie Vasantis Möglichkeiten und Freiheiten, zu entscheiden und zu handeln, durch die Vielzahl der in Erwägung zu ziehenden Strategien beeinflusst werden.

Unglücklicherweise sind die vorherrschenden Denkansätze in der Entwicklungsökonomie, d.h. Ansätze, die weltweit Anwendung finden, keine Verbündeten im Kampf, den Vasanti führt. Sie »lesen« ihre Lebenssituation nicht in der Weise, wie dies ein Aktivist vor Ort oder ein besorgter Beobachter tun könnte. Auch verstehen sie ihre Lage nicht in einer Weise, die für Vasanti Sinn ergäbe, oder doch in einer solchen, die sie als ein Wesen respektierte, dem man Würde zuzusprechen hat und das gleich anderen Ansprüche erhebt. Stattdessen identifizieren diese Denkansätze erfolgreiches Handeln (auf der Ebene eines Staates oder einer Nation) mit einer Zunahme des Bruttoinlandsproduktes pro Kopf der Bevölkerung. Gujarat betreibe, anders gesagt, nur dann die richtige Politik, wenn die eigene Wirtschaft wächst; der Vergleich mit anderen indischen Bundesstaaten könne allein auf Grundlage des Bruttoinlandsprodukts pro Kopf der jeweiligen Bevölkerung erfolgen.

Was mag diese Zahl, wie prächtig sie auch immer sei, für Vasanti bedeuten? Sie betrifft ihr Leben nicht und löst nicht ihre Probleme. Irgendwo in Gujarat nimmt der Reichtum aufgrund ausländischer Investitionen zu, dieser Reichtum aber ist nicht der ihrige. Würde sie erfahren, dass der Reichtum pro Kopf der Bevölkerung beachtlich zugenommen hat, dann wäre das für sie vergleichbar damit, dass man ihr mitteilte, irgendwo in Gujarat gebe es ein schönes Gemälde, das sie allerdings nicht betrachten könne, oder einen Tisch, reichlich gedeckt mit köstlichen Speisen, von denen aber keine für sie bestimmt sei. Zunehmender Reichtum ist insofern eine gute Sache, als er der Regierung die Möglichkeit hätte eröffnen können, solche Strategien umzusetzen, die für Vasanti bedeutsam gewesen wären. Dies aber ist nicht geschehen, und das sollte uns nicht überraschen. Im Allgemeinen profitieren zunächst die Eliten vom durch ausländische Investitionen erwirtschafteten Gewinn, was nicht einfach der Tatsache geschuldet ist, dass das Bruttoinlandsprodukt einen die Verteilung ignorierenden Durchschnittswert darstellt: Wie der Bericht der Sarkozy-Kommission zeigt, steigern Gewinne aus ausländischen Investitionen häufig nicht einmal das durchschnittliche Haushaltseinkommen. Die Segnungen dieses gestiegenen Reichtums erreichen die Armen nicht, es sei denn, die lokalen Eliten verpflichten sich auf eine Politik der Umverteilung des Reichtums. Insbesondere erreichen sie nicht die armen Frauen, deren Beschäftigungsmöglichkeiten weit schlechter als die der Männer sind. Auch führt, so zeigen Forschungsberichte, das Wirtschaftswachstum nicht von allein, ohne direkte staatliche Intervention, zu Verbesserungen im Gesundheits- und Bildungswesen. Was für Vasanti von Bedeutung ist, spielt somit im Standardansatz keine Rolle; dessen einzelne Akzentsetzung macht für ihr Leben keinen Unterschied.

Der Standardansatz richtet unsere Aufmerksamkeit folglich nicht auf die Ursachen dafür, dass Vasanti sich nicht der Früchte des allgemeinen Wohlstands ihrer Region erfreuen kann. In der Tat lenkt er diese Aufmerksamkeit von ihren Problemen definitiv ab, indem er behauptet, der richtige Weg zur Verbesserung der Lebensqualität in Gujarat bestehe darin, das Wirtschaftswachstum im Auge zu haben und nichts anderes.

In *Harte Zeiten* schildert Charles Dickens eine Schulklasse, in der Kindern der Standardansatz beigebracht wird. Das Zirkusmädchen Sissy Jupe, das erst seit kurzem in der Klasse ist, wird aufgefordert, sich vorzustellen, ihr Schulzimmer sei eine Nation, und diese Nation besitze »an Geld fünfzig Millionen«. Nun fragt der Lehrer »Mädchen Nummer Zwanzig« (in Übereinstimmung mit der Akzentsetzung auf der Aggregierung, also dem Zusammenzählen, haben Schüler Zahlen, statt dass sie Namen tragen), ob dies nicht eine glückliche Nation sei und sie, Sissy, sich nicht im Zustand des Gedeihens befinde. Sissy bricht in Tränen aus und rennt aus dem Klassenzimmer. Sie erzählt ihrer Freundin Luise, dass sie die Frage nicht beantworten konnte, »bis ich wüsste, wer denn eigentlich das Geld hätte und ob etwas davon mein wäre. Aber das gehörte nicht zur Sache. Es war durchaus nicht in den Zahlen enthalten.«

Was wir zu benötigen scheinen ist ein Ansatz, der uns Sissy Jupes Frage stellen lässt, ein Ansatz, der Leistung im Sinne von Chancen bestimmt, die jeder Person offen stehen. Ein solcher Zugang hätte ziemlich weit unten anzusetzen, Lebensgeschichten in Betracht zu ziehen sowie die menschliche Dimension von Strategiewechseln, die reale Personen betreffen. Strategien zu entwickeln, die für eine breite Palette von menschlichen Lebenslagen wirklich relevant sind, heißt, verschiedene, die menschliche Lebensqualität beeinflussende Faktoren in Betracht zu ziehen, heißt in jedem Bereich zu fragen: »Was sind die Menschen (und was ist jeder Einzelne) wirklich befähigt zu tun und zu sein?« Natürlich gehören zu jeder Herangehensweise an das Thema Entwicklung Elemente der Aggregation; damit jedoch die Aggregation sachdienliche Informationen liefert, müssen wir damit beginnen, genau zu fragen, welchen Themen Vorrang zu gewähren ist.

Die Elemente der Geschichte Vasantis stehen in sehr enger Beziehung zu der Liste zentraler Fähigkeiten, die in Kürze vorgestellt wird. So mag es scheinen, dass die Art, wie ich Vasantis Geschichte vorstelle, zirkulär ist, und ich diese Merkmale nur deshalb herausgreife, weil ich bereits weiß, was auf der Liste steht. Allerdings können wir ein Leben nicht betrachten, eine Geschichte nicht vernehmen, gäbe es nicht vorausgehende Ahnungen dessen, was bedeutsam sein könnte. Dies ist das Paradox der Forschung, das Platon im *Menon* erwähnt: Wenn du überhaupt keine Vorstellung davon hast, wonach du suchst, wirst du es auch niemals finden. Das Paradox muss sich aber nicht als kontraproduktiv erweisen. Wichtig ist nur, dass die Suche nicht nach starren Vorgaben erfolgen darf, sondern offen für neue Erfahrungen sein muss. Ich habe versucht, vor Aufstellung der Liste viele neue Erfahrungen zu sammeln, wobei Geschichten wie die Vasantis für diese Erfahrungsgewinnung grundlegend waren (obwohl sie nicht zur meiner Rechtfertigung der Liste gehören, wie später gezeigt wird). Auch ist die Liste nicht definitiv. Sollte sich zeigen, dass ihr etwas fehlt, das die Erfahrung als ein wesentliches Element eines der menschlichen Würde angemessenen Lebens erweist, kann sie zu jeder Zeit angefochten und überarbeitet werden. Ich habe lange Jahre mit vielen Aktivisten zusammengearbeitet und registriert, was ihnen am Leben von Frauen in deren Gesellschaften als bedeutsam aufgefallen ist. Dementsprechend versuchte ich, mein Urteil zu verbessern, und tue dies weiterhin.

In jüngerer Zeit wurde durch empirische Untersuchungen von Jonathan Wolff und Avner De-Shalit bestätigt, dass die auf meiner Liste versammelten Fähigkeiten jene sind, die in den Immigrantengemeinschaften, in denen sie arbeiten (in Israel und in Großbritannien), als die wesentlichen anerkannt werden. Das Geschichtenerzählen ist niemals neutral. Der Erzähler wird immer die Aufmerksamkeit auf einige Merkmale der Welt auf Kosten anderer richten. Dennoch sollten wir im Aufbau eines alternativen Denkansatzes auf wirklicher Neugier und theoretischer Beweglichkeit bestehen. Der Fähigkeitenansatz sollte sich als eine solche Alternative zum BIP-Ansatz verstehen, die diese bedeutsamen Tugenden enthält.

Üblicherweise ist der Fähigkeitenansatz im Kontext internationaler Entwicklungspolitik ausgearbeitet worden, mit einer Orientierung auf ärmere Nationen, die um die Verbesserung ihrer Lebensqualität kämpfen. In neuerer Zeit haben reichere Nationen ihre eigenen Berichte über die menschliche Entwicklung erstellt. In den Berichten des Human Development Report Office sind deren Daten schon immer wichtig gewesen. Zuweilen betrachtet man diesen Ansatz dennoch als nur für ärmere Länder geeignet. Jedoch wird in allen Ländern um ein würdevolles Leben gerungen, und in all diesen Kämpfen werden Ansprüche auf Gleichheit und Gerechtigkeit erhoben. Einige Aspekte von Vasantis Geschichte finden sich weniger häufig in den Vereinigten Staaten, denn dort ist der Analphabetismus weniger verbreitet als in Indien. Allerdings sind innerstädtische Schulen in diesem Land häufig nicht in der Lage, ihren Schülern selbst elementare Lese- und Schreibfähigkeiten zu vermitteln. Auch bleibt es im Bereich höherer Bildung bei alarmierenden Ungleichheiten hinsichtlich der Zugangsmöglichkeiten. Die Erfahrung häuslicher Gewalt ist, wie Untersuchungen zeigen, vermutlich in den Vereinigten Staaten so alltäglich wie in Indien. Präventionsmaßnahmen sind, trotz wachsender öffentlicher Wahrnehmung des Problems und der Bemühungen von Aktivisten, immer noch unzureichend. Ungleichheiten in der Gesundheitsversorgung und der Ernährung sind in den Vereinigten Staaten allgegenwärtig – ein angesichts des großen Reichtums dieses Landes unzumutbares Versagen. Folglich sind alle Länder Entwicklungsländer, insofern sie Probleme der menschlichen Entwicklung aufweisen und durch Kämpfe um eine wirklich angemessene Lebensqualität und minimale Gerechtigkeit geprägt sind. Gegenwärtig scheitern alle an der Aufgabe, die Würde einer jeden Person zu wahren und ihr Chancenfreiheit zu gewähren. Somit bietet der Fähigkeitenansatz ihnen allen einen Erkenntnisgewinn.

2. Die zentralen Fähigkeiten

Der Denkansatz, den wir untersuchen, wird manchmal *Ansatz zur Untersuchung der menschlichen Entwicklung* (Human Development Approach) genannt und manchmal *Fähigkeits-* oder *Fähigkeitenansatz* (Capability oder Capabilities Approach). Bisweilen werden beide Titel kombiniert, wie etwa bei »Journal of Human Development and Capabilities«, dem gegenwärtigen Titel des früheren *Journal of Human Development* – ein Titel, in dem sich der neue Status, offizielle Zeitschrift der HDCA zu sein, widerspiegelt. In einem gewissen Maß nutzt man diese Titel als bloße Wortvarianten, und für viele Leute besteht zwischen ihnen kein Unterschied. Sofern es hier bedeutsame Unterschiede gibt, so ist »Human Development Approach« historisch mit dem Human Development Report Office des Entwicklungsprogramms der Vereinten Nationen und mit dessen jährlich erscheinenden Berichten über die menschliche Entwicklung (Human Development Reports) verbunden. In diesen Berichten wird der Begriff ›Fähigkeiten‹ als Vergleichsmaßstab genutzt, statt einer normativen politischen Theorie als Grundlage zu dienen. Amartya Sen kam eine führende intellektuelle Rolle bei der konzeptionellen Ausrichtung dieser Berichte zu, diese inkorporieren allerdings nicht alle Aspekte seiner (pragmatischen und ergebnisorientierten) Theorie. Die Berichte zielen einfach darauf, miteinander vergleichbare Informationen zu bündeln, um die entwicklungspolitischen und Strategiedebatten neu auszurichten, statt eine systematische ökonomische oder politische Theorie voranzubringen.

›Fähigkeitsansatz‹ und ›Fähigkeitenansatz‹ sind die Schlüsselbegriffe dieses politischen und Wirtschaftsprogramms, das Sen in Werken wie *Inequality Reexamined* und *Development as Freedom* (dtsch. *Ökonomie für den Menschen*) vorgeschlagen hat. In diesen Schriften soll das Fähigkeits-Rahmenkonzept als der beste Ansatz dafür empfohlen werden, Vergleiche hinsichtlich der Lebensqualität anzustellen. Zugleich sollen sie zeigen, warum dieses Konzept den utilitaristischen und an Rawls anschließenden Entwürfen überlegen ist.

Typischerweise nutze ich den Plural – »Fähigkeiten« –, um zu betonen, dass die bedeutendsten Elemente, aus denen sich die Lebensqualität von Menschen zusammensetzt, plural und qualitativ distinkt sind: Gesundheit, körperliche Unversehrtheit, Bildung und andere Aspekte des Lebens von Individuen lassen sich nicht auf ein einziges Vergleichsmaß reduzieren, ohne sie zu verzerren. Auch Sen unterstreicht diese Idee der Pluralität und Nichtzurückführbarkeit, die ein Schlüsselelement des Ansatzes ist.

Ich ziehe den Terminus »Fähigkeitenansatz« – zumindest in vielen Zusammenhängen – dem Terminus »Ansatz zur Untersuchung der menschlichen Entwicklung« vor, weil ich mich mit den Fähigkeiten nichtmenschlicher Tiere wie auch den Fähigkeiten von Menschen befasse. Dieser Zugang bietet eine gute Grundlage für eine Theorie der Gerechtigkeit und der Ansprüche sowohl in Bezug auf Tiere als auch auf Menschen. Sen teilt dieses Interesse, obwohl er es nicht zu einem Schwerpunkt seiner Arbeit gemacht hat.

Vorläufig lässt sich der Fähigkeitenansatz als einen Zugang dafür definieren, Vergleiche der Lebensqualität anzustellen und über die grundlegende soziale Gerechtigkeit nachzudenken. Mit ihm ist die Auffassung verbunden, dass die Schlüsselfrage, die zu stellen ist, wenn man Gesellschaften vergleicht und diese hinsichtlich ihrer grundlegenden Annehmbarkeit und Gerechtigkeit beurteilt, lautet: Was ist eine jede Person wirklich befähigt zu tun und zu sein? Diesem Ansatz zufolge wird, anders gesagt, eine *jede Person als Zweck* betrachtet; es wird nicht nach dem Gesamt- oder Durchschnittswohl gefragt, sondern nach den Möglichkeiten, die einer jeden Person offenstehen. Er *konzentriert sich auf Wahlmöglichkeit oder Freiheit* und vermittelt die Ansicht, dass das entscheidende Gut, das Gesellschaften für ihre Bürgern befördern sollen, in einer Reihe von Chancen oder substanziellen Freiheiten besteht, die Menschen dann handelnd umsetzen oder nicht umsetzen mögen: Sie haben die Wahl dazu. Der Ansatz verpflichtet sich also darauf, das Vermögen der Menschen zur Selbstbestimmung zu respektieren. Hinsichtlich der *Werte* ist er entschieden *pluralistisch:* Er behauptet, dass sich errungene Fähigkeiten, die für die Menschen von zentraler Bedeutung sind, nicht nur ihrem Umfang nach, sondern auch qualitativ voneinander unterscheiden, dass sie unverzerrt nicht auf einen einzigen Maßstab bezogen werden können und dass für deren Erkenntnis wie für deren Generierung das Verständnis der besonderen Natur einer jeden dieser Fähigkeiten von grundlegender Bedeutung ist. Schließlich beschäftigt sich der Ansatz mit der *tief verwurzelten gesellschaftlichen Ungerechtigkeit und Ungleichheit,* insbesondere jedoch mit Fähigkeitsversagen im Ergebnis von Diskriminierung und Ausgrenzung. Eine drängende *Aufgabe* wird diesem Ansatz zufolge *der Regierung und der praktischen Politik* zugewiesen, die darin besteht, die Lebensqualität aller Menschen entsprechend ihren Fähigkeiten zu verbessern.

Dies sind die wesentlichen Elemente des Denkansatzes. Von ihm gibt es (zumindest) zwei Versionen, was sich zum Teil daraus erklärt, dass er für zwei verschiedene Zwecke genutzt wird. In der von mir vertretenen Version, in der dieser Ansatz Verwendung beim Aufbau einer Theorie grundlegender sozialer Gerechtigkeit findet, werden im Fortgang andere Begriffe hinzugefügt (jene der *menschlichen Würde,* der *Schwelle,* des *politischen Liberalismus*). Als eine Theorie grundlegender politischer Ansprüche bedient sich meine Version des Ansatzes auch einer spezifischen Liste *zentraler Fähigkeiten.* Verglichen mit vielen bekannten Theorien der Wohlfahrt unterwirft sich mein Zugang auch Beschränkungen: Meine fähigkeitsbasierte Theorie der Gerechtigkeit enthält sich des Angebots einer Gesamteinschätzung der Lebensqualität in einer Gesellschaft – selbst für Zwecke des Vergleichs. Denn die Rolle, die in meiner Theorie der *politische Liberalismus* spielt, lässt mich davon absehen, irgendeine umfassende Wertdarstellung anzubieten. Sen hingegen hat hauptsächlich das Anliegen, in der Fähigkeit den Begriff zu finden, der ihm für Zwecke des Vergleichs der Lebensqualität am sachdienlichsten ist. Damit ändert er die Debattenrichtung. Sens Version des Ansatzes beinhaltet keine definitive Darstellung grundlegender Gerechtigkeit, obwohl Sens Theorie eine normative Theorie ist und eine deutliche Beziehung zu Fragen der Gerechtigkeit aufweist (indem er z. B. die Aufmerksamkeit auf Fälle von Fähigkeitsversagen richtet, die aus Geschlechter- und Rassendiskriminierung resultieren). Folglich verwendet Sen keinen Schwellenbegriff und auch keine spezifische Liste von Fähigkeiten, obwohl klar ist, dass er einige Fähigkeiten (wie etwa Gesundheit und Bildung) für besonders wesentlich hält. Auch ist bei ihm der Begriff der *menschlichen Würde* nicht von zentraler konzeptioneller Bedeutung, wenngleich er gewiss dessen Bedeutsamkeit anerkennt. Dabei behauptet Sen, die Idee der Fähigkeiten könne als Grundlage der umfassenden Lebensqualitätseinschätzung einer Nation dienen, und weicht damit von den bewusst beschränkten Zielen meines politischen Liberalismus ab.

Diese Differenzen werden uns in Kapitel 4 weiter beschäftigen. Vorerst jedoch fahren wir fort, beide Denkansätze als einen relativ einheitlichen Zugang für eine Reihe von Fragen zu betrachten, die sowohl die Lebensqualität als auch die grundlegende Gerechtigkeit betreffen. Vasantis Geschichte und das, was an ihrer Lebenslage wesentlich ist, hätten sowohl von Sen als auch von mir dargestellt werden können. In beiden Fällen wären dieselben wesentlichen Merkmale festgestellt worden. Allerdings würde Sen diese nicht in die Form einer Liste bringen oder Feststellungen über das Mindestmaß sozialer Gerechtigkeit anstellen, sondern sich vielmehr auf die Frage der Lebensqualität konzentrieren. Nun ist, wie ich glaube, genug gesagt worden, um die Aufmerksamkeit auf die gemeinsamen Umrisse des Zugangs sowie dessen begriffliche Leitlinien, aber auch auf einige der Begriffe zu lenken, die meine eigene Konzeption charakterisieren und die in diesem Kapitel noch näher bestimmt werden, obwohl sie für Sens Konzeption keinen zentralen Stellenwert besitzen.

Was sind *Fähigkeiten?* Sie sind Antworten auf die Fragen: »Was ist diese Person befähigt zu tun und zu sein?« Anders gesagt handelt es sich hierbei um, wie Sen sagt, »substanzielle Freiheiten«, also eine Reihe von (in der Regel miteinander verbundene) Chancen, zu wählen und zu handeln. Mit einer Standardformulierung Sens gesagt bezieht sich »die ›Fähigkeit‹ einer Person« auf die »möglichen Verbindungen der Tätigkeiten, die sie auszuüben vermag. Eine Fähigkeit ist also eine Art von Freiheit: nämlich der substanziellen Freiheit, alternative Kombinationen von Tätigkeiten zu verwirklichen«.[1] Bei ihnen handelt es sich anders gesagt nicht einfach um der Person immanente Fähigkeiten, sondern auch um Freiheiten oder Möglichkeiten, die durch eine Kombination von personalen Fähigkeiten und dem politischen, gesellschaftlichen und wirtschaftlichen Umfeld entstehen. Um die Komplexität der Fähigkeiten zu verdeutlichen, werde ich diese »substanziellen Freiheiten« als *kombinierte Fähigkeiten* bezeichnen. Vasantis kombinierte Fähigkeiten bestehen in der Gesamtheit der Wahl- und Handlungsmöglichkeiten, die ihr in ihrer spezifischen politischen, gesellschaftlichen und wirtschaftlichen Lage zur Verfügung stehen.

Sicherlich sind die Eigenschaften einer Person (Charakterzüge, intellektuelle und emotionale Fähigkeiten, Grade körperlicher Stärke und Gesundheit, das Maß angeeigneten Wissens, Wahrnehmungs-

[1] Amartya Sen, Ökonomie für den Menschen: Wege zu Gerechtigkeit und Solidarität in der Marktwirtschaft, München 2000, 95 (Zitat geändert, Anm. d. Übers.).

und motorische Fertigkeiten) in hohem Maße bedeutsam für ihre »kombinierten Fähigkeiten«. Es ist aber sinnvoll, sie von kombinierten Fähigkeiten zu unterscheiden, denn sie sind nur ein Teil von diesen. Ich nenne diese personalen Zustände (die nicht festgelegt, sondern im Fluss und dynamisch sind) *interne Fähigkeiten*, die von der angeborenen Fähigkeiten abgegrenzt werden müssen: Sie sind eingeübte oder entwickelte Eigenschaften und Befähigungen, die sich zumeist in der Interaktion mit dem gesellschaftlichen, wirtschaftlichen, häuslichen und politischen Umfeld ausbilden. Zu ihnen gehören Eigenschaften wie Vasantis erlerntes politisches Können, ihre Fertigkeit, nähen zu können; ihr neu entdecktes Selbstvertrauen sowie ihre Freiheit von den Ängsten, die sie früher plagten. Eine Gesellschaft, die die wichtigsten menschlichen Fähigkeiten befördern möchte, hätte unter anderem die Aufgabe, die Entwicklung interner Fähigkeiten zu unterstützen – durch Bildung und die Bereitstellung von Mitteln für die Verbesserung der körperlichen und emotionalen Gesundheit, durch die Beförderung familiärer Fürsorge und Zuneigung, durch ein Unterrichtssystem und viele andere Dinge.

Warum ist es wichtig, die internen von den kombinierten Fähigkeiten zu unterscheiden? Die Unterscheidung entspricht zwei Aufgaben einer achtbaren Gesellschaft, die, obwohl aufeinander übergreifend, jeweils eigenständig sind. Eine Gesellschaft kann erfolgreich darin sein, interne Fähigkeiten zu erzeugen, und zugleich die Wege versperren, auf denen es Menschen wirklich möglich ist, in Übereinstimmung mit diesen Fähigkeiten zu wirken. Viele Gesellschaften vermitteln Menschen die Bildung, die diese zur freien Rede über politische Fragen – intern – befähigt; sie versagen ihnen dann jedoch in der Praxis die Redefreiheit, indem sie diese unterdrücken. Viele Menschen, die intern frei sind, eine Religion zu praktizieren, haben keine Möglichkeit, dies im Sinne einer kombinierten Fähigkeit zu tun, weil die Regierung die freie Ausübung der Religion nicht schützt. Viele Menschen, die intern fähig sind, am politischen Leben teilzunehmen, sind nicht fähig, diese Entscheidung im Sinne einer kombinierten Fähigkeit zu treffen – dies mögen Immigranten ohne Rechtsansprüche sein oder anderweitig von der Teilnahme Ausgeschlossene. Auch kann es sein, dass eine Person in einem politischen und gesellschaftlichen Umfeld lebt, in welchem sie eine interne Fähigkeit zu verwirklichen vermag (z. B. die Regierung zu kritisieren), sie jedoch die ausgebildete Fähigkeit nicht hat, kritisch zu denken und in der Öffentlichkeit zu sprechen.

Weil kombinierte Fähigkeiten per definitionem interne Fähigkeiten zuzüglich der gesellschaftlichen/politischen/wirtschaftlichen Bedingungen sind, unter denen deren Ausübung wirklich gewählt werden kann, ist es begrifflich unmöglich, sich eine Gesellschaft vorzustellen, die kombinierte Fähigkeiten erzeugt, ohne aber interne Fähigkeiten zu erzeugen. Vorstellbar wäre allerdings eine Gesellschaft, die erfolgreich Rahmenbedingungen dafür schafft, dass Menschen viele Themenfelder betreffend wählen können, die aber ihre Bürger nicht bildet oder die Entwicklung ihrer Geisteskräfte nicht befördert. Für einige indische Bundesstaaten trifft das zu: Diese sind offen für jene, die partizipieren wollen, aber sie versagen bei der grundlegenden Gesundheitsfürsorge und der Bildungsvermittlung, die diesen Menschen die Partizipation ermöglichen würde. Begrifflich gesehen könnte man sagen, hier seien weder interne noch kombinierte Fähigkeiten vorhanden, aber die Gesellschaft habe zumindest in einigen Fragen richtig gehandelt. (Natürlich besitzen in dieser Gesellschaft viele Menschen kombinierte Fähigkeiten, nur nicht die armen oder die am Rande stehenden.) Wie in allen indischen Bundesstaaten ist in Vasantis Gujarat der Grad politischer Mitbestimmung hoch. Insofern ist Gujarat bei der Ausweitung der politischen Teilnahme auf alle erfolgreich. (Man beachte, dass wir hier das Vorliegen einer Fähigkeit aus der tatsächlichen Tätigkeit erschließen. Es scheint schwierig, empirisch anders zu verfahren. Begrifflich gesehen sollten wir aber daran erinnern, dass eine Person, die vollständig befähigt ist zu wählen, sich dennoch entscheiden mag, nicht zu wählen.) Gujarat ist nicht im gleichen Maße erfolgreich, die entsprechenden internen Fähigkeiten zu befördern, etwa durch Bildung, zweckdienliche Informationen und vertrauensbildende Maßnahmen für Arme, Frauen und religiöse Minderheiten.

Die Unterscheidung zwischen internen und kombinierten Fähigkeiten ist nicht trennscharf. Denn normalerweise erwirbt man eine interne Fähigkeit, indem man diese irgendwie tätig umsetzt, und man verliert sie möglicherweise, indem es an Möglichkeiten dazu fehlt. Dennoch ist diese Unterscheidung ein nützliches heuristisches Mittel, um die Leistungen und Mängel einer Gesellschaft zu diagnostizieren.

Interne Fähigkeiten sind nicht mit angeborenem Vermögen identisch. Die Idee eines angeborenen Vermögens spielt jedoch im *Human-Development*-Ansatz durchaus eine Rolle. Letztlich verweist der Terminus »human development« auf die Entwicklung von Kräften, die durch Menschen in die Welt eingebracht werden. Historisch gesehen ist der Ansatz durch philosophische Ansichten beeinflusst, die das Augenmerk auf menschliches Gedeihen und menschliche Selbstverwirklichung lenken, und die sich von Aristoteles bis John Stuart Mill im Westen und bei Rabindranath Tagore in Indien finden. In diesem Ansatz wird auf vielfältige Weise die intuitive Idee von Vergeudung und Hunger genutzt, um anzudeuten, was mit einer Gesellschaft nicht stimmt, die die Entwicklung von Fähigkeiten konterkariert. Adam Smith schrieb, der Entzug von Bildung verstümmle und entstelle Menschen »in einem […] wesentlichen Teil des Charakters der menschlichen Natur«. Damit ist eine wichtige, hinter dem Fähigkeiten-Projekt stehende intuitive Idee erfasst. Es ist somit erforderlich, Wege zu finden, auf denen über diese – entweder geförderten oder nicht geförderten – angeborenen Kräfte gesprochen werden kann. Um dies zu tun, lässt sich der Terminus *grundlegende Fähigkeiten* nutzen. Wir wissen mittlerweile, dass deren Entwicklung nicht über eine Festverdrahtung in der DNS erfolgt: Die Ernährung während der Schwangerschaft und pränatale Erfahrungen sind an der Ausprägung und Gestaltung dieser Fähigkeiten beteiligt. In diesem Sinne haben wir es selbst unmittelbar nach der Geburt immer schon mit internen Fähigkeiten, wenn auch im sehr frühen Stadium, zu tun, mit Fähigkeiten, die bereits umweltbedingt sind, die jedoch kein reines Potential darstellen. Dennoch ist die Kategorie, solange sie nicht missverstanden wird, nützlich. Grundlegende Fähigkeiten sind die angeborenen Fähigkeiten einer Person, die eine spätere Entwicklung und Ausbildung ermöglichen.

Der Begriff grundlegender Fähigkeiten ist mit erheblicher Vorsicht zu verwenden. Denn leicht ist eine Theorie vorstellbar, mit der behauptet wird, den Menschen seien politische und gesellschaftliche Ansprüche proportional zu ihrer angeborenen Intelligenz und Fertigkeit zuzumessen. Dieser Ansatz erhebt eine solche Forderung nicht. Er beharrt in der Tat darauf, dass das politische Ziel aller Menschen einer Nation dasselbe sein muss: Alle sollten ein Niveau kombinierter Fähigkeiten haben, das oberhalb eines bestimmten Schwellenwerts liegt, nicht im Sinne einer erzwungenen Tätigkeit, sondern der substanziellen Freiheit zu wählen und zu handeln. Das ist mit der Forderung gemeint, alle Menschen mit gleichem Respekt zu behandeln. Die Einstellung gegenüber den grundlegenden Fähigkeiten der Menschen ist somit nicht meritokratisch – was bedeutete, von Geburt an besser befähigte Menschen erfahren eine bessere Behandlung –, sondern im Gegenteil ist zu fordern, dass jene, die mehr Hilfe zur Überwindung des Schwellenwerts benötigen, diese Hilfe auch erhalten sollten. Im Falle von Menschen mit kognitiven Behinderungen hat das Ziel darin zu bestehen, sie die gleichen Fähigkeiten besitzen zu lassen wie »normale« Menschen. Dies gälte auch dann, wenn einige dieser Möglichkeiten durch einen Stellvertreter wahrgenommen werden müssen und der Stellvertreter in einigen Fällen teilweise die interne Fähigkeit einbringen mag, falls die Person nicht in der Lage ist, das Vermögen, Entscheidungen zu treffen, in hinreichendem Maße selbst zu entwickeln, zum Beispiel durch die Stimmabgabe im Auftrag der Person, auch wenn diese eine Wahlentscheidung nicht treffen kann. Eine Einschränkung besteht allerdings: Die Person muss das Kind menschlicher Eltern und sie muss in gewissem Maße fähig sein, Dinge aktiv zu erstreben. Somit wäre dieser Konzeption zufolge eine Person, die sich in einem dauerhaften vegetativen Zustand befindet oder eine Person mit Anenzephalie nicht zu gleichen politischen Ansprüchen berechtigt. Aber der Begriff grundlegender Fähigkeit eignet sich trotzdem, um über Bildung nachzudenken: Ist ein Kind angeboren geistig behindert, sind besondere Interventionen gerechtfertigt.

Der Fähigkeit gegenüber steht das *Tätigsein* [functioning]. Tätigsein ist die aktive Umsetzung einer oder mehrerer Fähigkeiten. Tätigkeiten müssen nicht in jedem Fall sonderlich aktiv sein oder, um den Terminus eines Kritikers zu zitieren, »kraftvoll«. Sich guter Gesundheit zu erfreuen ist ein Tätigsein, wie auch sich friedlich ins Gras zu legen. Als Tätigkeiten gelten Zustände und Taten, die Folgen oder Umsetzungen von Fähigkeiten sind.

Bei der Unterscheidung zwischen Fähigkeiten und Tätigkeiten sollten wir beachten, dass Fähigkeit die Möglichkeit zu wählen bedeutet. Der Begriff der *Wahlfreiheit* ist somit demjenigen der Fähigkeit inhärent. Um hier eines der Beispiele Sens heranzuziehen: Sowohl eine hungernde als auch eine fastende Person charakterisiert, was die Ernährung betrifft, dieselbe Art Tätigkeit. Beide Personen haben aber nicht die gleiche Fähigkeit, denn jene, die fastet, ist fähig, nicht zu fasten, die hungernde Person aber hat keine Wahl.

In gewisser Weise sind Fähigkeiten bedeutsam, weil sie den Weg eröffnen, der zu Tätigkeiten führen mag. Wenn Menschen niemals, in keiner Weise, tätig waren, dann wäre es abwegig zu sagen, die Gesellschaft sei eine gute Gesellschaft, weil sie diesen Menschen viele Fähigkeiten vermittelt habe. Würden Menschen sich ihrer nie bedienen und ihr ganzes Leben hindurch schlafen, wären Fähigkeiten irrelevant und nutzlos. Auf diese begrenzte Weise verleiht der Begriff der Tätigkeit dem der Fähigkeit seinen Schlusspunkt. Jedoch besitzen Fähigkeiten – als Raum der Freiheit und der Wahl – einen Wert in und durch sich selbst. Fähigkeiten zu befördern bedeutet, Bereiche der Freiheit zu befördern, womit etwas anderes gemeint ist, als Menschen auf bestimmte Weise tätig sein zu lassen. Somit rückt der Fähigkeitenansatz von einer Tradition der Wirtschaftswissenschaft ab, für die sich der wirkliche Wert einer Reihe von Optionen durch den maximalen Nutzen bemisst, der sich aus ihnen ziehen lässt. Optionen aber sind Freiheiten, und Freiheit ist in sich selbst wertvoll.

Das sehen nicht alle politischen Ansätze so. Es wird demgegenüber behauptet, die richtige Regierungspolitik bestehe darin, Menschen zur gesunden Lebensführung zu veranlassen, dazu, lohnenswerte Aktivitäten zu verfolgen, die Religion zu praktizieren usw. Wir bestreiten dies und behaupten, dass Fähigkeiten, nicht Tätigkeiten, die angemessenen politischen Ziele sind. Denn damit wird der Raum zur Ausübung menschlicher Freiheit eröffnet. Zwischen einer Strategie der Beförderung einer gesunden Lebensführung und einer der Beförderung von Fähigkeiten zur gesunden Lebensführung besteht ein großer moralischer Unterschied – die letztere und nicht die erstere respektiert die Wahlentscheidungen, die Menschen hinsichtlich ihrer Lebensweise treffen.

Der Vorzug der Fähigkeiten ist mit der Frage der Achtung vor einer Pluralität verschiedener, das Leben betreffender religiöser und säkularer Ansichten verbunden und auch folglich mit der Idee des politischen Liberalismus (die in Kapitel 4 definiert wird).

In Bezug auf Kinder ist das natürlich etwas anders. Von ihnen bestimmte Arten des Tätigseins zu verlangen (so etwa in Form der Schulpflicht), lässt sich als unerlässliche Vorbereitung der Fertigkeiten des Erwachsenenalters rechtfertigen.

Einige Menschen, die den Fähigkeitenansatz verwenden, sind der Auffassung, dass die Regierung in einigen wenigen Bereichen berechtigt sei, Tätigkeiten statt nur Fähigkeiten zu befördern. So hat Richard Arneson paternalistische tätigkeitsorientierte Strategien im Bereich der Gesundheitspolitik verteidigt. Die Regierung solle ihre Macht dafür einsetzen, Menschen eine gesunde Lebensführung praktizieren zu lassen. Sen und ich stimmen dieser Position nicht zu, weil wir der Wahlfreiheit einen hohen Stellenwert beimessen. Allerdings gibt es eine Ausnahme: Die Regierung sollte es, so glaube ich, den Menschen nicht freistellen, mit Achtung und ohne Demütigung behandelt zu werden. So nehme man an, die Regierung der Vereinigten Staaten würde den Bürgern je einen Penny auszahlen, den sie die Wahl hätten zurückzuzahlen, um sich zu »erkaufen«, mit Respekt behandelt zu werden. Sollte sich die Person allerdings dafür entscheiden, den Penny zu behalten, würde die Regierung sie demütigen. Dies ist eine untragbare Einstellung. Die Regierung muss alle Menschen mit Respekt behandeln, sie hat sich ihrer Demütigung zu verweigern. Dass ich diese Ausnahme mache, erklärt sich aus dem zentralen Stellenwert, der den Begriffen von Würde und Achtung bei der Erzeugung der vollständigen Liste der Fähigkeiten zukommt. Ebenso würden nahezu alle Nutzer des Ansatzes zustimmen, dass Sklaverei zu verbieten sei, selbst wenn diese die Zustimmung einer Mehrheit finden und sie durch freiwilligen Vertrag zustande gekommen sein sollte.

Ein anderer Bereich vernünftiger Meinungsverschiedenheit betrifft das Recht, Dinge zu tun, die einige oder alle Fähigkeiten zu zerstören scheinen. Sollte es Menschen erlaubt sein, ihre Organe zu verkaufen, harte Drogen zu konsumieren oder sich riskanten Sportarten zu widmen, von denen es eine Vielzahl gibt? Üblicherweise machen wir in solchen Bereichen Kompromisse, nur leuchten diese Kompromisse nicht immer ein: So bleibt Alkohol, eine extrem zerstörerische Droge, legal, während Marihuana zumeist illegal ist. Die meisten Sportarten regulieren wir durch Sicherheitsregeln, aber eine organisierte öffentliche Debatte darüber, welche Bereiche der Handlungsfreiheit aus Sicherheitsgründen sinnvollerweise aufzuheben wären, gibt es nicht. Gewiss stimmen wir dahingehend überein, dass im Falle von Kindern die Zerstörung von Fähigkeiten besonders schwerwiegend ist und deshalb schlechtweg tabu sein sollte. In anderen Fällen scheinen moderate Sicherheitsvorschriften sinnvoll, es sei denn, in einer öffentlichen Debatte zeigt sich, dass die Aufhebung einer Handlungsoption (etwa Boxen ohne Handschuhe) eine so schwerwiegende Freiheitsverletzung ist, dass sie das Leben der Menschen unvereinbar mit der menschlichen Würde machte. Für gewöhnlich ist die Sachlage nicht derart gravierend, sodass der Fähigkeitenansatz hier kaum etwas zur Klärung beiträgt, die sich im Gegenteil durch politische Verfahren erzielen lässt.

Dieses Problem lässt sich weiter erhellen, wenn wir uns einer damit verbundenen und wesentlichen Frage zuwenden: Welche Fähigkeiten sind die wichtigsten? Der Fähigkeitszugang, und dies ist einer seiner bestechenden Eigenschaften, stellt diese Wertfrage in den Mittelpunkt, statt sie zu kaschieren. Andere theoretische Zugänge nehmen zur Frage der Bewertung immer irgendwie Stellung, oft jedoch nicht ausdrücklich und nicht auf dem Wege einer Argumentation. Sen und ich sind der Auffassung, dass es entscheidend ist, diese Frage direkt und mit angemessenen normativen Argumenten anzugehen.

Sen bezieht Stellung zur Wertfrage, indem er bestimmte Akzente setzt, Beispiele wählt und Schlussfolgerungen zieht. Was einer systematischen Antwort gleichkäme, versucht Sen allerdings nicht zu geben, eine Aufgabe, auf die wir in Kapitel 4 zurückkommen werden. Es ist akzeptabel, auf eine systematische Antwort zu verzichten, sofern Sen die Idee der Fähigkeiten nur nutzt, um Vergleiche zu formulieren. Sofern diese Idee jedoch nutzt, um eine Demokratie- und eine Gerechtigkeitstheorie zu konzipieren, ist es weniger deutlich, dass seine Weigerung, sich auf substantielle Fragen einzulassen, eine kluge Entscheidung ist. Ein jeder Gebrauch der Idee der Fähigkeiten für Zwecke einer normativen Rechtstheorie und politischer Strategiebildung muss letztlich zu substanziellen Fragen Stellung nehmen und erklären, dass einige Fähigkeiten bedeutsam und andere weniger bedeutsam sind, einige gut und einige (sogar) schlecht.

Der Rekurs auf die Idee der grundlegenden Fähigkeiten wird uns dabei helfen, dieses Argument zu begreifen. Menschen werden mit einer Ausstattung geboren, die es ihnen ermöglicht, vieles sein und tun zu können (»for many doings and beings«, um eine bekannte Formulierung von Sen zu zitieren). Wir müssen uns nun fragen, was davon sinnvollerweise zu ausgereiften Fähigkeiten entwickelt werden soll. Adam Smith schrieb, an Kinder denkend, denen die Bildung vorenthalten wurde, deren Wesenskräfte seien »verstümmelt und entstellt«. Man stelle sich hingegen ein Kind vor, dessen Vermögen, grausam zu sein und andere zu erniedrigen, durch die häusliche und gesellschaftliche Entwicklung unterbunden und unterminiert wird. Ein solches Kind würden wir nicht als »verstümmelt und entstellt« beschreiben, selbst wenn wir annähmen, dass diese Fähigkeiten ihre Grundlage in der angeborenen menschlichen Natur hätten. Oder nehmen wir an, man würde uns sagen, einem bestimmten Kind sei nie beigebracht worden, *Yankee Doodle Dandy* auf dem Kopf stehend zu pfeifen. Wir würden nicht sagen, die menschlichen Wesenskräfte dieses Kindes seien »verstümmelt und entstellt«, denn die fragliche Fähigkeit ist einfach nicht besonders bedeutend, obwohl sie – im Unterschied zur Fähigkeit, grausam zu sein – nicht schändlich ist und vermutlich in der menschlichen Natur gründet.

Der Fähigkeitenansatz ist keine Theorie darüber, was die menschliche Natur ist. Auch entnimmt er der angeborenen menschlichen Natur keine Normen. Hingegen ist er von Anbeginn wertend und ethisch orientiert. Er fragt, welche der vielen Dinge, die Menschen die Fähigkeit zu tun entwickeln könnten, wirklich wertvolle Dinge sind, jene, die eine minimal gerechte Gesellschaft bemüht sein wird, zu fördern und zu unterstützen. Eine Darstellung der menschlichen Natur teilt uns mit, über welche Ressourcen und Möglichkeiten wir verfügen und welche Schwierigkeiten uns begegnen können. Sie teilt uns nicht mit, was wir wertschätzen sollen.

Nichtmenschliche Tiere sind weniger formbar als menschliche Tiere. Auch sind sie möglicherweise nicht fähig, eine schädliche Fähigkeit ohne schmerzhafte Enttäuschungen blockieren zu lernen. Ferner sind sie schwer zu »verstehen«, denn ihre Leben sind nicht die unsrigen. Die Beobachtung ihrer wirklichen Fähigkeiten und die Verfügung über eine gute deskriptive Theorie hinsichtlich einer jeden Gattung und deren Lebensform spielen somit zurecht eine größere Rolle beim Aufbau einer normativen Theorie der Fähigkeiten von Tieren als im Falle der Menschen. Dennoch ist die normative Aufgabe entscheidend, so schwierig sie auch sein mag.

Wie ließe sich die Auswahl von Fähigkeiten treffen, auf die wir unsere Aufmerksamkeit richten wollen? Vieles hängt hierbei von der Zielstellung ab. Sollten wir nur die Absicht haben, Vergleiche anzustellen, versprechen alle Arten von Tätigkeiten interessante Vergleiche in Bezug auf Völker und Regionen. Hier gibt es keinen Grund, im Vorfeld etwas vorschreiben zu wollen: Neue Probleme legen möglicherweise neue Vergleiche nahe. Besteht unsere Zielsetzung hingegen darin, politische Prinzipien zu etablieren, die in einer, nach gesellschaftlicher Gerechtigkeit strebenden Nation den Boden für Verfassungsrecht und politische Strategiebildung ebenen sollen (oder besteht sie darin, Zielsetzungen für eine Gemeinschaft von Nationen vorzuschlagen), dann ist es von höchster Bedeutung, eine Auswahl zu treffen. Dies können wir allerdings nicht tun, wenn wir nur den Begriff der Fähigkeiten nutzen. Die Bezeichnung »Fähigkeitenansatz« darf nicht so verstanden werden, als ob hiermit behauptet würde, der Ansatz bringe nur einen einzigen Begriff zur Anwendung und versuche, alles aus ihm herauszupressen.

An dieser Stelle bringe ich den Begriff der Würde und eines ihr angemessenen Lebens ins Spiel – oder, wenn wir andere Tiergattungen betrachten, der Würde, die der jeweiligen Gattung entspricht.

Würde ist ein intuitiver, keineswegs gänzlich klarer Begriff. Wird er isoliert von anderen verwendet, als würde er sich völlig von selbst verstehen, kann er unberechenbar und inkonsistent werden. Es wäre somit ein Fehler, ihn zu gebrauchen, als ob er für eine auf ihn gestützten Theorie eine selbstredende und solide Grundlage bildete. Mein Ansatz tut das nicht: Würde ist ein Element der Theorie, aber alle ihre Begriffe verstehen sich als mit den je anderen vernetzt, von denen her sie erhellt werden und Klarheit gewinnen. (Diese Idee einer holistischen und nichtfundierenden Art der Rechtfertigung wird in Kapitel 4 ausgearbeitet.) Im Falle der Würde ist der Begriff der Achtung ein wichtiger Bezugspunkt. Die politischen Prinzipien selbst beleuchten, was unserer Auffassung nach menschliche Würde (und deren Fehlen) bedeutet. Die Grundidee aber ist, dass einige Lebensbedingungen den Menschen ein Leben verfügbar machen, das der menschlichen Würde angemessen ist – die sie besitzen, andere aber nicht. Unter den letztgenannten Umständen behalten sie ihre Würde, aber in der Art eines noch nicht abgegoltenen Schuldscheins. Wie Martin Luther King Jr. über die, den nationalen Idealen einbeschriebenen Versprechen sagte: Die Würde kann einem Scheck gleichen, der »mit der Bemerkung ›ungenügende Deckung‹ zurückkommt«.

Obwohl Würde eine undeutliche Idee ist, der durch ihre Verortung in einem Netzwerk verwandter Begriffe inhaltliche Substanz verliehen werden muss, bewirkt sie in der Tat etwas. Das Hauptaugenmerk auf die Würde zu lenken, ist etwas anderes, als die Befriedigung in den Mittelpunkt zu stellen. Man denke nur an die Auseinandersetzungen um den Zugang zur Bildung für Menschen mit erheblichen geistigen Behinderungen. Gewiss scheint es möglich, viele dieser Menschen ohne schulische Entwicklung zufriedenzustellen. In den Rechtsfällen, die ihnen den Zugang zu öffentlichen Schulen ermöglichten, wurde in den entscheidenden Momenten auf den Begriff der Würde verwiesen: Wir behandeln ein Kind, das am Downsyndrom leidet, nicht auf eine, der Würde dieses Kindes entsprechenden Weise, wenn es uns nicht gelingt, dessen geistige Kräfte durch eine geeignete Bildung zu entwickeln. Ferner wird in einer Vielzahl von Bereichen die Ausrichtung auf die Würde politische Entscheidungen vorschreiben, die das Tätigsein schützen und befördern, nicht aber jene, die Menschen bevormunden und diese als passive Empfänger von Beihilfen behandeln.

Die Ansprüche menschlicher Würde können in vielfacher Weise verweigert werden. Sie alle lassen sich auf zwei reduzieren, die den

Begriffen der internen und der kombinierten Fähigkeit korrespondieren. Gesellschaftliche, politische, häusliche und wirtschaftliche Bedingungen können Menschen die Wahlfreiheit verwehren, in Übereinstimmung mit einer entwickelten internen Fähigkeit zu handeln. Diese Art Behinderung ist der Inhaftierung vergleichbar. Schlechte Bedingungen können jedoch noch gravierender wirken, die Entwicklung der internen Fähigkeiten hemmen oder diese verzerren. In beiden Fällen bleibt die grundlegende menschliche Würde bestehen, die fragliche Person ist nach wie vor gleicher Achtung wert. Dennoch ist im ersteren Fall die menschliche Würde stärker verletzt worden. Man kann hierbei an den Unterschied zwischen Vergewaltigung und einfachem Raub denken. Beide schädigen eine Person und keine von beiden nimmt der Person ihre gleiche Würde. Jedoch verletzt die Vergewaltigung, so ließe sich sagen, die Würde der Frau, weil sie das Innenleben ihrer Gedanken- und Gefühlswelt okkupiert und damit die Beziehung ändert, die die Frau zu sich hat.

Der Begriff der Würde steht in enger Beziehung zur Idee aktiven Strebens. Er ist somit ein enger Verwandter des Begriffs der grundlegenden Fähigkeit, und bezeichnet etwas, das einer Person innewohnt und das beansprucht, entwickelt zu werden. Während aber genug Argumente bleiben, um darüber zu diskutieren, ob das angeborene Potential auf alle Menschen bezogen Unterschiede aufweist, ist doch die menschliche Würde von Anbeginn in allen, die erst einmal Akteure sind, gleich (wiederum schließen wir Menschen aus, die sich in einem permanenten vegetativen Zustand befinden, wie auch jene mit Anenzephalie, also solche, die kein Handeln irgendwelcher Art kennzeichnet). Das heißt, alle verdienen die gleiche Achtung seitens der Gesetze und Institutionen. Gelten Menschen als Bürger, dann sind die Ansprüche aller Bürger gleich. Momentan kommt der Gleichheit eine grundlegende Position in der Theorie zu, obwohl ihre Funktion dadurch bestätigt werden wird, dass sie zur übrigen Theorie passt. Aus der Annahme gleicher Würde folgt nicht, dass all die Fähigkeiten, die von zentraler Bedeutung sind, gleich zu verteilen wären. Menschen als Gleiche zu behandeln, muss nicht besagen, die Lebensbedingungen aller einander anzugleichen. Die Frage, was erforderlich ist, um Menschen als Gleiche zu behandeln, muss auf einer späteren Stufe und mit unabhängigen Argumenten angegangen werden.

Im Allgemeinen legt der Fähigkeitenansatz in der von mir vertretenen Version das Augenmerk auf den Schutz von Freiheitsräumen von solcher Wichtigkeit, dass deren Beseitigung zu einem Leben führte, das der menschlichen Würde nicht angemessen wäre. Sollte einer Freiheit eine solche Wichtigkeit nicht zukommen, wird sie den üblichen Verfahren der politischen Willensbildung überlassen. In manchen Fällen ist es offensichtlich, dass einer bestimmten Fähigkeit eine solche Wichtigkeit zukommt: So stimmt man zum Beispiel weltweit mittlerweile überein, dass die Grund- und Hauptschulbildung eine solche Bedeutsamkeit besitzt. Gleichermaßen ist klar, dass *Yankee Doodle Dandy* auf dem Kopf stehend pfeifen zu können nicht diese Wichtigkeit hat und nicht besonders schützenswert ist. Viele Fälle mögen für lange Zeit unklar bleiben. So war es über Jahrhunderte hinweg nicht klar, dass das Recht einer Frau, ihrem Ehemann den Geschlechtsverkehr zu verweigern, ein entscheidendes Recht hinsichtlich ihrer körperlichen Unversehrtheit darstellt. Hier ist eine Debatte vonnöten, in der jeder und jede aufgefordert ist, Argumente dafür vorzubringen, dass in die Idee menschlicher Würde ein bestehendes Freiheitsrecht einbeschlossen ist. Diese Aufgabe lässt sich allerdings nicht durch vage, intuitive Appelle an die Idee der Würde allein bewältigen. Erforderlich dafür ist hingegen die fortwährende und ausführliche Diskussion der Beziehung des vermeintlichen Anspruchs zu anderen bestehenden Ansprüchen, wodurch zum Beispiel das Verhältnis aufgewiesen wird, das zwischen der körperlichen Unversehrtheit im häuslichen Kontext und der vollständigen Gleichberechtigung von Frauen als Bürgerinnen und Beschäftigte, ihrer emotionalen und körperlichen Gesundheit usw. besteht. Es wird aber auch viele unklare Fälle geben. Was ist mit dem Recht auf Mehrfachehe? Dem Recht auf Hausunterricht? Weil der Ansatz Wertvorstellungen nicht von den bestehenden Präferenzen der Menschen her bezieht (die in verschiedener Weise verzerrt sein können), ist die Qualität des Arguments entscheidend, nicht die Anzahl seiner Befürworter. Offensichtlich aber ist, dass der Ansatz viele Fälle freistellen und zur Entscheidung dem Verfahren der politischen Willensbildung überantworten wird.

Angesichts der verschiedenen Lebensbereiche, in denen Menschen sich bewegen und handeln, stellt sich mit dem Fähigkeitenansatz die Frage: Was ist für ein, der menschlichen Würde angemessenes Leben erforderlich? Nötig ist ein absolutes Minimum, ein hinreichender Schwellenwert von zehn zentralen Fähigkeiten. Aus der weitverbreiteten Überzeugung vom Auftrag der Regierung (der darin besteht, Menschen zu befähigen, ein würdevolles und zumindest minimal gedeihliches Leben zu führen) ergibt sich, dass eine annehmbare politische Ordnung allen Bürgern zumindest den Schwellenwert dieser zehn zentralen Fähigkeiten zu sichern hat:

1. *Leben:* Fähig zu sein, ein Menschenleben normaler Dauer zu leben; nicht verfrüht zu sterben oder bevor das Leben so eingeschränkt ist, dass es nicht mehr lebenswert ist.
2. *Körperliche Gesundheit:* Sich einer guten Gesundheit, einschließlich der reproduktiven Gesundheit, erfreuen zu können; ausreichend ernährt zu sein und eine angemessene Unterkunft zu besitzen.
3. *Körperliche Unversehrtheit:* Fähig zu sein, sich frei zu bewegen; vor gewalttätigen, einschließlich sexuellen Übergriffen und häuslicher Gewalt geschützt zu sein; über Gelegenheiten sexueller Befriedigung zu verfügen und frei in Fragen der Fortpflanzung entscheiden zu können.
4. *Sinne, Vorstellungskraft, Denken:* In der Lage zu sein, die Sinne zu benutzen, Vorstellungen zu entwickeln, zu denken und zu argumentieren – und all dies auf »wirklich menschliche« Weise zu tun, d. h. geprägt und kultiviert durch eine hinreichende Bildung, die Lese-, Schreibfähigkeit und Grundkenntnisse der Mathematik und Wissenschaft einschließt, sich darauf aber nicht beschränkt; Vorstellungskraft und Denken im Zusammenhang mit dem Erleben und Erzeugen von Werken der eigenen Wahl, u. a. religiöser, literarischer, musikalischer Art, nutzen zu können; befähigt zu sein, den eigenen Verstand auf eine Weise zu nutzen, die durch Garantien politischer und künstlerischer Meinungsfreiheit sowie der freien Religionsausübung geschützt ist; fähig zu sein, angenehme Erfahrungen zu machen und unnötigen Schmerz zu vermeiden.
5. *Gefühle:* Fähig zu sein, Bindungen zu Dingen und Personen außerhalb unserer selbst zu entwickeln; die zu lieben, von denen man geliebt wird und die sich um einen sorgen; bei deren Abwesenheit betrübt sein zu können; generell gesagt Liebe, Trauer, Sehnsucht, Dankbarkeit und berechtigten Zorn erfahren zu können; fähig zur Entwicklung eigener Gefühle zu sein, diese nicht durch Furcht und Sorgen verkümmern lassen zu müssen (diese Fähigkeit zu befördern heißt, Formen menschlichen Zusammenschlusses zu befördern, die für deren Entwicklung nachweislich entscheidend sind).

6. *Praktische Vernunft:* Fähig zu sein, eine Vorstellung vom Guten zu bilden und über die eigene Lebensplanung in kritischer Weise nachzudenken (dies beinhaltet den Schutz der Gewissensfreiheit und der Freiheit der Religionsausübung).
7. *Zugehörigkeit:* (A) Fähig zu sein, mit anderen und für andere zu leben, andere Menschen anzuerkennen und sich um sie zu kümmern, sich an vielfältigen Formen gesellschaftlicher Interaktion zu beteiligen; sich in die Lage eines anderen hineinversetzen zu können (diese Fähigkeit zu schützen heißt Institutionen zu schützen, die solche Formen der Zugehörigkeit schaffen und hegen, wie auch die Versammlungsfreiheit und die Freiheit der politischen Rede zu schützen.) (B) Über die gesellschaftlichen Grundlagen der Selbstachtung und der Nichtdemütigung zu verfügen; fähig zu sein, mit einer Würde behandelt zu werden, die der anderer gleich ist. Hierzu gehören Regelungen, die die Diskriminierung auf Grundlage der Hautfarbe, des Geschlechts, der sexuellen Orientierung, der Ethnizität, der Kastenzugehörigkeit, der Religion und der nationalen Herkunft ausschließen.
8. *Andere Gattungen:* Fähig zu sein, in Rücksicht auf Tiere, Pflanzen und Natur und in Beziehung mit diesen zu leben.
9. *Spiel:* Lachen, spielen und sich Freizeitaktivitäten erfreuen zu können.
10. *Kontrolle über die eigene Umwelt:* (A) Politisch: Fähig zu sein, sich effektiv an den politischen Entscheidungsprozessen zu beteiligen, die das eigene Leben bestimmen; das Recht zu politischer Teilnahme zu besitzen, den Schutz der freien Rede und der Versammlungsfreiheit zu genießen. (B) Materiell: Über Eigentum (sowohl an Land als auch an mobilen Gütern) verfügen zu können und Eigentumsrechte gleich anderen Menschen zu besitzen; das Recht, gleich anderen eine Beschäftigung zu suchen; unberechtigte Durchsuchungen und Beschlagnahme nicht fürchten zu müssen. Fähig zu sein, als Mensch zu arbeiten, die praktische Vernunft einzusetzen und in sinnvolle Beziehungen zu anderen Beschäftigten auf der Basis gegenseitiger Anerkennung zu treten.

Obwohl sich diese Liste auf menschliches Leben bezieht, bieten die in ihr versammelten allgemeinen Überschriften eine realistische Grundlage, um angemessenere Überlegungen darüber anzustellen, was wir den nichtmenschlichen Tieren schulden – ein Thema, dem im Schlusskapitel nachgegangen wird.

Fähigkeiten sind zu allererst die der Einzelpersonen und nur abgeleitet die von Gruppen. *Jede Person ist Zweck an sich* – diesem Prinzip ist der Ansatz verpflichtet. Als Ziel legt er fest, für eine jede Person Fähigkeiten zu generieren und nicht einige dieser Personen als Mittel für die Fähigkeiten anderer oder des Ganzen zu nutzen. Das Hauptaugenmerk auf die Person zu richten, macht politisch einen gewaltigen Unterschied. Denn in vielen Nationen gilt zum Beispiel die Familie als homogene Einheit, die politisch zu befördern sei, statt dass es Aufgabe der Politik wäre, die verschiedenen Fähigkeiten ihrer einzelnen Mitglieder zu prüfen und zu fördern. Gelegentlich mögen Regelungen für bestimmte Gruppen (zum Beispiel *affirmative action*) effektive Mittel zur Schaffung individueller Fähigkeiten sein – das ist aber die einzige Möglichkeit ihrer Rechtfertigung. Die normative Ausrichtung auf das Individuum lässt sich nicht durch Verweis auf die offensichtliche Tatsache entwerten, dass sich Menschen zuweilen mit größeren Entitäten identifizieren wie der eigenen Ethnie, dem Staat oder der Nation, auf deren Errungenschaften sie stolz sind. Viele arme Bewohner von Gujarat identifizieren sich mit dem Gesamterfolg, den ihr Bundestaat in seiner Entwicklung erreicht hat, obwohl sie davon persönlich kaum profitieren. Dieser Ansatz jedoch betrachtet jede Person als der gleichen Achtung und Rücksicht würdig, auch wenn Menschen nicht immer diese Ansicht über sich haben. Der Ansatz gründet nicht auf der Rechtfertigung bestehender Präferenzen.

Die unaufhebbare Verschiedenartigkeit der zentralen Fähigkeiten ist von außerordentlicher Wichtigkeit. Ein Staat kann dem Erfordernis nach einer Fähigkeit nicht nachkommen, indem er die Menschen in großem Umfang mit einer anderen Fähigkeit ausstattet, oder ihnen gar Geld zahlt. Alle Fähigkeiten sind speziell und alle müssen auf speziellen Wegen gesichert und geschützt werden. Wenn man eine Verfassung betrachtet, die Fähigkeiten als wesentliche, allen Bürgern zustehende Rechte schützt, lässt sich zeigen, wie dies in der Praxis funktioniert: Menschen haben einen Anspruch gegenüber der Regierung, wenn die Verfassung die Religionsfreiheit schützt und die Regierung diese Freiheit verletzt hat – auch wenn diese Menschen ein angenehmes Leben haben, gutgenährt sind und über jede andere Fähigkeit, die von Bedeutung ist, gesichert verfügen.

Die grundlegende, im Zusammenhang meiner Darstellung gesellschaftlicher Gerechtigkeit erhobene Forderung lautet: Die Achtung der menschlichen Würde verlangt, die Bürger über eine hinreichende (und je spezifische) Schwelle an Fähigkeiten in allen zehn

Bereichen zu heben. (Indem ich mich hier auf Bürger beziehe, möchte ich natürlich nicht leugnen, dass legal oder illegal ortsansässige Ausländer viele Ansprüche besitzen. Ich beginne einfach mit dem grundlegenden Fall.)

Die Liste ist ein Vorschlag: Sie mag mit der Behauptung angefochten werden, eine solch zentrale Bedeutung komme einem Thema oder mehreren Themen nicht zu; statt eines besonderen Schutzes sei somit das übliche Verfahren der politischen Willensbildung zu nutzen. Man stelle sich vor, jemand fragt, warum Spiel und Freizeit auf solche Art geschützt werden sollten. In meiner Antwort würde ich zuerst darauf verweisen, dass für viele Frauen weltweit der »doppelte Arbeitstag« – die Berufsarbeit und nach dieser die ganze Hausarbeit, einschließlich der Sorge um die Kinder und die Alten – eine erdrückende Last bedeutet, die ihren Zugang zu vielen anderen, auf der Liste aufgeführten Fähigkeiten erschwert: Beschäftigungsmöglichkeiten, Teilnahme an der politischen Willensbildung, körperliche und seelische Gesundheit, Freundschaften verschiedener Art. Der Beitrag, den Spiel und die Erweiterung der Vorstellungskraft zum menschlichen Leben leisten, lässt sich nicht als nur zweckdienlich für ein erstrebenswertes Leben verstehen, sondern ist für dieses in Teilen konstitutiv. Argumente solcher Art sind vorzubringen, um etwas auf die Liste zu setzen.

Mitunter entsteht der Eindruck, dass gesellschaftliche Bedingungen das Erreichen des Schwellenwerts für jeden hinsichtlich aller zehn Fähigkeiten vereiteln, sodass zumindest zwei dieser Fähigkeiten miteinander in einem Konkurrenzverhältnis zu stehen scheinen. So haben möglicherweise arme Eltern in Vasantis Staat den Eindruck, ihre Kinder, um überhaupt überleben zu können, nicht zur Schule schicken zu können. Denn sie benötigen die Löhne, die sie für die Kinderarbeit erhalten, um überhaupt ihre Existenz bestreiten zu können. Auf Fälle wie diesen angesprochen, wird der Wirtschaftswissenschaftler natürlich fragen: »Wie wiegt man diese gegeneinander ab?« Wenn aber Fähigkeiten einen Eigenwert besitzen, in sich selbst von Bedeutung sind (wie dies für die zehn auf meiner Liste gilt), dann ist die Situation, in der zwei von diesen kollidieren, tragisch: Wie auch immer man handelt, jemandem wird damit Unrecht getan werden.

Die Situation der *tragischen Wahlentscheidung* ist in den Standardüberlegungen zur Kosten-Nutzen-Analyse nicht vollständig begriffen: Die Verletzung eines Anrechts, das sich aus der grundlegenden Gerechtigkeit ergibt, ist nicht allein teuer. Es ist vielmehr ein

Kostenanteil bestimmter Art, ein solcher, den in einer vollständig gerechten Gesellschaft keiner zu tragen hat.

Sen hat argumentiert, dass tragische Situationen wie diese eine Schwachstelle in wirtschaftswissenschaftlichen Standardansätzen anzeigen, die üblicherweise eine komplette Ordnungsrelation über alle Sachlagen verlangen. In tragischen Fällen seien wir, so Sen, nicht in der Lage, eine Wahlmöglichkeit über eine andere zu stellen, womit eine jede gute Ordnungsrelation unvollständig bleibe. Hier besteht ein kleiner Unterschied zwischen seiner und meiner Kritik. So würde ich behaupten, dass nicht alle tragischen Situationen die Unmöglichkeit auszeichnet, eine Sachlage als die bessere einer anderen überzuordnen. Wir sollten unterscheiden zwischen dem Vorliegen einer tragischen Zwangslage – eine jede Wahl beinhaltet ein Fehlverhalten – und der Unmöglichkeit, Rangfolgen zu bilden. In manchen tragischen Fällen mag eine Entscheidung eindeutig besser als eine andere sein, selbst dann, wenn alle verfügbaren Wahlmöglichkeiten eine gewisse Missachtung beinhalten. (Eteokles, der tragische Held in Aischylos' *Sieben gegen Theben*, hat mit der Entscheidung, seinen Bruder zu töten, eine schreckliche Schuld auf sich geladen, auch wenn die Alternative, die Zerstörung der gesamten Stadt, eindeutig schlimmer gewesen wäre.) Sen hat vermutlich recht, dass die Forderung nach einer vollständigen Rangfolge unangebracht ist; jedoch irrt er mit der Annahme, dass alle tragischen Zwangslagen Fälle sind, in denen keine umfassende Rangordnung möglich ist.

Konfrontiert mit einer tragischen Wahlentscheidung – wobei anzunehmen ist, dass der Schwellenwert für eine jede Fähigkeit korrekt bestimmt wurde – sollte man bedenken, dass es für Menschen sehr schlecht ist, nicht so leben zu können, wie dies ihrer menschlichen Würde entspräche; und man sollte sich fragen, was vielleicht getan werden könnte, damit zukünftig alle fähigkeitsbezogenen Ansprüche realisiert werden können. Wird die Liste in ihrer Gesamtheit mit Umsicht erstellt und sind die Schwellenwerte auf akzeptabler Höhe festgelegt, kann für gewöhnlich diese Frage auch beantwortet werden. Um auf Indien zurückzukommen: Die Zwangslage armer Eltern hat der Bundesstaat Kerala bahnbrechend beseitigt. Hier wurde ein Programm flexibler Unterrichtszeiten eingeführt und zugleich ein nahrhaftes Mittagessen angeboten, welches den Einkommensverlust durch die nicht geleistete Kinderarbeit mehr als aufwog. Das Programm hat den Analphabetismus in Kerala praktisch beseitigt. Als er bemerkte, dass Einfallsreichtum und Zielstrebigkeit einem eher armen Bundesstaat ermöglichten, das Problem zu lösen, erklärte der Oberste Gerichtshof Indiens, die Mittagsmahlzeit an allen staatlichen Schulen bundesweit für verbindlich.

Solche tragischen Wahlentscheidungen finden sich auch häufig in reicheren Ländern. So sind arme alleinstehende Mütter in den Vereinigten Staaten oftmals gezwungen, zwischen einer qualitativ hochwertigen Kinderbetreuung und einem annehmbaren Lebensstandard zu wählen. Denn einige wohlfahrtsstaatliche Regularien verlangen von ihnen, selbst dann ganztägig zu arbeiten, wenn keine qualitativ hochwertige Kinderbetreuung verfügbar ist. Viele Frauen in den Vereinigten Staaten sind gezwungen, Beschäftigungsmöglichkeiten auszuschlagen, weil sie sich um Kinder und ältere Familienangehörige zu kümmern haben. Familienpolitische Regelungen und medizinisch verordnete Freistellungen könnten gemeinsam mit öffentlicher Kinder- und Altenbetreuung womöglich zur Beseitigung solcher Zwangslagen genutzt werden. Eine tragische Wahlentscheidung, die in den Vereinigten Staaten allgegenwärtig ist, besteht zwischen freier Zeit und einem annehmbaren Lebensstandard (gemeinsam mit entsprechenden Leistungen zur Gesundheitsfürsorge). Es ist weithin bekannt, dass Amerikaner pro Tag länger arbeiten als Menschen in den meisten anderen reichen Ländern. Auch weiß man, dass familiäre Beziehungen darunter leiden. Diese Situation ist in ihrer ganzen Tragik noch nicht begriffen. Die Orientierung am Fähigkeitenansatz hilft zu erkennen, was hier fehlt.

Wenn wir anders gesagt einen tragischen Konflikt bemerken, verzweifeln wir nicht Hände ringend, sondern suchen den besten Angriffspunkt für die Gestaltung einer Zukunft, die Menschen mit dieser Art Wahlentscheidung nicht konfrontiert. Ferner sollte überlegt werden, auf welche Weise Menschen unverzüglich näher an die Fähigkeitsschwelle gebracht werden können, auch wenn für sie unmittelbar keine Möglichkeit besteht, die Schwelle zu überwinden. So ließe sich z. B. ein für alle gleicher Zugang zur Grundschulbildung bereits dann schaffen, wenn die Möglichkeit noch nicht gegeben ist, allen eine Hauptschulbildung zu gewähren.

Die zentralen Fähigkeiten stützen einander auf vielfältige Weise. Aber zwei von ihnen spielen offenbar eine unverkennbar *architektonische* Rolle: Sie organisieren und durchdringen die übrigen. Diese beiden sind *Zugehörigkeit* und *praktische Vernunft*. Sie durchdringen die anderen, insofern sie, sollten die anderen in einer der menschlichen Würde entsprechenden Form gegeben sein, in diese verflochten sind. Wohlgenährt, aber zur Ausübung der eigenen praktischen Vernunft und zur Lebensplanung hinsichtlich der eigenen Gesundheit und Ernährung unfähig zu sein, entspricht nicht wirklich der menschlichen Würde. Für diese Menschen wird dann Sorge getragen, wie man für Kinder Sorge trägt. Eine gute Verfahrensweise im Bereich einer jeden Fähigkeit ist eine solche, die die praktische Vernunft eines Individuums achtet. Dies ist einfach ein anderer Weg, auf die zentrale Rolle der Wahlentscheidung im Begriff der Fähigkeit als Freiheit hinzuweisen. Was gemeint ist, wenn man sagt, die Fähigkeit der praktischen Vernunft organisiere alle anderen Fähigkeiten, dürfte eher einleuchten: Die Möglichkeit zur eigenen Lebensplanung ist eine Möglichkeit, die den verschiedenen anderen Fähigkeiten entsprechenden Tätigkeiten auszuwählen und zu arrangieren.

Gleiches gilt für die Zugehörigkeit. Diese durchdringt die anderen Fähigkeiten, insofern sie, sollen diese anderen Fähigkeiten in einer der menschlichen Würde entsprechenden Form gegeben sein, diesen zugehört – die Person wird als gesellschaftliches Wesen geachtet. Beschäftigungsmöglichkeiten zu eröffnen ohne Beziehungen am Arbeitsplatz zu berücksichtigen, wäre unangemessen. Gleiches würde für Formen der Gesundheitsfürsorge gelten, die z. B. die Bedürfnisse der Menschen nach Schutz der Intimsphäre ignorierten, die durch Vorschriften zur Achtung der Persönlichkeitsrechte zu wahren sind. Zugehörigkeit organisiert die Fähigkeiten insofern, als Überlegungen zur praktischen Politik eine gesellschaftliche Angelegenheit sind, in der Beziehungen verschiedener Art (zwischen Familienangehörigen, Freunden, innerhalb der Gruppe und Beziehungen politischer Art) eine strukturbildende Funktion besitzen.

Die in der Liste aufgeführten Fähigkeiten sind ziemlich abstrakt. Wer aber konkretisiert sie? Im Großen und Ganzen findet sich die Antwort im Verfassungssystem des jeweiligen Landes oder, sollte eine geschriebene Verfassung fehlen, in dessen grundlegenden Gesetzen. In Anbetracht ihrer jeweiligen Tradition und Geschichte können verschiedene Länder Fähigkeiten in gewissen Spielräumen anders fassen. Konkretisierungsprobleme spezieller Art sind mit der Weltgemeinschaft verbunden, denn eine Weltregierung, die der Weltbevölkerung als ganzer rechenschaftspflichtig wäre und diese Konkretisierung vornehmen könnte, gibt es nicht.

Wie bereits erläutert, gehört zum Konzept einer Liste der Fähigkeiten die Idee einer *Schwelle*. Der Ansatz ist in meiner Interpretation eine partielle Theorie gesellschaftlicher Gerechtigkeit, die nicht den Anschein erweckt, alle Verteilungsprobleme zu lösen. Sie bestimmt nur ein eher hinreichendes gesellschaftliches Minimum. Diese zehn Fähigkeiten allen Bürgern verfügbar zu machen, ist eine notwendige Bedingung gesellschaftlicher Gerechtigkeit. Es mag mehr zur Gerechtigkeit gehören. So macht der Ansatz in seinem gegenwärtigen Entwicklungsstand keine Aussagen darüber, wie mit Ungleichheiten oberhalb des Minimums umzugehen wäre. Viele Ansätze zur gesellschaftlichen Gerechtigkeit sind von der Überzeugung getragen, dass ein reichlich bemessener Schwellenwert nicht genügt. Einige fordern strikte Gleichheit. John Rawls beharrt darauf, dass Ungleichheiten nur dann gerechtfertigt sind, wenn sich mit ihnen das Niveau der Schlechtestgestellten anheben lässt. Der Fähigkeitenansatz beansprucht nicht, diese Fragen beantwortet zu haben, obwohl er sich ihnen womöglich in der Zukunft widmen wird.

Allerdings verlangt die Schwelle in manchen Fällen Gleichheit. Es ist eine schwierige Frage, in welchem Maße die Angemessenheit der Fähigkeit die Gleichheit der Fähigkeit erfordert. Eine solche Frage kann nur durch gründliche Überlegungen zu einer jeden der Fähigkeiten ihre Antwort finden, indem man fragt, was die Achtung vor der gleichen menschlichen Würde verlangt. So bin ich der Auffassung, dass sie nach gleichem Wahlrecht und gleichen Rechten freier Religionsausübung verlangt – nicht aber einfach nach einem reichlich bemessenen Minimum. Ein System, dass Frauen die Hälfte der Stimmen zuweist, die sie Männern zugesteht, wäre offenkundig respektlos, wie es auch ein System wäre, das Mitgliedern religiöser Minderheiten ein bestimmtes Maß an Freiheit gewährte, jedoch nicht jenes, das sie der religiösen Mehrheit zugesteht. (Wenn zum Beispiel Christen ihren Festtag straffrei begehen könnten, weil die Wochenarbeitszeit entsprechend reguliert ist, aber Juden und Siebenten-Tags-Adventisten ihre Anstellung verlören, weil sie sich weigern, samstags zu arbeiten, dann würde dieses System manifeste Gerechtigkeitsfragen aufwerfen.) Für alle politischen Ansprüche gilt, so möchte ich behaupten, dass die Ungleichheit ihrer Verteilung die Würde der ungleich Behandelten verletzt. Gleichermaßen gilt: Wenn die Bildungsmöglichkeiten für einige Kinder eines Landes offenkundig ungleich denen anderer Kinder sind, auch wenn alle das Minimum überschreiten, dann scheint dies eine Frage grundlegender Fairness aufzuwerfen – wie bekanntermaßen Richter Thurgood Marshall in einem Rechtsfall einwandte, der die öffentlichen Schulen in Texas betraf. Entweder

Gleichheit oder etwas, das ihr nahekommt, ist der Angemessenheit wegen vermutlich erforderlich.

Gleiches gilt aber möglicherweise nicht für Ansprüche im Bereich der materiellen Bedingungen. Über hinreichenden, angemessenen Wohnraum zu verfügen, dürfte genügen. Es ist keinesfalls klar, dass die menschliche Würde erfordert, dass jeder genau dieselbe Art Wohnraum besitzt. Diese Auffassung scheint mir Besitztümer zum Fetisch zu erheben. Die Frage im Ganzen erfordert aber weitere Untersuchung.

Die genaue Festsetzung des Schwellenwerts ist Angelegenheit eines jeden Landes, wobei es sinnvoll ist, hierbei länderspezifische Abweichungen innerhalb bestimmter Grenzen entsprechend der jeweiligen Tradition und Geschichte zu berücksichtigen. Die Antwort auf einige Fragen wird sehr schwierig bleiben. In diesen Fällen teilt uns der Fähigkeitenansatz mit, was als hervorstehend zu betrachten ist. Eine endgültige Zumessung von Bewertungsfaktoren schreibt er jedoch nicht vor, auch formuliert er keine messerscharfe Entscheidung. (Die Umrisse eines Abtreibungsrechts liefert der Ansatz nicht, er wird allerdings darauf verweisen, was in der Diskussion dieser kontroversen Angelegenheit zu beachten wäre.) Auch auf der Ebene der Schwellenwertfestsetzung spielen die üblichen Verfahren der politischen Willensbildung einer gut funktionierenden Demokratie zurecht eine unverzichtbare Rolle.

Eine weite, mit der Idee einer Schwelle verbundene Frage ist die des Utopismus. Am einen Ende des Spektrums würden wir den Schwellenwert so hoch ansetzen, dass es keinem Land unter den Bedingungen der gegenwärtigen Weltlage möglich wäre, ihm zu entsprechen. Mit tragischen Konflikten, die bei allem Scharfsinn und Aufwand unlösbar blieben, müsste dann allerorten gerechnet werden. Am anderen Ende des Spektrums findet sich mangelnde Ambition: Wir könnten den Schwellenwert so tief ansetzen, dass er leicht zu erreichen wäre, aber unterhalb dessen läge, was die menschliche Würde zu erfordern scheint. Die Aufgabe der Verfassungsgesetzgebung (oder häufiger der Gerichte, die eine abstrakte Verfassung interpretieren, und der Abgeordneten, die Gesetzesinitiativen einbringen) besteht darin, ein Niveau festzusetzen, das anspruchsvoll, jedoch nicht utopisch ist, das den Scharfsinn der Nation herausfordert und deren Vermögen, voranzukommen.

Wie ließe sich das alles umsetzen? Viele dies betreffende Fragen bleiben hier noch offen. Sollte, trotz der Tatsache, dass Länder zu

Beginn sehr unterschiedliche Wirtschaftsressourcen besitzen, die Schwelle für alle Länder gleich sein? Dies zu verneinen würde gegenüber den Menschen respektlos scheinen, die rein zufällig in ein ärmeres Land hineingeboren wurden. Dies zu bejahen wiederum würde von einigen, nämlich den reicheren Ländern, erfordern, ihren Verpflichtungen zumindest teilweise durch Umverteilung in die ärmeren Länder nachzukommen. Auch mag es zu diktatorisch erscheinen, Ländern das Recht zu verweigern, Dinge angesichts ihrer jeweiligen Tradition und Geschichte mit gewissen Abweichungen festzulegen.

Der Fähigkeitenansatz hat kürzlich durch das von Jonathan Wolff und Avner De-Shalit verfasste bedeutende Buch *Disadvantage* eine Bereicherung erfahren. Nicht nur stützt es die Liste der zehn zentralen Fähigkeiten und ergänzt starke Argumente für die Anerkennung unaufhebbar verschiedenartiger Güter – Wolff und De-Shalit führen darüber hinaus einige neue Begriffe ein, die das theoretische Rüstzeug des Fähigkeitenansatzes ergänzen. Der erste Begriff ist der der *Fähigkeitsgarantie* [capability security]. Einleuchtend wird argumentiert, dass praktisch politisch Menschen nicht nur zu befähigen sind, sondern das Befähigt-Sein so erfolgen muss, dass sie auch für die Zukunft auf die Fähigkeiten zählen können. Man denke hierbei an Vasanti. Der Kredit ihrer Brüder eröffnete ihr eine Reihe von Fähigkeiten, die Gesundheitsfürsorge und Erwerbstätigkeit betrafen, über die sie allerdings nicht gesichert verfügte: Ihre Brüder hätten ihr jederzeit den Kredit kündigen oder sie vor die Tür setzen können. Der SEWA-Kredit aber gab ihr Sicherheit. Solange sie regelmäßig arbeitete, konnte sie den Kredit abbezahlen und sogar ein kleines Guthaben aufbauen.

Durch die Arbeit mit Gruppen neuer Zuwanderer in ihren jeweiligen Ländern (Großbritannien und Israel) haben Wolff und De-Shalit entdeckt, dass die Sicherheit der eigenen Zukunft von überwältigender Bedeutung für das Vermögen dieser Menschen ist, alle auf der Liste verzeichneten Fähigkeiten zu nutzen und diese zu genießen. (Man bemerke, dass ein Gefühl von Sicherheit einen Aspekt der »emotionalen Gesundheit« ausmacht, jedoch sprechen beide von Gefühlen wie auch von vernünftigen Erwartungen – die Fähigkeitsgarantie ist ein objektives Anliegen, dem die Regierung nicht entspricht, wenn sie Menschen glauben macht, ihre Fähigkeiten seien garantiert, und diese es nicht sind.) Der Verweis auf die Fähigkeitsgarantie besagt, eine jede Fähigkeit betreffend sei zu fragen, wie sicher diese vor der Willkür des Marktes und der Machtpolitik ist. Oft suchen Länder die Fähigkeiten durch eine geschriebene Verfassung zu garantieren, die nur durch das umständliche Verfahren einer Zweidrittelmehrheit revidierbar ist. Allerdings verschafft sich eine Verfassung Geltung nicht von selbst, die leistet ihren Beitrag zur Sicherheit nur bei freiem Zugang zu den Gerichten und berechtigtem Vertrauen in das Verhalten der Richter.

Das Nachdenken über die Fähigkeitsgarantie lässt uns nach dem politischen Vorgehen und der politischen Struktur fragen. Durch welche politische Organisationsform wird diese Garantie gestützt? Wie groß sollte die Macht der Gerichte und wie deren Arbeit organisiert sein? Wie wäre die Legislativen zu organisieren, welche Wahlverfahren sollten hier Anwendung finden? Wie ließe sich die Macht von Interessengruppen und Lobbyisten beschränken, in den politischen Prozess einzugreifen? In welcher Weise erfahren Bürger durch Verwaltungsbehörden Unterstützung, wie stärkt sie das Wissen von Experten? Wir werden auf diese Fragen, die bisher im Fähigkeitenansatz kaum Beachtung fanden, im abschließenden Kapitel zurückkommen.

Wolff und De-Shalit führen zwei weitere Begriffe ein, die von besonderem Interesse sind: *produktive Tätigkeit* [fertile functioning] und *destruktive Benachteiligungen* [corrosive disadvantage]. Eine produktive Tätigkeit ist eine solche, die darauf gerichtet ist, andere damit verwandte Fähigkeiten zu fördern. (Im Moment unterscheiden sie noch nicht hinreichend zwischen Tätigkeiten und Fähigkeiten. Ich befürchte, dass hier der Alliterationseffekt auf Kosten der begrifflichen Schärfe geht.) Überzeugend legen sie dar, dass Zugehörigkeit eine produktive Tätigkeit ist, die in vielerlei Hinsicht die Bildung von Fähigkeiten befördert. (Meinen sie wirklich, dass es sich um eine, mit der Zugehörigkeit verbundene Tätigkeit handelt, oder ist es die Fähigkeit, Zugehörigkeiten zu bilden, welche diesen positiven Effekt besitzt? In ihrer Untersuchung ist das nicht hinreichend klar.) Es gibt viele Arten produktiver Tätigkeit, und welche Tätigkeiten (oder Fähigkeiten) produktiv sind, mag sich von Kontext zu Kontext unterscheiden. In Vasantis Geschichte ist die Möglichkeit zur Kreditaufnahme eine produktive Fähigkeit, denn mit Hilfe des Kredits konnte sie ihre körperliche Unversehrtheit wahren (er bewahrte sie davor, zu ihrem gewalttätigen Ehemann zurückkehren zu müssen), Beschäftigungsmöglichkeiten finden, am politischen Leben teilnehmen, ein gewisses emotionales Wohlbefinden und wertvolle Zugehörigkeiten entwickeln sowie eine größere Selbstachtung genießen. In anderen

Zusammenhängen spielt Bildung eine produktive Rolle, indem sie viele Handlungsmöglichkeiten in allen Bereichen eröffnet. Zuweilen hat Landbesitz eine produktive Funktion, weil er Frauen vor häuslicher Gewalt schützen, ihnen Ausstiegsoptionen gewähren und generell ihren Status aufwerten kann. Destruktive Benachteiligung ist das Gegenteil der produktiven Fähigkeit: Bei ihr handelt es sich um einen Entzug mit gravierenden Auswirkungen auf andere Lebensbereiche. Im Falle von Vasanti war die Tatsache, häuslicher Gewalt ausgeliefert zu sein, ein Fall destruktiver Benachteiligung. Der fehlende Schutz ihrer körperlichen Unversehrtheit gefährdete ihre Gesundheit, ihr emotionales Wohlbefinden, ihre sozialen Bindungen, ihre praktische Urteilskraft und zweifellos auch andere Fähigkeiten.

Sich mit produktiven Tätigkeiten/Fähigkeiten und destruktiven Benachteiligungen zu beschäftigen dient dem Zweck, der praktischen Politik die besten Ansatzpunkte zu ermitteln. Eine jede Fähigkeit ist an sich selbst bedeutsam, auch sollten alle Bürger über die Schwelle aller zehn Fähigkeiten gebracht werden. Vielleicht ist es aber doch gerechtfertigt, einigen Fähigkeiten den Vorrang zu geben, wobei einer der Gründe dafür die Produktivität des betreffenden Elements wäre oder dessen Tendenz, eine destruktive Benachteiligung zu beseitigen. Man kann diese Idee nutzen, um über tragische Wahlentscheidungen zu reflektieren. Oftmals dürfte nämlich die Vorbereitung einer von tragischen Entscheidungen freien Zukunft darin bestehen, eine besonders produktive Fähigkeit zu wählen und dieser unsere beschränkten Ressourcen zu widmen.

3. Ein notwendiger theoretischer Gegenentwurf

Die Entwicklungsökonomie ist nicht einfach eine akademische Disziplin, sondern hat auf unsere Welt weitreichenden Einfluss. Vorherrschende Theorien auf diesem Feld prägen die Beschlüsse, die führende Politiker und andere politische Entscheidungsträger fassen, und zwar sowohl direkt, durch die eigene Wertschätzung dieser Theorien, als auch indirekt, durch die Empfehlungen, die sie von den Ökonomen, die diese Theorien vertreten, wie auch von den internationalen Organisationen wie etwa dem IWF und der Weltbank erhalten. Obwohl gerade ärmere Länder, die in besonderem Maße von Strategien der Weltbank und des IWF abhängig sind, unter dem Einfluss der vorherrschenden Theorien im Bereich der Entwicklungsökonomie stehen, beeinflussen diese Theorien das Leben überall. In der Tat kommt die sich in ihnen verkörpernde Denkweise immer dann zum Zuge, wenn Länder ihre Lebensqualität zu steigern beabsichtigen oder behaupten, dies getan zu haben. Die Notwendigkeit, diesen vorherrschenden Theorien entgegenzutreten, hat sich international bemerkbar gemacht. Ausgehend von Frankreich, einem sehr reichen Land, ist in der Tat ein maßgebender Prozess des Umdenkens in Fragen der Bewertung der Lebensqualität initiiert worden (in erheblichem Maße geprägt vom Fähigkeitenansatz), der als Sarkozy-Kommission bekannt ist. Ein Großteil der Daten, die in die Auswertung der Kommission eingeflossen sind, entstammt reicheren Ländern. Wenn wir Entwicklungstheorien erwägen, erwägen wir also, was Menschen in allen Ländern erstreben. Sie streben nach einer angemessenen Lebensqualität.

3.1 Der BIP-Ansatz

Über viele Jahre hinweg wurde dem vorherrschenden Modell in der Entwicklungsökonomie entsprechend der Fortschritt eines Landes am Wirtschaftswachstum abgelesen, wie es sich als Bruttoinlandsprodukt

(BIP) pro Kopf der Bevölkerung darstellt. Dieser Zugang hatte seine Vorteile: Das BIP ist relativ einfach zu messen, denn durch den Geldwert der Güter und Dienstleistungen ist es möglich, Mengen verschiedener Typen zu vergleichen. Ferner ist das BIP wegen seiner Transparenz attraktiv. Ländern fällt es nicht leicht, ihre Daten zu schönen, um sich ein besseres Aussehen zu verschaffen. Auch ist das Wirtschaftswachstum zumindest ein Schritt in die richtige Richtung. So scheint es also vernünftig, das Bruttoinlandsprodukt als zumindest einen Indikator des relativen Leistungsstands einer Nation oder Region zu betrachten. Ferner wurden viele Experten im Bereich der Entwicklungspolitik durch das in den 1980er und 1990er Jahren weit verbreitete sogenannte *trickle-down-Konzept* geprägt, d.h. durch die Annahme, die Früchte des Wirtschaftswachstums würden selbst dann zwangsläufig die Lage der Armen bessern, wenn man nichts in diesem Sinne unternähme.

Mittlerweile hat sich diese Theorie in vielfältiger Hinsicht als fragwürdig erwiesen. So haben die von Jean Drèze und Amartya Sen durchgeführten vergleichenden Untersuchungen indischer Bundesstaaten gezeigt, dass zunehmendes Wirtschaftswachstum nicht automatisch die Lebensqualität in solch bedeutsamen Bereichen wie Gesundheit und Bildung verbessert. (Der Untersuchungsgegenstand ist insbesondere deshalb interessant, weil diese Bundesstaaten eine Reihe politischer Institutionen teilen, jedoch völlig verschiedenen politischen Vorstellungen in Fragen des Wirtschaftswachstums wie auch von Gesundheit und Bildung folgen.) Andere Daten, etwa im Vergleich von Indien und China über den Zeitraum der vergangenen sechzig Jahre, stellen klar, dass ein wachsendes BIP nicht mit dem Entstehen und der Verlässlichkeit politischer Freiheit korreliert ist. Indien steht hinsichtlich des BIP viel schlechter da als China und ist doch eine außerordentlich stabile Demokratie, die grundlegende Freiheiten gut schützt. Für China gilt dies nicht. Darüber hinaus zeigen schon die in den Berichten über die menschliche Entwicklung aufgeführten Daten, dass die durch den Human Development Index (HDI) erstellten Ranglisten der verschiedenen Länder, die Bildung und Lebensdauer berücksichtigen, nicht identisch mit jenen sind, die nur auf dem durchschnittlichen BIP basieren: Die Vereinigten Staaten z. B. fallen von Platz 1 beim BIP auf Platz 12 im HDI, sie fallen noch tiefer, wenn man spezifische Fähigkeiten berücksichtigt. Während der 1980er Jahre waren diese Tatsachen allerdings nicht bekannt. Der BIP-Ansatz schien damals als Weg zur Ermittlung vergleichsweiser Lebensqualität viel glaubwürdiger, als das heute überhaupt denkbar wäre – selbst in den Augen jener, die sich wirklich für die Lage der Armen und die Qualität von Gesundheitsfürsorge und Bildung interessierten.

Entwicklung ist ein normativer Begriff. Mit ihm ist gemeint, oder sollte gemeint sein, dass die Dinge besser werden. Länder entsprechend dem BIP pro Kopf der Bevölkerung einzustufen, suggerierte, dass die Länder am oberen Ende sich um ihre Menschen besser kümmern, dass sich die Lebensqualität der Einzelnen verbessert habe. Zuweilen wurde diese Andeutung ausdrücklich formuliert: Das durchschnittliche BIP galt als Maßstab der Lebensqualität eines Landes. Die mit einer solchen Betrachtung von Ländern und Regionen verbundenen Probleme sollten mittlerweile allzu offensichtlich sein. Dennoch möchten wir sie hier darlegen.

Erstens, selbst wenn wir verpflichtet wären, die Lebensqualität in den engen Grenzen der Bemessung durch Geld anzugeben sowie dazu, einen einzelnen Durchschnittswert zu nutzen, statt auf die Verteilung zu schauen, ist es doch alles andere als klar, dass das BIP pro Kopf die hierfür interessanteste Konzeption darstellen soll. Dem Bericht der Sarkozy-Kommission zufolge ist das durchschnittliche reale Haushaltseinkommen womöglich angemessener, um den tatsächlichen Lebensstandard der Menschen einzuschätzen. Der Zuwachs des BIP wiederum ist nicht besonders eng mit der Zunahme des durchschnittlichen Haushaltseinkommens korreliert, insbesondere nicht in einer globalisierten Welt, in der Profite möglicherweise durch ausländische Investoren zurückgeführt werden, ohne dass dies zur Erhöhung der Kaufkraft der Bürger des betreffenden Landes beitrüge. Ferner erfasst der BIP-Ansatz, weil er ein Brutto- und kein Nettomaßstab ist, nicht die Wertminderung von Investitionsgütern. Nutzer des BIP-Ansatzes hätten also zumindest die Zweckdienlichkeit anderer länderbezogener Maßstäbe anerkennen müssen wie auch die Tatsache, dass insbesondere die Orientierung am Haushalt in die Überlegungen einzubeziehen ist. Wird dies erst einmal zugestanden, gibt es – wie die Sarkozy-Kommission auch behauptet – zwingende Gründe dafür, noch erheblich weiterzugehen und einzuräumen, dass der Wert der Hausarbeit gleichfalls einbezogen werden muss, denn häusliche Arbeit ist ein Ersatz für Güter und Dienstleistungen, die andernfalls auf dem Markt gekauft werden müssten. Dieser Wert wird jedoch nicht erfasst, auch nicht in gegenwärtigen Bemessungsverfahren für das durchschnittliche Haushaltseinkommen. Selbst auf elementarstem ökonomischem Niveau ist der BIP-Ansatz zunehmend umstritten, und kein einfacher einzelner Ansatz, der an seine Stelle treten könnte, ist in Sicht.

Zweitens zeichnet den BIP-Ansatz und alle, auf einen Landesdurchschnitt fokussierten Konzepte aus, nicht auf die Verteilung des Reichtums zu achten. Folglich können Länder mit enormer Ungleichheit gute Noten erhalten, womit suggeriert wird, sie seien auf dem richtigen Weg. So erreichte Südafrika zu Zeiten der Apartheid bei all seinen gewaltigen Ungleichheiten für gewöhnlich die Spitzenposition unter den Entwicklungsländern. Das Land war vermögend. Nimmt man dieses gesamtgesellschaftliche Vermögen und teilt es durch die Anzahl der Einwohner des Landes, dann erhält man eine Gleichverteilung auf hohem Niveau, weil das Vermögen groß ist. Völlig klar ist allerdings, dass uns die Verhältniszahl nicht sagt, wo sich der Reichtum befindet, wer über ihn verfügt und was mit den Menschen geschieht, die nicht über ihn verfügen.

Der BIP-Zugang versagt nicht nur, weil mit ihm versäumt wird, die Lebensqualität der Armen in den Blick zu nehmen, sondern auch deshalb, weil er die Frage nicht stellen lässt, auf die das südafrikanische Beispiel in aller Entschiedenheit verweist: Gibt es bestimmte Gruppen innerhalb der Bevölkerung – religiöse, ethnische Gruppen, solche der Geschlechtszugehörigkeit oder solche der Hautfarbe –, die in besonderer Weise ausgegrenzt und benachteiligt sind?

Drittens aggregiert der BIP-Ansatz verschiedene Lebensaspekte verschiedener Leben in der Annahme, eine einzelne Zahl werde uns all das mitteilen, was wir über die Lebensqualität wissen müssen, obwohl sie uns in Wirklichkeit überhaupt nicht gut informiert. Der Ansatz wirft verschiedene Aspekte des menschlichen Lebens in einen Topf – Gesundheit, Lebensdauer, Bildung, körperliche Unversehrtheit, politische Rechte und Zugangsmöglichkeiten, die Qualität der Umwelt, Beschäftigungsmöglichkeiten, Freizeit und weitere Dinge –, die alle sowohl eigenständig als auch nur lose miteinander verbunden sind. Selbst wenn alle Bürger Südafrikas Vermögen in dem Umfang hätten, der ihnen entsprechend der BIP-Durchschnittsangabe zukäme, würde uns diese Zahl nicht sagen, wie es den Menschen in diesen verschiedenen Bereichen geht. Länder mit gleichem BIP können sich hinsichtlich der Qualität ihres Gesundheits- und ihres Bildungssystems sowie ihrer politischen Rechte und Freiheiten gravierend voneinander unterscheiden. (So hat der BIP-Ansatz hin und wieder zu einer unkritischen Anbetung Chinas ermutigt – bei einem derart robusten Wirtschaftswachstum müsse es den Menschen dort ziemlich gut gehen.) Natürlich werden solche Differenzen oft durch die gerade genannten Machtunterschiede verstärkt. Selbst wenn wir annehmen, Mehrheiten und Minderheiten verfügten über gleiches Vermögen und Einkommen (was für gewöhnlich nicht zutrifft), dann können die Freiheiten der Religionsausübung, die Möglichkeiten des politischen Zugangs oder der Schutz vor Gewalt dennoch sehr ungleich verteilt sein.

Durch sein Unvermögen, Fragen der Verteilung, der Bedeutsamkeit politischer Freiheit, der möglichen Unterdrückung von Minderheiten und der verschiedenen, je für sich Aufmerksamkeit verdienenden Lebensaspekte herauszustellen, lenkt der BIP-Zugang die Aufmerksamkeit von diesen drängenden Angelegenheiten ab und suggeriert, ein Land »entwickele« sich gut, wenn das durchschnittliche BIP gestiegen ist.

Selbst in dem Maße, in dem das Bruttoinlandsprodukt einen guten Ersatz für andere Fähigkeiten darstellt, bleibt es doch bestenfalls nur ein Ersatz. Auch teilt es uns nicht mit, was wirklich von Bedeutung ist. Da die bedeutenden Dinge der Untersuchung offenstehen, scheint es sinnvoll, sich direkt mit ihnen zu beschäftigen. Die Bestimmung von Zwecken an sich hat politische Auswirkungen, sie rückt uns energisch ins Bewusstsein, dass das, was wirklich menschlich von Bedeutung ist, nicht im BIP zu finden ist, sondern andernorts.

3.2 Der utilitaristische Ansatz

Ein Schritt entfernt vom BIP-Ansatz in Richtung einer angemessenen Beschreibung befindet sich eine weitere geläufige wirtschaftswissenschaftliche Herangehensweise. Dieser zufolge erschließt sich die Lebensqualität eines Landes durch den Gesamt- oder Durchschnittsnutzen, wobei Nutzen als die Befriedigung von Präferenzen zu verstehen ist. (Dieser Zugang hat seine Wurzeln in der politischen Philosophie; die eher philosophische Version desselben wird in Kapitel 4 betrachtet.) Der utilitaristische Problemzugang hat das Verdienst, die Aufmerksamkeit auf die Menschen selbst zu lenken. Er bemisst die Lebensqualität entsprechend der übermittelten Einstellungen der Menschen gegenüber ihren Leben. Auch verdient er Beachtung wegen der Forderung, die der Begründer des Utilitarismus Jeremy Bentham erhoben hatte: »Ein jeder soll als einer und nur als einer zählen.«

Das heißt, die Zufriedenstellung der Person A zählt im selben Maße wie die Zufriedenstellung der Person B, selbst wenn A ein Bauer und B ein König ist. Ein jeder hat eine Stimme. Womöglich ist die Theorie durch und durch demokratisch und sogar, angesichts etablierter hierarchischer Ordnungen, radikal. Dies ist genau das, was Bentham vor Augen stand. Menschen, die den Utilitarismus als kaltherzig oder als Bundesgenossen des großen Geldes verunglimpfen, vergessen dabei fälschlicherweise, sich seiner radikalen Ursprünge und Verpflichtungen zu erinnern.

Nun sind Absichten nicht alles. So gibt es vier Probleme, in Hinblick auf die der utilitaristische Ansatz als Bemessungsgrundlage der Lebensqualität eines Landes weniger demokratisch ist, als es scheint, und als Wegweiser praktischer Politik in die Irre führt.

Erstens aggregiert er, gleich dem BIP-Ansatz, über verschiedene Leben hinweg. Obwohl er die Aufmerksamkeit auf die Befriedigung von Bedürfnissen statt auf bloßen Reichtum richtet – und somit (im Gegensatz zum BIP-Ansatz) arme Menschen, die womöglich völlig mittellos sind, nicht völlig ignoriert –, hat er ein ähnlich gelagertes Problem. Denn ein Land kann sich durch einen sehr hohen Durchschnitts- oder Gesamtnutzen auszeichnen, solange eine Vielzahl von Menschen ziemlich erfolgreich ist, auch wenn einige andere am unteren Ende der sozialen Leiter verharren und erheblich leiden. In der Tat rechtfertigt der utilitaristische Zugang das äußerst elende Leben von Unterschichten, solange diese Strategie das Niveau durchschnittlicher Befriedigung hebt. Selbst Sklaverei und Folter werden, wenn überhaupt, nur durch unsichere empirische Argumente ausgeschlossen, mit denen man behauptet, beide seien nutzlos.

Zweitens aggregiert die utilitaristische Herangehensweise, auch hier dem BIP-Ansatz verwandt, über verschiedene Lebensaspekte verschiedener Leben hinweg. Der Terminus »Befriedigung«, der wie auch der Terminus »Vergnügen«, der andere von Utilitaristen oft genutzte Allzweckmaßstab, suggeriert dort Einheit und Vergleichbarkeit, wo das Leben Vielfalt und Eigensinnigkeit vermuten lässt. Man denke an die Befriedigung, die ein gutes Essen verschafft. Wie ließe sich dies mit der Freude oder Genugtuung vergleichen, die wir empfinden, wenn wir einem in Bedrängnis geratenen Freund helfen oder wenn wir ein Kind aufziehen oder aber ein schmerzliche Empfindungen auslösendes Musikstück von tiefer Bedeutung hören? Wie sollte man das überhaupt anstellen, das Vergnügen beim Hören der 10. Sinfonie von Gustav Mahler mit dem Vergnügen vergleichen zu wollen, das man beim Verzehr eines Speiseeises empfindet? Schon der Gedanke erscheint lächerlich. Üblicherweise stellen wir Vergleiche dieser Art nicht an, denn wir glauben, das menschliche Leben beinhalte Vergnügen und Befriedigungen verschiedenster Art. Falls man gefragt werden sollte: »Wie zufrieden sind Sie mit Ihrem Leben?« – die Art Fragen, die utilitaristische Sozialwissenschaftler gern stellen –, dann würde man mit großer Wahrscheinlichkeit etwa Folgendes antworten: »Gesundheitlich geht es mir ausgezeichnet, auf der Arbeit läuft es gut, aber einer meiner Freunde ist krank, was mir Sorgen macht.« Utilitaristische Sozialwissenschaftler lassen jedoch diese Art normaler, menschlich-komplexer Antwort nicht zu. Sie arrangieren Umfragen so, dass nur eine Einzelskala erscheint und Menschen einen Wert auf dieser Skala wählen müssen. Die Tatsache, dass nach wie vor viele Menschen diese Frage beantworten, zeigt nicht, dass sie wie der Fragesteller glauben, alle Befriedigungen seien anhand einer Einheitsskala messbar. Wenn sie uns überhaupt etwas zeigt, dann etwas, das wir bereits wissen: nämlich dass Menschen autoritätshörig sind. Arrangiert eine über Autorität verfügende Person den Fragebogen in einer bestimmten Weise, dann müssen wir mit dem so gestalteten Fragebogen zurechtkommen, auch wenn er ziemlich unausgereift zu sein scheint. Denn letztlich werden jene, die nicht antworten, weil sie gegen die Art der Fragestellung Einspruch erheben, im Ergebnis nicht gezählt.

Kurz gesagt scheint sich, wer dem utilitaristischen Ansatz folgt, für Menschen zu interessieren. Allerdings ist dieses Interesse nicht besonders substanziell. Auch führt die Verpflichtung dieses Ansatzes auf einen Einzelmaßstab dazu, zu weiten Teilen auszublenden, wie Menschen Sinn in ihrem Leben suchen und finden. Bentham war nicht bewusst gefühllos oder gemein, sondern ein Mann mit beschränktem Vorstellungsvermögen. Sein Schüler John Stuart Mill schrieb über ihn in seiner großartigen Abhandlung »Bentham«, diesem habe, »in Hinblick auf viele der natürlichsten und stärksten Gefühle der menschlichen Natur das Empfinden gefehlt; zu vielen der gewichtigeren Erfahrungen hatte er überhaupt keinen Zugang; auch die Fähigkeit, durch die ein Geist einen von ihm verschiedenen versteht […], war ihm mangels fehlender Einbildungskraft versagt«.

Bentham, Mill und viele moderne utilitaristische Ökonomen (zum Beispiel Gary Becker) setzen Nutzen mit einem wirklichen psychologischen Zustand gleich, wie etwa Genuss oder Befriedigung, der sich unabhängig von der Wahlentscheidung identifizieren lasse und hinter dieser stehe. Eine andere Form des Utilitarismus begreift Präferenzen als etwas, das sich in Wahlentscheidungen bekundet. Zu beiden Positionen und deren Verhältnis zueinander gibt es in den Wirtschaftswissenschaften eine Vielzahl komplexer und fachspezifischer Diskussionen, die an dieser Stelle nicht nachvollzogen werden können. Jedoch besteht eine der bedeutenden Leistungen Sens im Bereich der Wirtschaftswissenschaften in dem Nachweis, dass der bei bekundeten Präferenzen ansetzende Zugang mit unüberwindbaren Schwierigkeiten konfrontiert ist. In seiner Abhandlung »Internal Consistency of Choice« zeigt Sen, dass auf diese Weise verstandene Präferenzen nicht einmal grundlegenden Regeln der Rationalität folgen wie etwa der der Transitivität. (Wenn A B vorzuziehen ist, und B C vorzuziehen ist, dann besagt die Transitivität, dass A C vorzuziehen ist.) Aus diesem Grund beschränke ich meine Kritik auf das, was mir die stärkere Variante des Präferenzutilitarismus zu sein scheint.

Es lässt sich denken, dass man von utilitaristischen Prämissen ausgehend auf meinen ersten und meinen zweiten Einwand eine Antwort findet – auf den ersten durch die gesonderte Darstellung eines gesellschaftlichen Minimums, auf den zweiten durch das Eingeständnis, dass Nutzen vielgestaltig ist. Die zweite Korrektur wurde von John Stuart Mill vorgenommen, indem er den Vorschlag qualitativer Unterscheidungen innerhalb des Nutzensbegriffs unterbreitete. In seiner bedeutsamen Abhandlung »Plural Utility« folgt Sen der Anregung von Mill. Auch hat Letzterer zumindest ansatzweise auf den ersten Kritikpunkt reagiert, indem er politischen Rechten eine gesicherte Position verschaffte, offenbar außerhalb des utilitaristischen Kalküls.

Ein dritter Einwand ist jedoch gravierender und erfordert, vom nutzenbasierten Maßstab völlig abzurücken. Dieser Einwand, der von Sen und Jon Elster bekannt gemacht wurde, legt den Schwerpunkt auf die gesellschaftliche Formbarkeit von Präferenzen und Zufriedenheiten. Präferenzen sind nicht fest verdrahtet, sondern reagieren auf gesellschaftliche Bedingungen. Wenn die Gesellschaft einige Dinge für einige Menschen nicht erreichbar macht, lernen diese normalerweise, diese Dinge nicht zu wollen; sie bilden das, was Elster und Sen »anpassungsfähige Präferenzen« [adaptive preferences] nennen. In einigen Fällen entstehen Präferenzen dieser Art, nachdem die betreffende Person die fragliche Sache ursprünglich gewünscht hatte. Elsters Buch *Sour Grapes* entlehnt seinen Titel der Fabel vom Fuchs, der anfängt, Trauben für sauer zu halten, nachdem er erkannt hatte, dass er sie nicht erreichen kann. In anderen Fällen lernen Menschen jedoch vor vornherein, diese Güter nicht zu wünschen, weil sie ihnen ihres Geschlechts, ihrer Klasse oder ihrer Hautfarbe wegen unerreichbar sind. Frauen, denen ein Frauenideal anerzogen wurde, dem zufolge Frauen nicht außerhalb des Hauses arbeiten und keine umfangreiche Bildung erhalten, entwickeln oft nicht den Wunsch nach diesen Dingen und erklären sich folglich mit den Verhältnissen, in denen sie sich befinden, einverstanden, auch wenn ihnen Möglichkeiten, die zu ergreifen sie geschätzt hätten, damit verweigert sind. Andere marginalisierte Gruppen verinnerlichen ebenfalls oft ihren untergeordneten Status. Indem der Utilitarismus gesellschaftliche Zielvorstellungen unter Bezug auf vorliegende Präferenzen bestimmt, stärkt er den Status quo, der häufig sehr ungerecht sein kann.

In seinen Untersuchungen zu anpassungsfähigen Präferenzen richtet Sen sein Augenmerk auf diese lebenslangen Anpassungen. Er zeigt, dass sich selbst auf der Ebene physischer Gesundheit in den Erwartungen der Menschen sowie in deren Darstellungen guten und schlechten Befindens die Erwartungen der Gesellschaft spiegeln. Sens Vergleich der Darstellungen, die Witwen und Witwer in Bengalen über ihr gesundheitliches Befinden gegebenen hatten, zeigte, dass Witwer Klagen über Klagen vorbrachten – letztlich war ihnen ja die Person verloren gegangen, die gewohnt war, ihnen rundum zu dienen –; die Witwen hingegen, denen es laut eines unabhängigen Medizingutachtens in Wirklichkeit viel schlimmer ging, weit weniger klagten. Letztlich hatte ihnen ja die Gesellschaft mitgeteilt, sie hätten nach dem Tode ihres Ehemanns kein Recht weiterzuleben.

Vansantis Leben stellt solche Probleme randscharf in den Blick. Niemals hätte sie nämlich ihre Unzufriedenheit mit der Tatsache bekundet, Analphabetin zu sein, oder damit, nicht an politischen Entscheidungsprozessen teilnehmen zu können, ehe die bewusstseinsbildende Erfahrung der SEWA-Gruppe ihr die Bedeutung dieser Fähigkeiten nahegebracht und sie darin bestärkt hatte, sich als eine Person zu sehen, die der gleichen Achtung wie jede andere würdig ist. Obwohl Vasantis Anpassung gewiss nicht so weit ging, sich der häuslichen Gewalt zu fügen, fügte sie sich doch einem Leben, dem einige der auf der Liste versammelten zentralen Fähigkeiten fehlten – bis sie dazu geführt wurde, deren Wert zu erkennen.

Auch ein vierter und abschließender Einwand ist überzeugend. Der von mir beschriebene utilitaristische Ansatz setzt auf Befriedigung als Ziel. Normalerweise wird Befriedigung als Zustand oder

Verfassung einer Person verstanden, die auf ein aktives Tun folgt. Sie selbst ist keine Form des Tuns und ist auch ohne das mit ihr verbundene Tun zu erlangen. So kann eine Person mit einer gut gemachten Arbeit zufrieden sein, auch wenn sie nichts getan hat, sondern nur in der Illusion befangen war, die Arbeit selbst getan zu haben. Der Philosoph Robert Nozick hat diesen Sachverhalt mit der Vorstellung einer »Erlebnismaschine« anschaulich thematisiert: An ein solches Gerät angeschlossen, hätte man die Illusion, man würde lieben, arbeiten, essen, auch würde man die Erfahrung der Genugtuung verspüren, die mit diesen Aktivitäten verbunden ist. In Wirklichkeit hätte man aber überhaupt nichts getan. Die meisten Menschen würden, so Nozick, eine solche Maschine nicht nutzen wollen, sondern dieser ein Leben aktiven Handelns und Entscheidens vorziehen, auch wenn sie vorausschauend wissen, dass viele ihrer Unternehmungen in Enttäuschungen enden werden. Die meisten seiner Leser stimmen ihm zu.

Kurz gesagt findet die Freiheit im utilitaristischen Ansatz keine hinreichende Würdigung. Freiheit lässt sich als ein Mittel zur Erlangung von Zufriedenheit schätzen. Hierüber können Utilitaristen und Anhänger des Fähigkeitenansatzes einer Meinung sein, denn auch wir betonen die Bedeutung, die der Freiheit als Mittel zukommt. Die Freiheit, wählen und handeln zu können, ist jedoch nicht nur ein Mittel, sondern auch ein Zweck – und genau dieser Aspekt lässt sich ausgehend vom utilitaristischen Standard nicht begreifen.

Für das Leben vieler Menschen, wie etwa das von Vasanti, spielt die Frage der Wahlfreiheit und des Handeln-Könnens eine wichtige Rolle. Oft werden Frauen als passiv und abhängig behandelt, als Geschöpfe, um die man sich kümmert (oder eben nicht), statt dass sie als unabhängige Menschen gelten, die für ihre Entscheidungen Achtung verdienen. Frauen werden, anders gesagt, oftmals wie Kinder bevormundet. Wir sind der Überzeugung, dass für Kinder Zufriedenheit ein angemessenes Ziel darstellt – allerdings innerhalb bestimmter Grenzen, denn wir wollen, dass sie schon bald beginnen, eigene Aktivitäten zu entwickeln, auch wenn dies für sie mit Enttäuschungen verbunden sein wird. Für erwachsene Menschen ist ein Zustand passiver Zufriedenheit gewiss kein angemessenes Ziel. Es besteht ein großer Unterschied zwischen einer praktischen Politik, die darauf zielt, für Menschen zu sorgen, und einer solchen, die bezweckt, deren Wahlfreiheit zu würdigen. Selbst für den Bereich der Ernährung, auf den bezogen man zunächst denken mag, Befriedigung sei alles, was hier gewünscht wird, lässt sich zeigen, dass eine Politik, die sich darauf beschränkt, Nahrungsmittel zu verteilen, statt die Menschen in Fragen der Ernährung frei entscheiden zu lassen, der Freiheit dieser Menschen nicht hinreichend Achtung zollt. Dies ist eine Spielart des Gedankens, der oben mit der Bemerkung vorgestellt wurde, die praktische Vernunft durchdringe alle anderen Ziele und mache diese zu erstreben der menschlichen Würde wert.

3.3 Ressourcenbasierte Ansätze

Eine bekannte Alternative zum utilitaristischen Ansatz bildet jene Gruppe von Zugängen, die auf eine gleiche (oder verteilungsbezogen hinreichendere) Zumessung grundlegender Ressourcen drängen, wobei Vermögen und Einkommen als solche Allzweckressourcen gelten. Ansätze dieser Art werden oft von Amartya Sen kritisiert, wobei er sich dabei wesentlich auf John Rawls' Konzeption der Grundgüter in *Eine Theorie der Gerechtigkeit* richtet. Weil aber für Rawls die Grundgüter nur ein Element in einer hochkomplexen Gesamttheorie sind, ist es vielleicht besser, sich hier nicht auf seine Theorie zu beziehen, sondern einen einfacheren Vorschlag zu betrachten, nämlich jenen, demzufolge ein Land besser abschneidet, je mehr Ressourcen es besitzt, *vorausgesetzt diese werden gleichmäßig (oder hinreichend gleichmäßig) unter allen seinen Bürgern verteilt.* Nennen wir dies den »ressourcenbasierten Ansatz«. Er ist die egalitaristische Variante des BIP-Ansatzes.

Dieses Programm hat den Vorzug, sich in besonderer Weise dem Problem der Verteilung zuzuwenden, begegnet aber gleichfalls ernstzunehmenden Einwänden. Erst einmal sind Einkommen und Vermögen keine guten Stellvertreter für das, was Menschen wirklich zu tun und zu sein fähig sind. Menschen haben – sollen sie ein gleiches Tätigkeitsniveau erreichen – unterschiedliche Ressourcenanforderungen. Auch besitzen sie unterschiedliche Begabungen, um Ressourcen in Tätigkeiten zu überführen. Einige der relevanten Unterschiede sind physischer Natur: Ein Kind benötigt, um körperlich gesund zu bleiben, mehr Proteine als ein Erwachsener, eine schwangere oder stillende Frau mehr Nährstoffe als eine Frau, die nicht schwanger ist und nicht stillt. Eine vernünftige praktische Politik würde die Nährstoffressourcen nicht unter allen gleichverteilen, sondern (zum Beispiel) dem Proteinbedarf von Kindern entsprechend zuteilen. Denn das Ziel vernünftiger Politik besteht nicht darin, etwas Geld unter alle zu bringen, sondern darin, Menschen das Tätigsein zu ermöglichen. Geld ist nur ein Mittel.

Ferner sind einige der relevanten Unterschiede anhaltenden gesellschaftlichen Ungleichheiten geschuldet. An dieser Stelle erweist sich der ressourcenbasierte Ansatz, gleich den vorher betrachteten Herangehensweisen, als ein Bundesgenosse des Status quo. Um in einer Gesellschaft, in der Frauenbildung sehr wenig zählt, beide Geschlechter in Hinblick auf Bildungschancen gleichzustellen, sind die Ausgaben für die Bildung von Frauen höher als jene für die Bildung von Männern anzusetzen. Wenn wir wünschen, dass sich Menschen mit physischen Behinderungen so in der Gesellschaft bewegen können wie »normale« Menschen, sind zusätzliche Ausgaben für diese nötig, um Gebäude und Busse mit behindertengerechten Zugängen bzw. Einstiegsmöglichkeiten usw. auszustatten. Beide Fälle sind ähnlich: Zusätzliche Ausgaben sind deshalb notwendig, weil sich die Gesellschaft in der Vergangenheit ungerecht verhalten und das soziale Umfeld so eingerichtet hat, dass bestimmte Menschen ausgegrenzt sind. Aber selbst in Fällen, in denen die Ausgabe nicht Abhilfe schafft, kann sie doch berechtigt sein, obwohl die Begründung hierfür abweicht. Die Bildung eines am Down-Syndrom leidenden Kindes mag sich als aufwendiger erweisen als die anderer Kinder. Aber eine Gesellschaft, die der Bildung aller Kinder verpflichtet ist, sollte vor diesen Mehrausgaben nicht zurückschrecken. Bedeutsam für unsere Zwecke ist hierbei, dass uns der ressourcenbasierte Ansatz in keinem der Fälle hinreichend darüber informiert, wie es Menschen wirklich geht. Ein Land, das sich über Proteste ausgegrenzter und untergeordneter Gruppen hinwegsetzt, könnte diesem Denkansatz folgend gute Noten erhalten.

In vielen Bereichen sind Einkommen und Vermögen kein angemessener Ersatz für Handlungsfähigkeit. Vielleicht sind sie, wenn es um gesellschaftliche Achtung, Einbeziehung und die Verhinderung von Demütigung geht, sogar ein besonders schlechter Ersatz. Oft gehören zur Gesellschaft Gruppen, die ziemlich reich, aber sozial ausgegrenzt sind – etwa Juden im Europa des 18. und 19. Jahrhunderts, Schwule und Lesben in den Vereinigten Staaten des 20. Jahrhunderts. Selbst wenn wir Vermögen und Einkommen völlig ausgleichen würden, wären wir Stigma und Diskriminierung nicht los.

Zudem gibt es einige Güter, die in einer Gesellschaft, in welcher Vermögen und Einkommen reichlich vorhanden und einigermaßen gerecht verteilt sind, möglicherweise gänzlich oder weitgehend fehlen. So fehlt einer solchen Gesellschaft vielleicht noch die Freiheit der Religionsausübung oder die Rede- und Versammlungsfreiheit. Oder man hat diese Freiheiten, nur fehlt es womöglich an einer halbwegs sauberen Umwelt. Das BIP pro Kopf ist, selbst wenn es gleichmäßig verteilt wäre, kein guter Ersatz für diese anderen bedeutsamen Güter. Wenn wir wirklich von der Maßgeblichkeit all dieser Dinge überzeugt sind, dann verlangen wir von der praktischen Politik, sich einem jeden von ihnen zuzuwenden, statt den Eindruck zu erwecken, sie alle durch die Orientierung an Einkommen und Vermögen erlangt zu haben.

3.4 Fähigkeiten und die Frage der Bemessung

Aus diesem Unbehagen heraus entstand die Idee, die wirklich relevante Frage müsse lauten: Was sind Menschen wirklich befähigt zu tun und zu sein? Welche wirklichen Möglichkeiten des Tätigseins und des Wählens hat die Gesellschaft ihnen eröffnet? Der Ansatz in all seinen Formen – sowohl die vergleichende Theorie der Lebensqualität von Sen und der durch ihn geprägten Entwicklungsökonomen als auch die von mir entwickelte Theorie minimaler Gerechtigkeit – beharrt auf der Ungleichartigkeit und Unvereinbarkeit aller bedeutsamen Gelegenheiten und Fähigkeiten, der herausgehobenen Position des Verteilungsproblems und der Nichtverlässlichkeit von Präferenzen als Indizien dessen, was wirklich lohnenswerte Ziele sind.

Leser der Berichte über die menschliche Entwicklung des Entwicklungsprogramms der Vereinten Nationen werden bemerken, dass dort weiterhin Länder anhand eines Einzelmaßstabs gemessen werden, nämlich anhand des Human Development Index. Der HDI ist eine gewichtete Zusammenstellung von Daten der Lebenserwartung, des Bildungsstands und des BIP pro Kopf. (Die Erläuterung der Gewichtungskriterien findet sich in einem erklärenden Anhang zu jedem der Berichte.) Wir könnten mithin einwenden, dass sich der HDI der gleichen Übervereinfachungen schuldig macht, die anderen Ansätzen vorgeworfen werden. Mit diesem Einwand wird die Rolle, die der HDI spielt, missverstanden. Der HDI hat eine strategische Funktion. In den ersten Bericht wurde er erst zu einem späten Zeitpunkt der Abfassung eingegliedert, der Einsprüche wegen, die einige Puristen erhoben hatten, weil Mahbub ul Haq, der ein unübertrefflicher Pragmatiker war, glaubte, dass Länder, in denen man an Einheitslisten der Rangfolge gewöhnt ist, nichts anderes als das akzeptieren würden, und die Berichte nichts bewirken könnten, es sei denn, man denke sich eine einzelne Rangordnung aus. Wesentlich ging es hierbei darum, eine abweichende Kennzahl einzuführen, eine solche, die jenen Positionen (Lebenserwartung und Bildung) nachdrückliche Geltung verschafft, die normalerweise in entwicklungspolitischen Ranglisten nicht herausgestellt werden. Ist die Aufmerksamkeit der Menschen erst einmal auf diese abweichende Einzelkennzahl fixiert, die die Bedeutung von Gesundheit und Bildung unterstreicht, kann man hoffen, dass Interessierte die hinter dieser ersten Tabelle stehenden aufgeschlüsselten Daten studieren, die im übrigen Bericht zu finden sind. Diese aufgeschlüsselten Daten betreffen das, worauf es wirklich ankommt. Eine einzelne Kennzahl aber, eher als suggestiv denn als endgültig verstanden, kann auf bestimmte charakteristische Datenmerkmale aufmerksam machen.

In den Berichten wurde über die Jahre hinweg am HDI und an den aufgeschlüsselten Daten festgehalten, allerdings kamen auch andere sinnvolle Datenzusammenstellungen hinzu. Der Geschlechterentwicklungsindex (GDI) korrigiert geschlechtsspezifische Missverhältnisse des HDI. Länder, die stolz auf ihr gutes Abschneiden auf Basis des HDI waren (zum Beispiel Japan), mussten bestürzt zur Kenntnis nehmen, dass sie auf Basis des GDI ziemlich schlecht abschnitten. Der Indikator zur geschlechterspezifischen Stärkung (Gender Empowerment Measure, GEM) berücksichtigt nicht die Errungenschaften von Frauen in Hinblick auf Lebenserwartung und Bildung, sondern deren Zugang zu Führungspositionen in Wirtschaft und Politik. Auch dieser hat sich als aufschlussreich erwiesen, weil in vielen Fällen eine beträchtliche Diskrepanz zwischen GDI und GEM besteht. Somit veranlasst der GEM, obwohl es sich bei diesem Indikator um eine Datenzusammenstellung handelt, den Leser dazu, die Eigenbedeutung der Machtpositionen in Wirtschaft und Politik als Elementen der Gleichberechtigung von Frauen zu bedenken. Weitere sinnvolle Datenzusammenstellungen wurden hinzugefügt. Schließlich hat ein jeder Bericht einen thematischen Schwerpunkt (Technologie, Menschenrechte usw.) und beinhaltet zu diesen Themen verfasste, mit vielen Daten angereicherte Abhandlungen. Keiner, der diese Berichte nutzt, könnte also den Eindruck gewinnen, alles hänge von einer einzelnen Kennzahl ab. Einzelne Kennzahlen führen den denkenden Geist zu den relevanten zentralen Fähigkeiten.

Natürlich kann man sich fragen, ob und wie sich Fähigkeiten

messen lassen. Menschen neigen dazu, dem zu erliegen, was man den »Trugschluss des Messens« nennen könnte: Sie bemerken, dass ein bestimmter Index (zum Beispiel das BIP) leicht zu messen ist, und kommen zu dem Schluss, dieser Index sei das wirklich Relevante und Bedeutsame. Diese Schlussfolgerung ist selbstverständlich falsch. Dennoch muss der Vertreter des neuen Wertmaßstabs zur Einschätzung öffentlichen Handelns prinzipiell zeigen können, dass sich Methoden für die Messung dieses Wertes finden lassen. Die Tatsache der Pluralität der Fähigkeiten besagt nicht, dass nicht eine jede von ihnen einzeln gemessen werden kann. Die Schwierigkeit liegt im Begriff der Fähigkeit, genauer gesagt in dessen komplexer Kombination von innerer Bereitschaft und äußerer Ermöglichung, womit die Messung voraussichtlich keine leichte Aufgabe sein wird. Zu Recht beschäftigt dieser Frage viele die an dem Fähigkeitenansatz mitarbeiten, auch entwickelt sich eine umfangreiche Literatur zur Messung von Fähigkeiten. Mitunter sind wir möglicherweise auch gezwungen, Fähigkeiten aus Tätigkeitsmustern zu erschließen. Nehmen wir zum Beispiel an, wir hätten eine niedrige Wahlbeteiligung unter Afroamerikanern festgestellt. Aus dieser Abwesenheit zu handeln ließe sich nicht unmittelbar auf ein Fehlen von Fähigkeiten schließen, denn Menschen hätten ja einfach für sich die Entscheidung treffen können, nicht zur Wahl zu gehen. Wenn jedoch ein Muster schwacher Handlungsbereitschaft mit gesellschaftlicher Nachrangigkeit und Stigmatisierung zusammenhängt, könnte man argwöhnen, dass einige subtile Hindernisse tatsächlich die Fähigkeit zum politischen Handeln beeinträchtigen. Dabei mag es sich um Hindernisse bei der Wählerregistrierung handeln, um Schwierigkeiten beim Erreichen von Wahllokalen und die Herabwürdigung dieser Wähler im Wahllokal. Dazu mögen auch Ungleichheiten der Bildung gehören, ein anhaltendes Gefühl der Aussichtslosigkeit und andere, weniger greifbare Fähigkeitsstörungen. Die Komplexität der Frage besagt aber nicht, dass sie unwirklich oder der Untersuchung unzugänglich wäre. Die angemessene Antwort auf die Komplexität besteht folglich darin, energischer an der Bestimmung und Bemessung der relevanten Faktoren zu arbeiten. Gleichermaßen würden wir, wenn wir wissen möchten, ob Menschen Zugang zu Spiel und Erholung haben, mit den offensichtlichen Dingen beginnen, also die Arbeits- und Freizeit dieser Menschen untersuchen. Bald kämen jedoch komplexere Fragen zum Vorschein, wie etwa die nach den örtlichen Verhältnissen, dem Zustand und der Sicherheit von Parks und anderen Freizeiteinrichtungen.

Häufig denken Menschen, Bemessung beinhalte irgendeine Art numerischer Skala. Im wirklichen Leben allerdings sind wir mit anderen, eher qualitativen Weisen des Bemessens vertraut. Wenn der Oberste Gerichtshof der Vereinigten Staaten prüft, ob ein bestehendes Gesetz die im Ersten Zusatzartikel zur Verfassung festgeschriebene Rechtsgarantie der Freiheit der Rede verletzt, wird er keine Zahlenskala in Anschlag bringen, auf der verschiedene Systeme legitimer Meinungsäußerung abgetragen sind, sondern er wird die Verfassung konsultieren sowie seine eigenen Präzedenzfälle und andere relevante Materialien aus Gesellschaft und Geschichte einbeziehen. Dennoch scheint es korrekt zu sagen, der Gerichtshof habe darüber befunden, ob ein bestimmtes Regelwerk einige Bürger unterhalb eines bestimmten, die Redefreiheit betreffenden Schwellenwerts ansiedelt. Einige Fähigkeiten sind, wie ich vermute, auf diese Weise zu bemessen, nicht aber anhand einer Zahlenskala. Wären wir davon überzeugt, dass eine bestimmte Zahlenskala in den Fällen, die die Redefreiheit und die Freiheit der Religionsausübung betreffen, hilfreich ist, dann hätten wir vermutlich auf eine solche zurückgegriffen. Stattdessen scheint die mittlerweile ausgeprägte diskursive Form der Analyse angemessen für zumindest einen Teil der Fragen zu sein, die Schwellenwerte für grundlegende Berechtigungen betreffen.

3.5 Menschenrechtsansätze

Der Fähigkeitenansatz ist eng mit der internationalen Menschenrechtsbewegung verbunden, meine Lesart dieses Ansatzes stellt sich in der Tat als eine Variante des Menschenrechtsansatzes dar. Auch Sen betont die enge Verbindung zwischen Fähigkeiten und Menschenrechten. Dem Fähigkeitenansatz und den Menschenrechtsansätzen ist die Vorstellung gemeinsam, dass alle Menschen einige grundlegende Ansprüche allein vermöge ihres Menschseins besitzen und die Gesellschaft grundsätzlich verpflichtet ist, diese Ansprüche anzuerkennen und zu befördern. (Meinem Ansatz zufolge haben auch nichtmenschliche Tiere Ansprüche; er ist in dieser Hinsicht umfassender als der Menschenrechtsansatz.) Auch inhaltlich besteht eine enge Beziehung. So gibt es wesentliche Überschneidungen zwischen den Fähigkeiten auf meiner Liste und den Menschenrechten, wie sie in der Allgemeinen Erklärung der Menschenrechte und anderen Urkunden anerkannt werden. Letztlich ist der mit der Auflistung der Fähigkeiten thematisierte Bereich derselbe wie der der sogenannten Menschenrechte erster Generation (politische und Bürgerrechte) und zweiter Generation (wirtschaftliche und soziale Rechte). Auch spielen die Fähigkeiten eine ähnliche Rolle. Sie bieten eine Grundlage für kulturübergreifende Vergleiche und Verfassungsgarantien. Insofern das Menschenrechtsparadigma dafür kritisiert worden ist, u.a. geschlechterspezifische Fragen und solchen der ethnischen Zugehörigkeit gegenüber nicht hinreichend aufmerksam zu sein, sucht der Fähigkeitenansatz, gleich den besten der Menschenrechtsansätze, diesen Missstand zu beheben.

In einigen wichtigen Punkten ergänzt der Fähigkeitenansatz die menschenrechtlichen Standardansätze, nicht zuletzt seiner philosophischen Eindeutigkeit und Klarheit hinsichtlich der entsprechenden Grundbegriffe wegen wie auch der Attraktivität seiner konkreten Formulierungen. Um ein Beispiel zu geben: Dem Ansatz zufolge gründen Rechtsansprüche im bloßen Faktum der menschlichen Geburt sowie einer minimalen Handlungsfähigkeit, statt in der Rationalität oder irgendeiner anderen spezifischen Eigenschaft fundiert zu sein, womit es möglich ist, auch Menschen mit geistigen Behinderungen gleiche Menschenrechte zuzusprechen. Klarer als die meisten, diese Rechtsfragen betreffenden Standardinterpretationen bringt er den Zusammenhang zum Ausdruck, der zwischen Menschenrechten und menschlicher Würde besteht (die zentralen Fähigkeiten werden zum Teil unter Verweis auf die menschliche Würde bestimmt). Er gliedert die Beziehung zwischen Ansprüchen von Menschen und denen anderer Arten (alle empfindungsfähigen Wesen besitzen in der Gerechtigkeit gründende Ansprüche; tragische Konflikte zwischen ihnen sollten so wie innerhalb einer einzelnen Art gelöst werden – durch die Arbeit an einer besseren Welt, in der solche Konflikte nicht auftreten). Schließlich liefert er eine konkrete Darstellung des Verhältnisses von Menschenrechten und Pflichten. Menschenrechtsansätze sind keine voll integrierten Konzeptionen, der Fähigkeitenansatz versucht, eine solche zu sein.

Zwischen der Idee der zentralen Fähigkeiten als grundlegende menschliche Ansprüche und der Idee der Pflichten besteht ein begrifflicher Zusammenhang. Auch ehe wir Pflichten bestimmten Personen oder Gruppen zuweisen können, meint das Bestehen eines Anspruchs, dass es solche Pflichten geben muss. Innenpolitisch gehören solche Pflichten erstinstanzlich zur politischen Grundstruktur eines Landes, die dafür Verantwortung trägt, unter allen Bürgern einen angemessenen Schwellenwert aller Ansprüche aufzuteilen. Ärmere Länder sind aber nicht in der Lage, allen ihren, die Fähigkeiten betreffenden Verpflichtungen ohne Hilfe seitens reicherer Länder nachzukommen. Folglich sind reichere Länder verpflichtet, Hilfe dieser Art zu leisten. Andere Pflichten zur Beförderung menschlicher Fähigkeiten werden Körperschaften, internationalen Behörden und letztlich auch den Einzelnen zugewiesen (siehe Kapitel 6).

Meiner Ansicht nach besteht ein begrifflicher Zusammenhang zwischen zentralen Fähigkeiten und der Regierung. Sollte eine Fähigkeit wirklich zur Liste der zentralen Fähigkeiten gehören, dann deshalb, weil sie in einer engen Beziehung zur bloßen Möglichkeit eines mit menschlicher Würde in Einklang stehenden Lebens steht. Einer Standarddarstellung der Aufgaben einer Regierung besagt, Regierungen seien zumindest dazu verpflichtet, Menschen die Möglichkeit zu geben, ein solches Leben zu führen. Andere Fähigkeiten mögen weniger zentral als ebendiese sein und nicht in den Aufgabenbereich der Regierung fallen. Aber die Regierung ist verantwortlich dafür, dass die zehn Fähigkeiten auf meiner Liste verfügbar sind, will das Land auch nur ansatzweise als gerecht gelten. (Sicherlich kann die Regierung diese Aufgabe in Teilen an private Instanzen delegieren; letzten Endes trägt aber die Regierung, also die politische Grundstruktur der Gesellschaft, für die Gewährleistung dieser Fähigkeiten die Verantwortung.) Wenn wir mit Blick auf die Welt in Gänze zu der Überzeugung kommen, dass eine einzige, alle umfassende Regierung vielleicht nicht der beste Weg wäre, die Probleme des Fähigkeitenversagens zu lösen, so kommt Regierungen dennoch eine wesentliche Funktion bei der Fähigkeitsgewährleistung zu – an erster Stelle den Regierungen aller Länder und an zweiter den Regierungen der reicheren Länder, weil diese verpflichtet sind, den ärmeren zu helfen.

Sen, der Menschenrechten Fähigkeiten gegenüberstellt, bemerkt hingegen, Fähigkeiten fehle der begriffliche Zusammenhang mit Regierung und Staatsgewalt, der die Menschenrechte offensichtlich charakterisiere. Allerdings spricht Sen von Fähigkeiten allgemein, nicht jedoch von zentralen Fähigkeiten, eine Konzeption, die er nicht benutzt. In vielen seiner Schriften scheint er bereit zu sein, staatliches Handeln dahingehend zu bewerten, wie es Fähigkeiten – zum Beispiel Gesundheitsfürsorge und Bildung – befördert, die zentrale Elemente meiner Liste sind. So würde es scheinen, dass in dieser Frage zwischen uns keine gravierenden Meinungsverschiedenheiten bestehen oder dass, soweit wir hier verschiedener Meinung sind, dies Teil einer umfassenderen Uneinigkeit die Rolle betreffend wäre, die einer Fähigkeitenliste bei der Formulierung einer Theorie der Gerechtigkeit zukäme.

Auf diesen Interpretationswegen ergänzt der Fähigkeitenansatz das Standardmodell der Menschenrechte. Er ist aber auch kritisch in Bezug auf zumindest einige bekannte Versionen dieses Modells. Einer prominenten Rechtsidee zufolge, die in der politischen und der Rechtsgeschichte der Vereinigten Staaten häufig anzutreffen ist, bilden Rechte Barrieren, die vor dem Zugriff des Staates schützen: Die Handlungsunterlassung seitens des Staates gilt als Rechtssicherung. Im Gegensatz dazu besteht der Fähigkeitenansatz darauf, dass der Staat für alle Ansprüche eine positive Funktion erfüllt. Der Staat hat die Fähigkeiten der Menschen aktiv zu befördern, seine Aufgabe beschränkt sich nicht einfach darauf, den Menschen keine Hindernisse in den Weg zu legen. Ohne Handeln sind Rechte bloße Worte auf Papier. Vasanti wurde nicht von der Regierung von Gujarat geschlagen, sondern von ihrem Ehemann. Eine Regierung jedoch, die es versäumt, Gesetze gegen häusliche Gewalt zu erlassen und dann aktiv durchzusetzen, oder die es unterlässt, Frauen die Bildung und das Können zu vermitteln, die sie benötigen, um das Existenzminimum selber zu verdienen, was ihnen wiederum die Chance gibt, eine durch Gewalt geprägte Ehe hinter sich zu lassen, eine solche Regierung ist verantwortlich für die Demütigung, die diese Frau dann erleidet. Grundrechte sind nur Worte, sofern und soweit sie nicht durch staatliches Handeln verwirklicht werden. Schon die Idee einer »negativen Freiheit«, die in diesen Zusammenhängen häufig vorgebracht wird, ist inkonsistent. Denn alle Freiheiten sind positiv, sind sie doch Freiheiten, etwas *zu tun* oder *zu sein*, und mit allen verbindet sich die Forderung, die Beeinträchtigung durch andere zu verhindern. Auf diesen Aspekt ist insbesondere in den Vereinigten Staaten hinzuweisen, denn hier wird zuweilen geglaubt, die Regierung leiste erst dann gute Arbeit, wenn sie nichts tut.

Der Unterschied zwischen »negativen« Rechten und wirklichen, kombinierten Fähigkeiten wird besonders deutlich, wenn wir Gruppen betrachten, die für lange Zeit Unterordnung und Ausgrenzung erleiden mussten. Als Indien eine Verfassung voller Erklärungen zu grundlegenden Bürgerrechten ausarbeitete, war es Nehrus Justizminister B. R. Ambedkar, selber zu den *Dalits* (früher »Unberührbare« genannt) gehörig, der wiederholt darauf verwies, dass die Zusicherung gleicher Rechte für die Ausgegrenzten bedeutungslos bleibt, es sei denn, sie wird durch eine Reihe staatlicher Garantiemaßnahmen begleitet, die diese Menschen auch wirklich in den Genuss ihrer Rechte kommen lässt: Maßnahmen, welche die Beeinträchtigung durch andere unterbinden, Programme zur wirtschaftlichen Unterstützung, die verhindern, dass Menschen ihre Rechte aus Verzweiflung preisgeben, gezielte Fördermaßnahmen in den Bereichen von Politik und Bildung. Ohne diese Programme sind Rechte bloße Worte auf Papier. Aus gleichen Gründen hat die Beseitigung von Rassismus und Sexismus in den Vereinigten Staaten nicht allein die formale Gleichbehandlung erforderlich gemacht, sondern auch, um Chancenungleichheit zu beseitigen, ein forciertes Regierungshandeln. Seitens des Obersten Gerichtshof der Vereinigten Staaten ist wiederholt von Fähigkeiten gesprochen worden, als es darum ging, Ordnungen vermeintlich »eigenständiger, aber gleichberechtigter« Behandlung zu Fall zu bringen, wobei er argumentierte, dass schwarze und weiße Kinder in nach Hautfarbe getrennten Schulen und Frauen, denen der Zutritt zu ausschließlich Männern vorbehaltenen Einrichtungen untersagt war, unter Fähigkeitsstörungen leiden. Wiederholt wurden solche Arrangements von den Gerichten im Lichte der Frage geprüft, was Menschen wirklich zu tun und zu sein fähig sind.

Die Vorstellungen von staatlicher Enthaltung und »negativer Freiheit« sind dort besonders schädlich, wo es um das Verhältnis des Staates zu Privathaushalt und Familie geht. Die natürliche Hochmütigkeit, die viele liberale Denker staatlichen Maßnahmen gegenüber bekundeten, speist sich aus der klassisch liberalistischen Unterscheidung zwischen öffentlichem und Privatbereich: Selbst wenn es vielleicht richtig sei, dass der Staat, um die Rechte der Bürger zu schützen, in bestimmten Bereichen handelte, gebe es doch einen privilegierten Bereich, in dem er nichts zu suchen habe – die Wohnung. Zu Recht haben Frauen beanstandet, dass einige überkommene Menschenrechtsmodelle fälschlicherweise die häusliche Gewalt missachtet haben, denen Frauen ausgesetzt sind. Dieser Fehler wird durch den Fähigkeitenansatz behoben, denn ihm zufolge ist die Einmischung in die häusliche Privatsphäre gerechtfertigt, wann immer die Rechte der Personen verletzt werden, deren Privatsphäre sie ist.

Aus damit verbundenen Gründen wird vom Fähigkeitenansatz auch die in der Menschenrechtsbewegung verbreitete Unterscheidung zwischen »Menschenrechten erster Generation« (politische und Bürgerrechte) und »zweiter Generation« (wirtschaftliche und soziale Rechte) abgelehnt. Dieser Unterscheidung erweckt nämlich den Eindruck, politische und Bürgerrechte seien wirtschaftlich und gesellschaftlich voraussetzungslos. Der Fähigkeitenansatz beharrt darauf, dass dies nicht zutrifft. Alle Ansprüche erfordern unterstützende Maßnahmen des Staates, auch Ausgaben aus dem Staatshaushalt. Folglich sind sie, zumindest in gewissem Maße, wirtschaftliche und gesellschaftliche Rechte.

Sen hat behauptet, der Begriff der Fähigkeiten sei umfassender als jener der Rechte, weil Fähigkeiten auch Verfahrensfragen umfassen könnten (ob man fähig ist, sich in einer bestimmten Art Prozess zu engagieren), während Rechte immer Fragen substanzieller Möglichkeiten seien (was man wirklich fähig ist zu besitzen). Meiner Auffassung nach wird diese Unterscheidung durch die Wortwahl widerlegt, die sich in den weltweit maßgeblichen verfassungsrechtlichen Traditionen findet. Grundrechte sind oft prozedural – zum Beispiel das Rechtsstaatsprinzip [due process of law] oder das Prinzip »gleichen Rechtsschutzes« [equal protection of the laws] in der Verfassung der Vereinigten Staaten (ähnliche Bestimmungen finden sich in den meisten anderen modernen Verfassungen). Hierbei handelt es sich um grundlegende Rechte, die zugleich Rechte auf ein faires Verfahren sind. Der Begriff der Fähigkeiten ist aus einem anderen Grund umfassender als der der (Menschen betreffenden) Rechte: Einige Fähigkeiten sind belanglos, andere sind sogar verwerflich. Die Liste der zentralen Fähigkeiten, die als gut und besonders bedeutsam gelten, entspricht ziemlich genau den Auflistungen der Menschenrechte, die gemeinhin verteidigt werden.

Wenn diese Korrekturen vollzogen sind, kann sich der Fähigkeitenansatz die Sprache des Rechts und die wichtigsten Schlussfolgerungen der internationalen Menschenrechtsbewegung zu eigen machen wie auch den Gehalt vieler internationaler Menschenrechtsdokumente. Die Sprache des Rechts bleibt wichtig und bedeutsam. Sie unterstreicht die Idee eines wesentlichen, im Begriff grundlegender Gerechtigkeit gründenden Anspruchs und erinnert uns daran, dass Menschen gerechtfertigte und auf Einlösung drängende Ansprüche darauf haben, auf bestimmte Weise behandelt zu werden – ganz gleich, was die Welt um sie herum in dieser Beziehung unternommen hat. Selbst im Bestreben, das größte totale oder durchschnittliche Bruttoinlandsprodukt oder den größten Gesamt- oder Durchschnittsnutzen zu erzielen, sollten wir diese Ansprüche nicht missachten.

4. Grundlegende Ansprüche

4.1 Freiheit und Inhalt

Der erste und noch immer häufigste Gebrauch des Fähigkeitenansatzes besteht darin, einen neuen Weg zu beschreiben, auf dem Entwicklungserfolge richtig verglichen und eingestuft werden können. Wenn Nationen und Regionen auf dem globalen Entwicklungs»markt« miteinander um die Rangfolge wetteifern, wenn sie zu zeigen versuchen, dass sie eine bessere Lebensqualität bieten, als andere Nationen bzw. Regionen dies können oder sie selbst dies früher konnten, dann liefert der Fähigkeitenansatz eine neue Herangehensweise dafür, diese Vergleiche richtig anzustellen: Statt allein auf das Bruttosozialprodukt zu schauen, sollten wir eine Gruppe zentraler menschlicher Fähigkeiten betrachten. Im Prinzip kann eine jede Fähigkeit als Vergleichsmaßstab dienen; bei der Abfassung der Berichte über die menschliche Entwicklung wurden jedoch Gesundheit und Bildung besondere Beachtung geschenkt.

Ein hiermit verbundener Gebrauch des Ansatzes besteht darin, den Rahmen neu zu fassen, in dem Vergleiche angestellt werden, die Fragen der *Gleichheit* betreffen. Für gewöhnlich gilt Gleichheit in zumindest einigen Lebensbereichen als ein bedeutender politischer Wert. Folglich sollte die Frage lauten: »Gleichheit wovon?« In der Auseinandersetzung mit Anhängern gegensätzlicher Positionen, die Ansprüche der Wohlfahrt (Befriedigung von Bedürfnissen) und der Ressourcen (Einkommen und Reichtum) eingeklagt haben, hat Sen dafür argumentiert, dass Fähigkeiten eine ansprechendere Bezugsgröße für Vergleiche darstellen. Die von ihm gegen alternative Vorstellungen vorgebrachten Argumente gleichen jenen, mit denen sich Fähigkeiten als der korrekte Rahmen für Vergleiche in Debatten empfehlen, die Fragen der Entwicklung betreffen.

Üblicherweise legt Sen den Schwerpunkt auf den vergleichenden Gebrauch von Fähigkeiten. Dabei greift er jedoch, wenn er real existierende Gesellschaften beurteilt, bestimmte Fähigkeiten heraus, deren Bedeutung die anderer übersteigt: Gesundheit, Bildung, politische Beteiligung, nicht der Hautfarbe, der Religion oder des Geschlechts wegen diskriminiert zu sein. Ersichtlich interessiert er sich für Fähigkeiten, um im Rekurs auf diese einen Begriff grundlegender Gerechtigkeit zu bestimmen. Obwohl Sen in diesem Zusammenhang weder eine formale Darstellung noch eine Auflistung von Fähigkeiten entwickelt hat, gibt er doch viele Hinweise darauf, welche Wege seine Überlegungen in dieser Frage nehmen würden.

Andererseits argumentiert Sen gelegentlich, als ob alle Fähigkeiten kostbare Bereiche der Freiheit seien und die umfassende gesellschaftliche Aufgabe möglicherweise darin bestehe, die Freiheit zu maximieren. Er spricht von einer »Freiheitsperspektive«, womit es scheint, Freiheit sei ein allgemeines gesellschaftliches, für alle Zwecke geeignetes Gut, dem gegenüber die für wertvoll erachteten Fähigkeiten nur Anwendungsfälle wären. Meine Version des Fähigkeitenansatzes hingegen folgt dieser Interpretation nicht. Sie ist Inhalten verpflichtet und betrachtet die Liste der zehn zentralen Fähigkeiten als Basis einer Idee grundlegender politischer Ansprüche und des Verfassungsrechts.

Dieser Aufgabe, Fähigkeiten auszuwählen, kommt eine entscheidende Bedeutung zu, soll der Ansatz irgendeine Relevanz für Fragen der *Gerechtigkeit* haben. Von Vasantis Lebensperspektive aus gesehen sind einige Fähigkeiten von zentraler Wichtigkeit, so die Freiheit der Person, die eigene Meinung äußern, lernen, sich am politischen Leben beteiligen und den eigenen Körper gegen tätliche Angriffe verteidigen zu können. Andere Fähigkeiten, um die bisweilen viel Aufhebens gemacht wird, sind hingegen vergleichsweise trivial: die Freiheit etwa, ohne Schutzhelm Motorrad oder im Auto ohne Sicherheitsgurt zu fahren. Wieder andere, die unter den Mächtigen großen Anklang finden, sind möglicherweise sehr schlecht – der Möglichkeiten wegen, die sie ihnen eröffnen, andere zu schädigen. Viele Männer stoßen sich an Gesetzen gegen häusliche Gewalt und sexuelle Belästigung und behaupten, Gesetze dieser Art würden ihre Freiheit beeinträchtigen. Ein mit Fragen der Gerechtigkeit befasster Fähigkeitenansatz sollte derartigen Beschwerden keine Beachtung schenken. Meine Version des Ansatzes versteht die Idee der Fähigkeiten als Kernstück einer Darstellung der minimalen gesellschaftlichen Gerechtigkeit und des Verfassungsrechts. Aus diesem Grunde hat sie eine spezifische Liste zentraler Fähigkeiten zu verteidigen. Dabei bringe ich politische Prinzipien klar zum Ausdruck, die sich als

Grundlage für die Formulierung einer Reihe wesentlicher verfassungsrechtlicher Ansprüche nutzen lassen. Somit steht der von mir gestützte Ansatz in enger Beziehung zu Recht und Nationenbildung.

Warum aber sollten wir Sens Lösung nicht akzeptieren, also Freiheit als allumfassendes Gut betrachten und jeder Nation das Recht der Auswahl bestimmter Fähigkeiten überlassen, die dann den Schutz der Verfassung genießen? Wird mit diesem Ansatz den demokratischen Wahlentscheidungen der Menschen nicht mehr Achtung entgegengebracht? Natürlich stimme ich zu, dass wir Demokratien nicht irgendetwas von außen aufzwingen dürfen. So dient mein Vorschlag auch der Meinungsbildung, während das Problem der Inkraftsetzung klar davon zu unterscheiden ist. Es muss gefragt werden, warum wir versuchen sollten, mit der Behauptung, diese seien für alle Länder bedeutsam, im internationalen Rahmen eine einzige Gruppe von Fähigkeiten zu rechtfertigen. Warum sollten wir nicht einfach die allgemeine Idee der Freiheit empfehlen?

Erstens ist es unklar, ob die Idee der Beförderung der Freiheit überhaupt ein in sich konsistentes politisches Projekt ist. Einige Freiheiten beschränken andere. Die Freiheit der Reichen, politische Aktionen mit üppigen Spenden zu unterstützen, kann den gleichen Wert des Wahlrechts für einen jeden schmälern. Die Freiheit der Industrie zur Umweltverschmutzung schmälert die Freiheit der Bürger, eine Umwelt zu genießen, die nicht verschmutzt ist. Offenkundig ist, dass diese Freiheiten nicht zu den von Sen erwogenen gehören. Aber bei ihm finden sich auch keine Argumente, welche die Bedeutung der Freiheit eingrenzten oder Konflikte dieser Art ausschlössen. Dies ist aber nicht alles: Schon zur Idee der Freiheit gehört Beschränkung. Die Person P hat nicht die Freiheit, die Handlung H zu vollziehen, solange andere nicht davon abgehalten werden, sie daran zu hindern.

Überdies ist selbst für den Fall, dass sich alle Freiheiten in kohärenter Weise als erstrebenswerte gesellschaftliche Ziele erweisen ließen, überhaupt nicht evident, dass dies die Vorgehensweise wäre, der jemand, der die politischen und ethischen Zielsetzungen des Fähigkeitenansatzes teilt, beipflichten sollte. Die gerade vorgestellten Beispiele zeigen nämlich, dass eine jede politische Unternehmung, die die Gleichwertigkeit bestimmter grundlegender Freiheiten für die Armen sichern und deren Lebensbedingungen verbessern will, geradeheraus sagen muss, dass einige Freiheiten für politische Zwecke von wesentlicher Bedeutung sind, andere hingegen eindeutig nicht. Einige Freiheiten sind mit grundlegenden gesellschaftlichen Ansprüchen verbunden, andere wiederum nicht. Einige sind in Hinblick auf die politische Gerechtigkeit wesentlich, andere aber nicht. Unter jenen, denen in diesem Sinne keine zentrale Bedeutung zukommt, sind einige einfach weniger bedeutsam, andere hingegen sind vielleicht ausgesprochen schlecht.

Geschlechterbezogen kann Gerechtigkeit nicht ohne die Beschränkung der Freiheit von Männern erfolgreich verfolgt werden. Zum Beispiel wird das »Recht« zum Geschlechtsverkehr mit der eigenen Ehefrau, unabhängig von deren Einverständnis, in den meisten Gesellschaften als geschätztes männliches Vorrecht verstanden. Viele Männer sind der Freiheitsbeschränkungen wegen, die aus Gesetzen resultieren, die sich gegen Vergewaltigung innerhalb der Ehe richten, äußerst verärgert. Dies ist einer der Gründe, weshalb in etwa der Hälfte der US-Bundesstaaten nichteinvernehmlicher ehelicher Geschlechtsverkehr noch immer nicht als wirkliche Vergewaltigung zählt und in vielen Staaten weltweit überhaupt keine diesbezüglichen Gesetze existieren. Die Freiheit, Frauen am Arbeitsplatz zu belästigen, gilt weltweit als geschätztes männliches Vorrecht. Vom Augenblick der Umsetzung der Bestimmungen gegen sexuelle Belästigung an lassen sich Proteste vernehmen, die sich auf die Idee der Freiheit berufen. Bezeichnungen wie »Femi-Nazis« werden benutzt, um zu suggerieren, Feministen seien, weil sie diese Maßnahmen unterstützen, Gegner der Freiheit. Und in gewissem Sinne bestehen Feministen in der Tat auf einer Beschränkung der Freiheit, weil bestimmte Freiheiten sowohl den Gleichheits- als auch den Freiheitsansprüchen und Entfaltungsmöglichkeiten von Frauen abträglich sind.

Kurz gesagt kann eine Gesellschaft, die der Gleichheit oder selbst einem hinreichenden gesellschaftlichen Minimum verpflichtet ist, nicht darauf verzichten, die Freiheit in vielen verschiedenen Hinsichten zu beschneiden. Wobei zur Begründung Folgendes gesagt werden sollte: Diese Freiheiten seien nicht gut, sie gehörten nicht zum Kernbestand einer Gruppe gesellschaftlicher Ansprüche, die der Begriff gesellschaftlicher Gerechtigkeit erforderlich macht, auch unterminierten sie diese den Kernbereich betreffenden Ansprüche. Bezüglich anderer Freiheiten, wie etwa der, ohne Schutzhelm Motorrad zu fahren, ließe sich sagen, diese seien eher unbedeutend, weder besonders gut noch besonders schlecht, und nicht Teil unserer Auffassung gesellschaftlicher Gerechtigkeit. Sie sollten deshalb auf einer Liste verfassungsmäßiger Grundrechte nicht erscheinen.

Wenn es zutrifft, dass eine Gesellschaft das Mindestmaß an Gerechtigkeit nicht erreicht, solange sie den Menschen die Voraussetzungen eines der menschlichen Würde entsprechenden Lebens nicht zur Verfügung stellt, dann sollte es Aufgabe politischer Akteure sein, sich darüber Klarheit zu verschaffen, was für ein solches Leben erforderlich ist. Um das Erforderliche verfügbar zu machen, müssen sie wissen, worum es sich handelt. Hierbei scheint es dringend erforderlich zu sein, zwischen den Dingen zu unterscheiden, die wirklich grundsätzlicher Natur sind (Meinungs- und Redefreiheit, Schutz der körperlichen Unversehrtheit), und jenen, für die dies nicht zutrifft, die sogar schlecht sein mögen. Abgeordnete, Gerichte und Verwaltungsbehörden können eine solche Konzeption nicht umsetzen, wenn sie nicht wissen, worum es geht. Eine geschriebene Verfassung ist eine praktische Möglichkeit, solche Ansprüche deutlich zu machen und diese vor den Unwägbarkeiten von Mehrheitsentscheidungen zu schützen. In einigen Ländern hingegen wird grundrechtsbezogen mit nichtschriftlichen Übereinkünften verfahren. Wenn diese Rechte aber handstreichartig durch eine unduldsame Mehrheit außer Kraft gesetzt werden können – wie etwa Rede- und Versammlungsfreiheit während des durch Indira Gandhi im Jahre 1975 erklärten Ausnahmezustands abgeschafft wurden –, dann befindet sich die menschliche Würde in einer riskanten Situation. Die Nation muss nach einem geeigneteren Weg suchen, um *Fähigkeitsgarantien* zu erlangen. Der Schutz grundlegender Ansprüche durch eine qualifizierte Mehrheit bestimmter Art – ob nun in einer geschriebenen Verfassung oder nicht – scheint für diese Garantien unerlässlich zu sein.

Anders gesagt müssen alle Gesellschaften, die einer hinreichend gerechten politischen Vorstellung folgen, menschliche Freiheiten bewerten und erklären, dass einige wesentlich und andere trivial sind, einige gut und andere ausgesprochen schlecht, einige besonderen Schutz verdienen und andere nicht. Diese Einschätzung betrifft auch unsere Einstellung gegenüber Freiheitsbeschränkungen. Einige Freiheiten verstehen sich als gerechtigkeitsbasierte Ansprüche von Bürgern. Die Beschränkung einer dieser Freiheiten stellt ein besonders gravierendes Versagen des politischen Systems dar. In solchen Fällen empfinden Bürger die Restriktion nicht einfach als einen zu zahlenden Preis, sondern als einen Preis bestimmter Art, einen, der die grundlegende Gerechtigkeit in Mitleidenschaft zieht. Wird eine Freiheit außerhalb des Kernbestands beschnitten, dann mag für manche Akteure der Preis dafür klein oder groß sein – es handelt sich aber nicht um einen Preis genau der gleichen Art, einen, den von Rechts wegen man Bürgern nicht abverlangen sollte. Die Einschränkung der Religionsfreiheit ist ein Preis, der grundlegende Ansprüche in Frage stellt; die Einschränkung der Freiheit, ohne Schutzhelm Motorrad zu fahren, ist hingegen mit solchen grundlegenden Fragen nicht verbunden, obwohl diese Restriktion für manche eine Bürde ist.

Sen verteidigt seinen ergebnisoffenen Umgang mit der Idee der Fähigkeiten, indem er auf die Bedeutung demokratischer Beratschlagung verweist. Auch für meinen Ansatz sind Prozesse demokratischer Deliberation bedeutsam, und zwar im Bereich der Durchsetzung (nichts wird in einer Nation durch andere Nationen aufgenötigt, es sei denn unter höchst ungewöhnlichen und gravierenden Umständen) und im Bereich der konkreten Spezifizierung (eine jede Nation spezifiziert eine jede Fähigkeit auf eigene Weise; innerhalb bestimmter Grenzen sagt der Ansatz, dass dies gerechtfertigt ist). In meinem Ansatz wird aber auch anerkannt, dass in einer funktionierenden Demokratie Deliberationsprozesse auf verschiedenen Ebenen und in vielen verschiedenen Zusammenhängen zu finden sind. Bürger können über die politischen Grundprinzipien beraten, von denen sie wünschen, dass ihre Nation für sie eintritt – wenn sie zum Beispiel eine neue Verfassung formulieren. Ist dies erst einmal getan, sind normalerweise bestimmte Ansprüche verankert und damit außer Gefahr, durch eine einfache Mehrheit abgeändert zu werden. Sind solche Grundsatzdokumente unklar oder scheint die Gesetzgebung diese zu verletzen, beraten normalerweise Gerichte über die angemessene Interpretation zentraler Ansprüche. (Die gerichtliche Überprüfung [judicial review] ist eine entscheidende Art demokratischer Beratschlagung, wie praktisch in jeder modernen Demokratie anerkannt wird.) Bürger beraten auch über Verfassungsänderungen. Allerdings unterscheidet sich diese Deliberation von der ursprünglichen Formulierung der Verfassung, weil hier eine gegebene Verfassungsarchitektur und einige grundlegende Prinzipien vorausgesetzt werden, an denen herumgebastelt werden kann. Auch beraten Bürger über die Gesetzgebung – vorbehaltlich der Intervention der Gerichte, falls ein Gesetz die verfassungsmäßigen Garantien verletzen sollte.

Die Liste der Fähigkeiten kann auf jeder Ebene dieses Prozesses Anwendung finden. Sie mag als Quelle politischer Prinzipien während der Formulierung der Verfassung dienen oder auch, daran anschließend, als Quelle der Interpretation. Sie kann die gerichtliche Interpretation grundlegender Ansprüche beleuchten, wenn auch innerhalb der durch Verfassungstext und Präzedenzfälle gesetzten

Grenzen. Sie lässt sich nutzen, um dem Prozess der Gesetzesänderung Nachdruck zu verleihen: Die neue Verfassungsänderung in Indien, die vorgenommen wurde, um das allgemeine Recht auf Grund- und Hauptschulbildung zu sichern, kam durch Gerichtsfälle in Bewegung, in welchen die Beziehung zwischen Bildung und menschlicher Würde Anerkennung fand. Schließlich kann sie eine Quelle der Gesetzgebung sein, die einen Anspruch durchsetzt. In all diesen Bereichen finden Deliberationen statt, die vom Fähigkeitenansatz nur insofern beschränkt werden, als er darauf drängt, dass grundlegende Ansprüche jenseits der Zufälle zwischenzeitlicher Mehrheitspräferenzen zu sichern sind. Der Prozess der Verfassungsänderung sollte, um die Fähigkeitengarantie zu wahren, aufwendig und beschwerlich sein. Aber diese Verfahrensweise wird in nahezu allen modernen Demokratien befolgt.

Es gibt aber noch einen anderen, davon abweichenden Grund dafür, dass eine Theorie der Gerechtigkeit zu inhaltlichen Fragen Stellung beziehen muss. Dieser versteht sich aus der Verpflichtung gegenüber dem politischen Liberalismus heraus: Wenn wir davon überzeugt sind, dass die politischen Prinzipien einer achtbaren Gesellschaft einer Vielzahl verschiedener umfassender Lehren Achtung schulden und zum Gegenstand eines übergreifenden Konsenses zwischen diesen werden sollen, dann können wir nicht Prinzipien vorschlagen wollen, welche die Idee der Fähigkeit als umfassende Lehre über den Wert und die Qualität des Lebens nutzen. Das Nachdenken über die übergreifende Qualität des Lebens sollte Angelegenheit einer jeden umfassenden Lehre bleiben, die dafür Termini und Begriffe nach Belieben nutzen mag. Was Bürger vernünftigerweise bestätigen sollten, ist die politische Triftigkeit einer relativ kurzen und begrenzten Liste grundlegender Ansprüche – in Gestalt der Fähigkeitenliste –, die sich der jeweiligen umfassenden Lehre beifügen ließe. Von daher scheint Sens Ansatz – der zuweilen den Eindruck erwecken könnte, Fähigkeit werde als umfassender Index zur Bewertung des Lebens verwendet – zu weit zu gehen (während die vorherige Überlegung seinem Ansatz bescheinigte, nicht weit genug zu gehen).

Ehe wir den Fähigkeitenansatz als eine normative politische Theorie untersuchen, müssen wir zumindest das Gesamtproblem der »idealen Theorie« erwähnen. In seinem neuen Buch über Gerechtigkeit kritisiert Sen das ganze Unternehmen des Theoretisierens über Gerechtigkeit im Sinne anspruchsvoller und idealisierter Zielsetzungen. Er behauptet, die ideale Theorie (wobei er hier wesentlich gegen Rawls polemisiert) hindere uns daran, die uns wirklich verfügbaren Wahlmöglichkeiten zu schätzen: Wir sollten Ansätzen den Vorzug geben, die Alternativen vergleichend auflisten, statt solchen, die ideale Bezugsgrößen setzen.

Hier ist nicht der Ort, Sens Kritik an Rawls und der idealen Theorie im Allgemeinen zu bewerten. Ohnehin lässt sich schwer bestimmen, in welchem Maße diese Kritik auch jene Version der idealen Theorie betrifft, die im Zusammenhang meines normativen Fähigkeitenansatzes entwickelt worden ist, der einen minimalen Schwellenwert an Fähigkeiten als unerlässliche Bedingung gesellschaftlicher Gerechtigkeit verteidigt. Dieser Zugang ist ideal nicht im Sinne von weltfremd oder utopisch, aber auch Rawls' Ansatz ist dies, wie ich glaube, nicht. Die ganze Frage muss einer zukünftigen Diskussion überlassen bleiben.

4.2 Politische Rechtfertigung

Mit dem Fähigkeitenansatz – in seiner vergleichenden wie in seiner normativen Version – findet die Moralphilosophie Eingang in die Entwicklungsökonomie, was für sich genommen schon ein Fortschritt ist. Die Dinge werden sich, wie Sen und ich glauben, besser gestalten als in der Vergangenheit, wenn die Experten im Bereich der Entwicklungspolitik einfach innehalten, um sich schwierige Fragen zu ethischen Normen und Maßstäben der Gerechtigkeit zu stellen. Auch wenn sie letztlich nicht die Fähigkeitstheorie wählen sollten, werden sie ethische Normen prüfen und nicht der Annahme folgen, diese seien ohne Belang. Die normative Version des Ansatzes, den ich in *Women and Human Development* und *Grenzen der Gerechtigkeit* entwickelt habe, drängt zu einem noch kritischeren Denken, weil er Menschen zum Nachdenken darüber auffordert, wie eine minimal gerechte Gesellschaft möglich wäre. Diese Frage aufzuwerfen, ist schon ein Fortschritt, wenn, wie dies oft der Fall ist, der Ausgangspunkt in ethisch unbedachten Entscheidungen besteht.

Das ist aber nicht alles, was der Ansatz leistet. Er entwickelt auch Argumente, die sich spezifisch gegen die geläufigsten Theorien der sozialen Gerechtigkeit innerhalb der Moralphilosophie richten. Diese spezielle Konfrontation gehört zum Rechtfertigungsprozess eines normativen moralischen/politischen Standpunkts, wie ich ihn verstehe.

Die von mir verfochtene Gesamtdarstellung politischer Rechtfertigung gründet auf John Rawls' Rechtfertigungsmethode für die Ethik (die wiederum auf Verfahren von Sokrates und Aristoteles gründet). Ebenso wie sein Zugang bezeichnet meiner das »Überlegungsgleichgewicht« als Ziel des Prüfungsvorgangs, und wie er verstehe auch ich diesen Vorgang als einen sokratischen Versuch, Klarheit über die Struktur der eigenen moralischen Urteile im Bereich der gesellschaftlichen Gerechtigkeit zu erlangen. Wiederum wie Rawls betrachte ich diesen Vorgang als einen solchen, der im Bereich der Politik den Charakter der Vielstimmigkeit annimmt: Rechtfertigung wird nicht durch je für sich handelnde Individuen erreicht, sondern durch das Debattieren sokratisch miteinander beratender Individuen.

In diesem Prozess bringen die Einzelnen ihre mit größter Gewissheit vertretenen Urteile über Gerechtigkeit zum Vorschein (Rawls nutzt das Beispiel »Sklaverei ist unrecht«) und konfrontieren diese mit einer Reihe theoretischer Ansichten. Ziel ist es, Urteile und theoretische Prinzipien möglichst passgenau und stabil zu justieren. Hierbei ist aber nichts festgelegt: Ein anfänglich zwingendes Urteil kann modifiziert werden, weil es mit den Äußerungen einer Theorie konfligiert, die in vielen anderen Hinsichten von Vorteil ist. Oder eine anfänglich bestechende Theorie wird vielleicht verworfen, weil sie die wirklich grundlegenden Urteile nur in nicht hinreichendem Maße wahren kann. Das Gleichgewicht lässt sich womöglich niemals wirklich erlangen, weil neue Theorien darum kandidieren, in die Betrachtung einbezogen zu werden. Mit der Zeit wird jedoch, so ist zu hoffen, das umfassende Verständnis der Gerechtigkeit vertieft und angemessener, auch wenn dieser Verständnisprozess nicht zum Abschluss kommt.

Der Vertreter einer theoretischen Ansicht muss zu Beginn die Argumente erläutern, die zu dieser Ansicht geführt haben, er muss also ein *Prima-facie*-Plädoyer für diese Ansicht zu erbringen suchen, indem er zeigt, dass sie mit einigen, sehr überzeugenden ethischen Intuitionen und Urteilen übereinstimmt. Dies leiste ich mit der Erörterung, dass die zehn Fähigkeiten bedeutsame Bestandteile der Idee eines mit der menschlichen Würde übereinstimmenden Lebens bilden. Wie Rawls verstehe ich meine Argumentation als im wesentlichen Sinne sokratisch: Ich fordere den Gesprächspartner auf abzuwägen, was zur Vorstellung menschlicher Würde und einem ihr entsprechenden Leben gehört, und bitte ihn zu bedenken, dass bestimmte Arten zu leben, die man Menschen aufnötigt, nicht wirklich menschlich sind, weil sie der Würde, die Menschen zukommt, nicht entsprechen. Meiner Auffassung nach bietet dieser intuitive Ausgangspunkt bestimmte, wenn auch sehr allgemeine Richtlinien. Marx' anschauliche Beschreibungen von Arbeitsverhältnissen, die zwar zu leben ermöglichten, aber eben nicht, ein wirklich menschliches Leben zu führen, sind weltweit relevant. Die Vorstellung eines mit der menschlichen Würde übereinstimmenden Lebens ist eine der fruchtbarsten Ideen, die international im Verfassungsrecht Anwendung finden. Somit behaupte ich, sehr allgemein und intuitiv, indem ich mich den verschiedenen, von der praktischen Politik betroffenen Lebensbereichen zuwende, dass der Schutz dieser zehn grundlegenden Ansprüche eine wesentliche Bedingung für ein Leben ist, dem menschliche Würde zukommt.

Gleich Rawls versuche ich zu zeigen, dass der Ansatz eine verlässliche Grundlage für politische Prinzipien einer pluralistischen Gesellschaft liefert. Zu diesem Zweck lege ich dar, dass er mit der Zeit zu einem »übergreifenden Konsens« unter den Anhängern der hauptsächlichen religiösen und säkularen Ansichten (der großen Religionen und der bedeutenden säkularen ethischen Ansichten wie etwa kantianische und pragmatistische) werden kann. Der Ansatz lässt sich folglich als eine Form des »politischen Liberalismus« bezeichnen. Er zollt den Bürgern Respekt, indem er sie nicht dazu auffordert, einer politischen Lehre beizupflichten, die auf einer bestimmten religiösen oder metaphysischen Ansicht gründet. Gewiss ist der übergreifende Konsens gegenwärtig keine Wirklichkeit (auch Rawls macht dies nicht zur Bedingung). Es braucht aber auch nur gezeigt zu werden, dass es glaubhaft ist, dass dieser Konsens im Laufe der Zeit erzielt werden könnte. Sich diesen Übergang vorzustellen ist insbesondere bezogen auf den Teil der Ansicht besonders schwierig, der Ansprüche für Tiere verteidigt. Allerdings scheint mir auch hier letztlich ein übergreifender Konsens vorstellbar.

Diesem Argument kommt allerdings nur vorübergehende Bedeutung zu. Denn der Leser mag zum gegenwärtigen Zeitpunkt denken, es gebe eine Reihe anderer Ansichten, die ähnliche Vorzüge bieten. An dieser Stelle trifft nun der Fähigkeitenansatz auf die wesentlichen Gegner der theoretischen Tradition und versucht den Nachweis zu führen, dass diese nicht in dem Maße gut abschneiden, wie es dieser in mancher Hinsicht tut. Im Vergleich zum Utilitarismus der informierten Wünsche oder der klassischen Theorie des Gesellschaftsvertrags besitzt der Fähigkeitenansatz zumindest einige

Vorzüge. Auch passt er ziemlich gut zur elaboriertesten Version dieser Ansätze.

Ehe wir diese beiden theoretischen Alternativen näher untersuchen, müssen wir mehr darüber sagen, welche Rolle dem empirischen Material, das die wirklichen Bestrebungen und Kämpfe armer Menschen betrifft, in der Konzeption zukommt. Wie verhält es sich zum Beispiel mit Vasantis Geschichte? Diese wurde von mir hauptsächlich zur Veranschaulichung eingesetzt, um klären zu können, was der Fähigkeitenansatz im Vergleich zu anderen, im Bereich der Entwicklungspolitik bekannten Ansätzen bietet. Zugleich habe ich erwähnt, dass es *ceteris paribus* ein Vorzug zu sein scheint, eine Frage aufzuwerfen, die real existierende Menschen wie Vasanti stellen und beantworten: Einem Ansatz, der so verfährt, kann man nicht vorwerfen, er sei ein rein westliches Konstrukt.

Natürlich gründen die Argumente für diesen Ansatz nicht schlechthin auf Geschichten und Beispielen: Sie greifen auf abstrakte Begriffe zurück (die Idee der menschlichen Würde und die einer Fähigkeit) sowie auf abstrakte philosophische Argumente. Auch verteidigen sie Fähigkeiten, die Vasanti vielleicht nicht verteidigt hätte: Die Pressefreiheit etwa lässt sich als für arme Menschen in einer Demokratie bedeutsam verteidigen, auch wenn diese Menschen selbst nicht ausgiebig darüber sprechen oder nicht das Gefühl haben, sie zu benötigen.

Allgemeiner formuliert gründet der Fähigkeitenansatz nicht auf subjektiven Präferenzen, obwohl er diese ernst nimmt. Entschieden spricht er sich gegen Ansätze in der Entwicklungsökonomie und der Philosophie aus, die auf Präferenzen basieren. Hinsichtlich politischer Zwecke gelten ihm Präferenzen oftmals für unzuverlässig. Nur mit größter Sorgfalt korrigierte Ansätze der informierten Wünsche spielen eine, dann aber auch nur untergeordnete Rolle in der politischen Rechtfertigung. Die Geschichte von Vasanti und die vergleichbaren Geschichten anderer bieten offensichtlich nicht einmal eine umfassende Auskunft über die Präferenzen der Akteure – diese muss aus anderen Quellen empirischen Quellen gewonnen werden. Sie ergeben keine Rechtfertigung, weil sich diese nicht aus subjektiven Materialien gewinnen lässt. Welche Funktion kommt dann diesen Geschichten aber zu?

Mir dienten sie hauptsächlich dem Zweck der Informationsgewinnung. Ohne Kenntnis der Vielfalt der Lebensbedingungen, unter denen Frauen wie Vasanti arbeiten und kämpfen, hätte ich wohl wichtige Probleme oder deren Zusammenhang untereinander übersehen. Die Leser befinden sich vielleicht in einer vergleichbaren Lage. So mag die Vorstellung, Bildung sei mit der Fähigkeit verknüpft, die eigene körperliche Unversehrtheit dadurch zu wahren, dass man eine durch häusliche Gewalt geprägte Ehe aufkündigt, für einen Wissenschaftler nicht evident sein, der sich seine Gedanken in einer völlig anderen Gesellschaft macht. Solche detailgetreuen Beispiele können auch lehrreich für die Leser sein, die sich solche, von der eigenen Erfahrung abweichenden Lebensbedingungen ohne narrative Hilfen möglicherweise nicht vorstellen können. Geschichten helfen ihnen, die Aufmerksamkeit auf ein breiteres Spektrum von Problemen und Fragestellungen zu richten; sie helfen ihnen aber auch dabei, die eigene Einbildungskraft zu entwickeln und damit die Menschlichkeit jener anzuerkennen, deren Leben üblicherweise von den privilegierten Eliten übergangen wird. Auch dienen Beispiele dazu, die theoretische Argumentation aufzuklären, indem sie zeigen, worin genau sich zwei Positionen unterscheiden.

4.3 Informierte Wünsche und Wohlfahrt

Obwohl schon gezeigt worden ist, in welchem Sinne sich der Fähigkeitenansatz von einfachen Versionen des Utilitarismus unterscheidet, auf die sich viele Entwicklungsökonomen stützen, ist darüber hinaus auch zu erklären, worin sich unser Ansatz von den elaborierteren, in der Philosophie bekannten Formen des Utilitarismus unterscheidet und wieso er gegenüber diesen besser abschneidet. In Frage stehen hier insbesondere Ansichten, in denen anerkannt wird, dass bestehende Präferenzen oft Verzerrungen aufweisen und die diesbezüglich eine Reihe von Verbesserungen anregen.

Ansichten dieser Art sind gemeinhin mit der Frage befasst, welche Präferenzen Menschen haben würden, wenn sie vollständig und umfassend informiert wären. Dies ist ein nützliches Korrektiv. Sinnvollerweise bezeichnet man solche Ansichten als wesentlich »wohlfahrtsbezogen«, womit gemeint ist, dass sie auf den Präferenzen der Menschen gründen, die deren Wohlergehen betreffen, wobei wir folgende Aussage zu treffen berechtigt sein müssen: »Nunmehr haben wir die wirklichen oder wahrhaften Präferenzen der Menschen erreicht, denn gewiss sind die Präferenzen, die sie bei Vorliegen aller Informationen haben würden, im eigentlicheren Sinne die ihren als jene es sind, die sie bei Vorliegen nur mangelhafter Informationen hegen.«

Allerdings führen diese Theorien üblicherweise eine Reihe anderer Korrektive ein, die nicht so einfach mit reiner Wohlfahrt in Einklang gebracht werden können. Nach eingehender Prüfung dreier der anspruchsvollsten Ansichten, der des Wirtschaftswissenschaftlers John Harsanyi, des Philosophen Richard Brandt und der Philosophin Jean Hampton, komme ich in *Women and Human Development* zu dem Schluss, dass diese Theoretiker keine ihnen gerecht erscheinenden Ergebnisse erzielen können, ohne dass sie auf Moralbegriffe zurückgreifen, die von den Präferenzen der Menschen unabhängig sind. Ihre Ansichten sind somit Mischformen und nicht Ausdruck reiner wohlfahrtspolitischer Überlegungen.

Harsanyi bezeichnet eine bestimmte Klasse von Präferenzen als »sadistisch oder böswillig«, womit er meint, zu diesen gehöre die Freude am Schmerz und an der Unterdrückung anderer. Er bezweifelt nicht, dass es sich hierbei um wirkliche, womöglich tiefsitzende Präferenzen von Menschen handelt, die auch nicht dadurch beseitigt werden, dass diese Menschen quantitativ oder qualitativ besser informiert werden. So gesehen sind diese Präferenzen die wirklichen Präferenzen dieser Menschen – die Harsanyi jedoch einfach aus seiner Darstellung ausschließt. Er verkündet, dies deshalb zu tun, um das utilitaristische Vertrauen auf Präferenzen mit der Kantischen Idee einer Gemeinschaft der Gleichen wie auch mit der Idee des unparteiischen Beobachters von Adam Smith kombinieren zu können. Harsanyis Ansicht ist somit nur partiell wohlfahrtsorientiert.

Brandt ist hinsichtlich seiner Abweichung vom Wohlfahrtsprinzip nicht so eindeutig. Jedoch lässt sich, trotz seiner Behauptung, eine wertfreie Methode der Sichtung von Präferenzen zu nutzen, der Nachweis erbringen, dass er in Wirklichkeit einige kontroverse Werte, wie etwa die Unabhängigkeit von der Autorität anderer und Autonomie, in Anschlag bringt, um entscheiden zu können, welche Präferenzen »authentisch« sind. Er kann auf überzeugende Art nicht behaupten, dass diese Normen zur jeder Persönlichkeit gehören, und ist somit nicht in der Lage zu zeigen, dass dies die Präferenzen sind, die eine jede Person unter idealen Bedingungen hegen würde. Hier und an anderer Stelle integriert er unabhängige Moralbegriffe in seine Theorie.

Jean Hampton, die sich auf die Schwierigkeiten konzentriert, denen präferenzbasierte Ansichten begegnen, wenn es um verzerrte

Präferenzen von Frauen in missbrauchenden und asymmetrischen Beziehungen geht, macht Korrekturvorschläge, zu denen die gleiche Achtung und der Verzicht auf Einschüchterung gehören: Bedeutsame Präferenzen sind jene, die Menschen wählen würden, sollten sie unter solchen Bedingungen leben. Diese Berichtigungen scheinen den Kern der Angelegenheit zu treffen. Sie führen zu Ergebnissen, die bezogen auf die gesellschaftliche Gerechtigkeit angemessener sind als jene von Harsanyi und Brandt. Hampton erkennt allerdings an, dass sich ihre Resultate nicht aus einer präferenzbasierten Darstellung ergeben. Für viele Menschen ist die gleiche Achtung nicht Teil ihrer Persönlichkeit und der Wunsch, andere einzuschüchtern, mag bedauerlicherweise sehr tief sitzen. Mit der Einführung dieser Beschränkungen decken wir also nicht einfach auf, was die Menschen unter Bedingungen umfassender Information bevorzugen würden.

Um Ergebnisse zu erzielen, die sie für moralisch akzeptabel halten, sind die Autoren aller dieser Ansichten vom Utilitarismus abgewichen und haben einige der Schlüsselelemente des Fähigkeitenansatzes integriert: die Idee der gleichen menschlichen Würde, die Idee davon, dass die praktische Vernunft eine besonders bedeutsame Fähigkeit ist, und die Idee, dass Menschen nicht das Recht haben sollten, die grundlegenden Ansprüche anderer zu vereiteln.

Sind diese korrigierten, mit den konzeptionell unabhängigen Beschränkungen versehenen Ansichten so zufriedenstellend wie der Fähigkeitenansatz? Ich glaube nicht. Es bleibt dabei, dass alle utilitaristischen Vorstellungen – selbst die mit einigen unabhängigen Beschränkungen versehenen – heterogene Lebensaspekte aggregieren. Auch eint sie die Verpflichtung, den größten Durchschnitts- oder Gesamtnutzen zu erstreben. Folglich können auch die elaborierteren dieser Konzepte nicht den Problemen entgehen, die anhand der früheren Versionen des von Entwicklungsökonomen genutzten Utilitarismus aufgewiesen wurden. Und schließlich thematisiert keines von ihnen hinlänglich das Problem anpassungsfähiger Präferenzen. Es ist möglich, Präferenzen durch Hinzunahme von Informationen zu sichten und zu selegieren oder einfach durch Ausschluss jener mit sadistischen oder böswilligen Elementen. Wie aber Elster und Sen eingewandt haben, ist es einfach nicht möglich, anpassungsfähige Präferenzen zu korrigieren, denn diese betreffen das Ganze von Erziehung und Prägung, die Menschen in einer Gesellschaft erhalten. Anpassung ist nicht einfach eine Informationsmangelerscheinung. Wenn Frauen gelehrt wurde, Bildung sei nicht frauengemäß, dann werden sie ihre Überzeugung nicht umstandslos aufgrund von neuen Informationen ändern, die die Vorzüge und Freuden betreffen, welche mit Bildung verbunden sind. Einige werden dies tun, jene aber nicht, die die Vorstellung zutiefst verinnerlicht haben, dass eine anständige Frau auf Schuldbildung keinen Wert legt. Zugleich ist es unmöglich, die Präferenzen zu benennen, die für die Anpassung an ungerechte und hierarchische Verhältnisse stehen – ohne über eine unabhängige Theorie gesellschaftlicher Gerechtigkeit zu verfügen, die der Utilitarismus uns zu liefern verweigert. Selbst in den bereinigten Versionen verbleiben also einige ernsthafte Probleme.

Der Utilitarismus ist mit vielen Mängeln behaftet, er hat aber das große Verdienst, Menschen und deren Begehren und Wünsche ernst zu nehmen und dem mit Achtung zu begegnen, was Menschen wünschen. Einige ethische Konzeptionen, insbesondere in der Tradition Kants, verwerfen das Begehren vorzeitig und betrachten es als animalischen und gänzlich unvernünftigen Teil der Persönlichkeit. Ich wende mich gegen Ansichten dieser Art und verweise darauf, dass Wünsche einen intelligenten interpretativen Aspekt der Persönlichkeit darstellen, durch den sich Informationen über das Gute erschließen. Folglich übernehmen informierte Wünsche, wie sie den Fokus der besten dieser Konzeptionen bilden (wie etwa Harsanyis und Hamptons Ansätze, einschließlich der ihnen von außen implementierten moralischen Beschränkungen) weiterhin bedeutsame Funktionen in Prozessen politischer Rechtfertigung. Wünsche können uns dabei helfen, Gewissheit zu erlangen, ob der von uns favorisierte Ansatz voraussichtlich beständig ist – und zu zeigen, dass ein Ansatz Bestand haben kann, ist ein Teil davon, sie als einen annehmbaren politischen Standpunkt zu rechtfertigen.

4.4 Vertragstheoretische Auffassungen

In jüngster Zeit hat sich mein Ansatz auch der Herausforderung durch jene einflussreichen Theorien der Gerechtigkeit gestellt, die seit langem die Tradition des Gesellschaftsvertrags bilden, und die mit John Locke im 17. Jahrhundert einsetzt. Obwohl die bedeutende, von John Rawls konzipierte Theorie der Gerechtigkeit einen überzeugenden theoretischen Ansatz der Verteilungsgerechtigkeit in vielen Gesellschaftsbereichen bietet, macht sie sich doch einige Annahmen der klassischen Vertragstheorie Lockes zu eigen, die, wie Rawls selbst sah, seiner Theorie in vier Themenbereichen Schwierigkeiten bereiten. Die von ihm erkannten Problemfelder sind die Gerechtigkeit für zukünftige Generationen, die nationenübergreifende Gerechtigkeit, der faire Umgang mit Behinderten und Moralfragen, die unseren Umgang mit nichtmenschlichen Tieren betreffen (die Rawls im Unterschied zu mir als nicht gerechtigkeitsrelevant betrachtet). Rawls hat das erste Problem mit seinem »gerechten Spargrundsatz« gut gelöst (analoge Überlegungen sind in den Fähigkeitenansatz noch detailliert zu integrieren). Das zweite Problem hat er in seinem letzten Buch, *Das Recht der Völker*, zu lösen versucht – was ihm, wie ich glaube, nicht wirklich gelungen ist. Die letzten beiden Probleme, an denen, wie er befürchtete, seine Ansicht möglicherweise »scheitert«, legen ernsthafte Schwächen seiner Konzeption offen und lassen sich ohne einen grundlegenderen Theorieumbau, als er zu realisieren bereit war, nicht lösen. Diese drei Problemfelder bilden die »Grenzen«, die ich in meinem Buch *Die Grenzen der Gerechtigkeit* bestimme. Sollen wir den Themen folgen, die diese Grenzen bezeichnen, müssen wir eine Alternative zu Rawls Theorie erwägen, ohne dabei jedoch seine Einsichten zu verwerfen.

Die Theorie von Rawls speist sich aus mehreren Quellen. Ein Großteil ihrer Schwierigkeiten (vom Fähigkeitenansatz her gesehen) ist der Tatsache ihrer Herkunft aus der klassischen Theorie des Gesellschaftsvertrags zuzuschreiben. Integriert sind auch Elemente des moralphilosophischen Kantianismus, etwa die Vorstellung, eine jede Person sei ein Zweck und kein Mittel. Die Rawlssche Theorie profitiert in starkem Maße von diesen Elementen. Letztendlich war Rawls aber dann doch nicht bereit, den kontraktualistischen Aufbau zugunsten einer noch stärker an Kant orientierten Konzeption fallenzulassen. Auch ist der in seine Theorie integrierte Kantianismus nicht völlig unproblematisch. Im thematischen Zusammenhang der Gerechtigkeit für Menschen mit Behinderungen wird deutlich, dass die kantischen Elemente selber fragwürdig sind. Denn Kant gründet die Achtung auf einer entwickelten moralischen Vernunft und ist somit nicht fähig, Menschen mit erheblichen kognitiven Behinderungen wirklich gleiche Achtung zuzugestehen. Wenden wir uns aber nun den mit der kontraktualistischen Tradition verbundenen Schwierigkeiten zu.

Die klassische Konzeption des Gesellschaftsvertrags geht von der Beobachtung aus, dass alle bestehenden gesellschaftlichen Strukturen künstlichen Hierarchien von Reichtum, Klasse und Ansehen geschuldet sind. Wenn wir die Menschen all dieser künstlichen Vorteile berauben würden, welche Art Gesellschaft, so fragt die Theorie, würden sie dann wählen? Dieses Gedankenexperiment ist von großem Wert und Rawls berühmte Idee des Urzustands ist eine Version davon: Rational denkende Einzelne werden aufgefordert, Prinzipien der Gerechtigkeit für die Gesellschaft zu wählen, und zwar in Unkenntnis ihrer Klassenzugehörigkeit, ihres Reichtums, ihrer Ethnie und ihres Geschlechts. Im Aufbau des Gedankenexperiments (das uns etwas darüber mitteilen soll, wie Institutionen die Menschlichkeit achten könnten, die wir alle miteinander gleichermaßen teilen, trotz der künstlichen Vorteile, die uns trennen) gehen alle Vertragstheorien, einschließlich der von Rawls, jedoch davon aus, dass die Teilnehmer im Großen und Ganzen die gleichen körperlichen und geistigen Vermögen haben. Es ist genau dieses Bewusstsein einer ungefähren Gleichheit (selbst der Schwächste kann den Stärksten durch List töten), das die Parteien davon überzeugt, nicht in der Lage zu sein, die Anderen verlässlich zu beherrschen, und sie somit den gegenseitigen Vorteil einsehen lässt, einige ihrer natürlichen Reichtümer preiszugeben und politischen wie rechtlichen Beschränkungen zuzustimmen. Die Theorie behauptet, der Vertrag werde zum gegenseitigen Vorteil der Beteiligten geschlossen. Es ist der Vorteil, nicht der Altruismus oder die Liebe zu anderen, der die Menschen in der Gesellschaft zusammenführt. (Natürlich besagen solche Theorien nicht, wirkliche Menschen seien nicht wohltätig. Sie entwickeln hypothetische Vorstellungen, sie liefern keine Geschichtserzählung und entwerfen keine Anthropologie. Der entscheidende Gedanke besteht darin, dass es für das Zustandekommen eines Vertragsschlusses gar nicht nötig ist, ein hohes Maß an Güte vorauszusetzen.)

Theorien dieser Art vermitteln uns einen tiefen Einblick in das gesellschaftliche Miteinander und die gesellschaftliche Gerechtigkeit. Wenn wir dem zustimmen, dass die Gerechtigkeit von uns verlangt, Menschen unvoreingenommen zu behandeln, statt eine Person oder Gruppe einer anderen ihres Reichtums oder ihrer Klassenzugehörigkeit wegen vorzuziehen oder aufgrund anderer künstlicher Vorteile wie Ethnie oder Geschlecht, dann sind uns solche Theorien enorm nützlich. Mit ihrer Hilfe können wir uns nämlich eine Vorstellung einer auf dem Ideal der Unparteilichkeit gegründeten Gesellschaft erarbeiten. Rawls' Theorie der Gerechtigkeit ist eine der großen Errungenschaften der modernen westlichen politischen Philosophie. In der Tat klärt sie sehr gut die Probleme, die zu klären sie sich vorgenommen hat. Zu zeigen, dass eine konkurrierende Ansicht hierbei über den gesamten Problembereich hinweg besser abschneidet, wäre eine gewaltige Aufgabe, die der Fähigkeitenansatz bisher nicht angegangen ist.

Aber die Annahmen einer ungefähren Gleichheit und eines gegenseitigen Vorteils haben zur Konsequenz, dass diese Ansicht mit Fällen nicht angemessen umgehen kann, in welchen wir eine gravierende Machtungleichheit zwischen den Parteien feststellen, welche nicht einfach durch eine Neuverteilung von Einkommen und Reichtum zu beheben ist. Genau aus diesem Grund werden Menschen mit schwerwiegenden physischen und kognitiven Behinderungen ausdrücklich im Urzustand ignoriert und fallen auch nicht unter die Definition der Fähigkeiten der Bürger einer wohlgeordneten Gesellschaft. Deren Bedürfnisse sind, so Rawls, irgendwann zu thematisieren, nicht aber schon dann, wenn die Gesellschaft ihre grundlegendsten Prinzipien und Strukturen wählt. Faktisch müssen diese Menschen beherrscht werden, obwohl diese Herrschaft wohltätig sein soll. Das Problem wird durch die Tatsache verschärft, dass Rawls' kantianische Auffassung der Person auf der (sowohl prudentiellen wie moralischen) Rationalität gründet. Folglich zählen Menschen mit erheblichen kognitiven Behinderungen dieser Auffassung nach nicht als Personen. Rawls ist ausdrücklich der Meinung, dass man Menschen, die Übereinkünfte oder Verträge nicht einzugehen in der Lage sind, keine politische Gerechtigkeit schuldet. Zumindest für viele Behinderte ist der Gesamtkomplex der Gerechtigkeit Rawls zufolge irrelevant.

Unsere Beziehung zu nichtmenschlichen Tieren wirft Rawls zufolge keine Fragen der Gerechtigkeit auf, mutmaßlich der gleichen Gründe wegen, die mit dem Mangel an rationaler Befähigung von Tieren verbunden sind. Deshalb glaubt er, dass wir zwar ethische Pflichten gegenüber Tieren haben, aber keine politischen. Nun möchte ich behaupten, dass das Vorhandensein irgendeiner Art des mit Empfindungsvermögen verbundenen Handelns oder Strebens Fragen der Gerechtigkeit aufwirft und es angebracht sein lässt, die in Frage stehenden Wesen als Gegenstand einer politischen Theorie der Gerechtigkeit zu betrachten – ob diese nun fähig sind, diese Theorie zu verstehen oder zu bewerten. Dieser Unterschied in der grundlegenden Darstellung, wo und wem Gerechtigkeit zuzumessen ist, macht es mir ziemlich einfach zu schließen, dass nahezu alle Tiere (vielleicht mit Ausnahme jener, die kaum empfindungsfähig und bewegungsunfähig sind wie etwa Schwämme) Adressaten von Gerechtigkeit sind und eine Würde (entsprechend ihrer gattungsspezifischen Aktivitätsform) besitzen, die der Achtung und Unterstützung seitens der Gesetze und Institutionen bedarf. Der Fähigkeitenansatz muss modifiziert werden, um diese Verpflichtungen gegenüber nichtmenschlichen Tieren thematisieren zu können, aber diese Modifikation ist unkompliziert und erfordert nicht die Preisgabe wesentlicher Elemente der Theorie.

Der Fähigkeitenansatz hat sich noch nicht in allen Themenbereichen als der Rawlsschen Version des Gesellschaftsvertrags überlegen erwiesen – nur auf jenen drei Problemfeldern. Um seine generelle Überlegenheit zu zeigen, müsste weit mehr getan werden. Ferner ist es nicht ausgemacht, dass sich der Rawlssche Ansatz in seinem gerechtigkeitstheoretischen Kernbestand nicht doch auf eine Weise reformulieren lässt, die den Großteil seiner wesentlichen Erkenntnisse wahrt und sich meinen kritischen Einwänden gewachsen zeigt. Henry Richardson hat eine solche Neufassung vorgelegt, obwohl der Autor selber bekennt, Änderungen an der Theorie von Rawls vorgenommen zu haben, die dieser wohl niemals akzeptiert hätte.

Darüber hinaus gibt es, worauf mein Buch *Die Grenzen der Gerechtigkeit* mit Nachdruck verweist, andere Versionen des kantianischen Kontraktualismus, die auf jene Annahmen verzichten, die ich in Rawls' Theorie für problematisch halte. Eine davon ist Thomas Scanlons ethischer Kontraktualismus. Scanlon schlägt vor, Prinzipien zu beurteilen, indem wir prüfen, ob sie durch irgendeine der beteiligten Parteien vernünftigerweise abgelehnt werden können. Dabei geht er nicht von einer ungefähren Gleichheit der körperlichen und geistigen Vermögen der Parteien aus, auch nicht davon, dass sie bestrebt sind, zum gegenseitigen Vorteil zu handeln. Scanlons Vorstellung ist eher ethisch als politisch und er erkennt an, dass sie, sollte sie zu einer politischen Konzeption werden, einer Darstellung politischer Güter bedürfte. Wäre eine solche Darstellung den Erfordernissen entsprechend formuliert (zum Beispiel durch Einbeziehung der zentralen Fähigkeiten, ein Vorschlag, dem Scanlon zuneigt), würde diese Konzeption zwar immer noch von meinem Fähigkeitenansatz strukturell abweichen, sie würde dann allerdings dieselben Ideen nutzen: Bei der Erläuterung meiner Darstellung politischer Rechtfertigung greife ich nämlich auf den Begriff vernünftiger Ablehnung zurück bzw. auf etwas, was diesem nahe verwandt ist. Die Tradition des Gesellschaftsvertrags in seiner klassischen Form ist somit abgewiesen, dessen

Kerngedanke einer fairen Übereinkunft aber bleibt erhalten. Wie es sinnvoll war, nach einer Konvergenz zwischen Konzeptionen informierter Wünsche und dem Fähigkeitenansatz zu suchen, so gilt auch für den kontraktualistischen Ansatz: Soweit der kontraktualistische Ansatz zu Resultaten führt, die den unsrigen gleichen, macht dies uns zuversichtlich, auf dem richtigen Weg zu sein.

4.5 Politischer Liberalismus und übergreifender Konsens

Wenn der Fähigkeitenansatz auf einigen Themenfeldern Einwände gegen Rawls erhebt, so billigt und entwickelt er einen anderen markanten Aspekt seiner Konzeption politischer Gerechtigkeit: die Idee des *politischen Liberalismus*. Unter der Voraussetzung, dass zu allen Gesellschaften eine Vielzahl religiöser und säkularer Ansichten über Sinn und Zweck menschlichen Lebens gehören, scheint es strategisch gesehen unklug, eine politische Position zu wählen, die für eine dieser Ansichten und gegen die übrigen optiert. Ein solches politisches Regime würde sich wahrscheinlich als instabil erweisen, zumindest unter Bedingungen der Freiheit. Das ist aber nicht der einzige, auch nicht der hauptsächliche Einwand gegen diese Art politischer Doktrin. Schwerer wiegt das moralische Problem, dass eine solche Doktrin den Bürgern mit abweichenden Ansichten nicht hinreichend Achtung zollt. Am schlimmsten sind solche Doktrinen dann, wenn sie zum Beispiel abweichende Meinungen unterdrücken oder Bedingungen der Rechtgläubigkeit aufstellen, an die sich die Fähigkeit einer Person knüpft, ein Amt zu bekleiden. Aber auch eine wohlgesonnene religiöse (oder antireligiöse) Gesellschaftsverfassung gefährdet die Gleichheit, denn sie schafft eine Eigengruppe und eine Vielzahl von Fremdgruppen. Sie besagt, dass nicht alle den öffentlichen Raum zu gleichen Bedingungen betreten. Die gleiche Achtung gegenüber einer jeden Person scheint von einer Regierung zu verlangen, nach Möglichkeit Stellungnahmen zu religiösen und metaphysischen Fragen, welche die Bürger entsprechend ihrer umfassenden Lehren entzweien würden, zu vermeiden (gemeint sind weltanschauliche Gesamtvorstellungen über Wert und Bedeutung im Leben, ob religiös oder säkular).

Natürlich muss eine politische Ansicht moralisch Stellung beziehen, sie muss ihre politischen Prinzipien auf einige konkrete Werte gründen wie etwa die Unparteilichkeit und die gleiche Achtung der menschlichen Würde. Jedoch sind Werte dieser Art Teil der vielen umfassenden Lehren, die die Bürger vernünftigerweise vertreten, oder sie lassen sich diesen hinzufügen. Werden sie in einer überlegt »schwachen« Art geäußert, ohne sie also mittels metaphysischer Begriffe (wie der Idee der Unsterblichkeit der Seele) oder erkenntnistheoretischer Auffassungen (wie der Idee einer selbstevidenten Wahrheit) oder aber dichterer ethischer Lehren (wie etwa Kantianismus oder Aristotelismus) zu begründen, die allesamt strittig sind, können sie unter Umständen einem breiten Spektrum der Bürger, die verschiedene religiöse und politische Positionen vertreten, Zustimmung abverlangen. Von diesen wird gefordert, die Grundideen des Fähigkeitenansatzes *allein für politische Zwecke* zu billigen, nicht jedoch, diese als alles und jedes betreffende Wegweiser durchs Leben zu betrachten. Zugleich muss ihnen bewusst sein, dass diese Ideen nur in einem bestimmten Bereich wirksam sind, nämlich auf dem Feld des Politischen. Billigung meint hier nicht einfach, dass die Person widerwillig einräumt, dass wir mit diesen Ideen leben müssen. Billigung heißt, dass sich die Person diese Ideen wirklich zu eigen gemacht hat – dass diese *ein Teil* ihrer umfassenden Lebensauffassung sind. (Rawls nutzt das Bild eines »Moduls«, ein Modul lässt sich der umfassenden Lehre einer Person einpassen.)

Rawls und ich sind nicht der Auffassung, dass solch ein »übergreifender Konsens« grundlegender politischer Prinzipien (der Prinzipien der Gerechtigkeit in seinem Fall, des Fähigkeitenansatzes in meinem) in einer Gesellschaft schon vorhanden sein muss. Wir setzen nur einen überzeugenden Weg zu ihm voraus, sodass es nicht unzumutbar wäre anzunehmen, dass die Gesellschaft im Laufe der Zeit diesen Konsens erzielen kann. Auch verlangt der übergreifende Konsens nicht die Unterdrückung jener, die anderer Meinung sind. In einer jeden Gesellschaft wird es Menschen geben, die einige Aspekte der herrschenden politischen Lehre nicht billigen können – die zum Beispiel das gleiche Wahlrecht für Frauen ablehnen oder die Rassentrennung befürworten. Solche Menschen mögen weiter in der Gesellschaft leben und ihre Meinungen freimütig äußern, solange sie nicht die Rechte anderer verletzen oder eine unmittelbare Gefahr gewalttätigen Aufruhrs bewirken. Falls sie zahlreich wären, würde ihre Gegenwart die Stabilität des politischen Systems und dessen Verfassung gefährden. Rawls und ich sind jedoch der Auffassung, und wir glauben auch, dies zeigen zu können, dass die Prinzipien letztlich vom

Großteil der umfassenden Lehren in der modernen Welt getragen werden.

Wenn wir der politischen Auffassung eine starke Verteidigungskomponente der Ansprüche von Tieren hinzufügen, wird die Herausbildung des Konsenses zu einem langfristigen Projekt. Ich glaube aber, dass man sich auch hinsichtlich der angemessenen Lebensbedingungen von Tieren auf einen Schwellenwert wird einigen können.

Ein Bereich, in dem die Ideen des übergreifenden Konsens und der gleichen Achtung von besonderer Bedeutung sind, ist der der Religion und deren Beziehung zum Staat. Der Religionsfreiheit wird seitens der Fähigkeitenliste eine prominente Stellung eingeräumt. Allerdings beschreibt sie nicht die Art von Schutz der Religion, die mit der Grundidee der gleichen Achtung der menschlichen Würde vereinbar wäre. Zu dieser Frage ließen sich jedoch noch eine Reihe anderer Dinge sagen, was ich in *Liberty of Conscience* versucht habe zu tun. So bin ich der Überzeugung, dass die gleiche Achtung für die Würde der Menschen hinreichende Schutzmaßnahmen für einen freien Handlungsvollzug erfordern, einschließlich der Ermöglichung dessen, was im Gesetzeskorpus der Vereinigten Staaten »Anpassungen« [accommodations] heißt, das sind Ausnahmeklauseln für Minderheiten, die allgemeine Gesetze betreffen, die deren Gewissen belasten. Gemeint sind zum Beispiel die gesetzliche Festsetzung von Werktagen, der Zugang zu Drogen oder die Wehrpflicht. Auch bin ich der Auffassung, dass es schwierig, wenn nicht gar unmöglich ist, die Idee gleicher Achtung mit irgendeiner Art religiöser Gesellschaftseinrichtung zu vereinbaren, selbst einer wohlwollenden und nichtrepressiven. Eine jede Staatskirche (gleiches gilt für jeden regierungsverordneten Säkularismus) verleumdet, durch ihre Deklaration zur Fremdgruppe, jene, die der favorisierten Doktrin nicht Glauben schenken.

Die Verwirklichung der Befähigung zu religiösem Handeln auf der Grundlage gleicher Achtung ist eine heikle Angelegenheit, denn sie verlangt Feingefühl gegenüber vielen kontextuellen und geschichtlichen Faktoren. Diese wiederum geben Regierungsentscheidungen ihre gesellschaftliche Bedeutung. Die Erforschung der verschiedenen Wege, auf denen verschiedene Nationen dieses allgemeine Ziel verfolgt haben, lässt uns erkennen, was es heißt, eine Fähigkeit im Medium des Gesetzes zu verwirklichen (und somit durch ein kombiniertes Handeln von Legislative und Judikative). Diese Art Untersuchung sollte im Prinzip für jede Fähigkeit in jedem Land erfolgen.

Auch sollten die Fähigkeiten letztlich nicht getrennt voneinander, sondern im Netzwerk ihrer Beziehungen zu anderen Fähigkeiten erforscht werden. (Denn die Fähigkeiten sind natürlich keine isolierten Einheiten, sondern bilden eine Gruppe von Möglichkeiten, die den jeweils anderen Möglichkeiten Gestalt verleihen und die letztlich in ihrer Gesamtheit zu realisieren sind.) *Liberty of Conscience* ist somit der erste Schritt eines gewaltigen Forschungsprogramms. Je mehr davon ausgearbeitet ist, desto überzeugter können wir unsere Behauptung vertreten, dass der Fähigkeitenansatz im Laufe der Zeit Gegenstand eines übergreifenden Konsens einer pluralistischen Gesellschaft werden wird.

Weil der Fähigkeitenansatz in der Version, die in *Women and Human Development* und *Die Grenzen der Gerechtigkeit* entwickelt worden ist, eine Form des politischen Liberalismus darstellt, ist er keine umfassende Lehre irgendwelcher Art. Deshalb ist es irreführend und ein schwerwiegendes Missverständnis meiner politischen Auffassungen, ihn als eine Form des *Kosmopolitismus* zu bezeichnen. Obwohl der Ansatz eine Darstellung globaler wie auch lokaler Gerechtigkeit enthält, ist es einfach falsch, ihn mit der »Kosmopolitismus« genannten umfassenden ethischen Theorie zu identifizieren, unter der man für gewöhnlich eine Ansicht versteht, derzufolge der Menschheit als ganzer die größte Loyalität entgegenzubringen sei, nicht jedoch der eigenen Nation, Region, Religion oder Familie. Kosmopoliten können vermutlich das meiste dessen akzeptieren, was ich vorschlage. Aber man muss kein Kosmopolit sein, um die Idee zu akzeptieren, dass allen Bürgern (der eigenen Nation und dann, in einem zweiten Schritt, aller Nationen) der minimale Schwellenwert der zehn Fähigkeiten verfügbar sein sollte. Die meisten wesentlichen umfassenden Lehren, ob religiös oder säkular, können, so möchte ich behaupten, diese Idee akzeptieren, wenige aber einen umfassenden Kosmopolitismus. Um nur ein Beispiel zu geben: Die Soziallehre der römisch-katholischen Kirche verträgt sich mit den globalen und lokalen Forderungen des Fähigkeitenansatzes ganz gut. Aber kein echter Katholik kann ein Kosmopolit sein, denn dem Kosmopolitismus folgend ist man *vorrangig* der gesamten Menschheit verpflichtet, nicht hingegen Gott oder der eigenen Religion. Ob meine eigene umfassende Lehre kosmopolitisch ist oder nicht, ist eine andere Frage (sie ist es nicht, aber sie kommt dem nahe). Worum es an dieser Stelle geht ist, dass der Fähigkeitenansatz nur eine politische Lehre ist, und zwar eine solche, die darum kandidiert, Gegenstand eines übergreifenden

Konsenses zu werden. So gesehen sollte er keine umfassende ethische Lehre empfehlen oder auf einer solchen gründen. Ihn eine Form des Kosmopolitismus zu nennen ist gleichbedeutend damit, dass man sagt, er achte nicht die Vielzahl religiöser und säkularer Lehren, die in allen modernen Nationen zu finden ist. Diese Pluralität zu achten ist hingegen ein zentrales Anliegen meines theoretischen Ansatzes.

4.6 Konsequentialismus und Deontologie

Philosophische Ansätze in Ethik und Politik werden zumeist (in manchen Fällen übervereinfachend) in zwei Gruppen geteilt. Konsequentialistische Ansätze sind jene, die die Güte einer Wahlmöglichkeit anhand der Frage einschätzen, ob und in welchem Umfang diese die besten Konsequenzen maximiert (gefolgt von einer Darstellung dessen, was gute Konsequenzen sind). Hier wird, anders gesagt, mit einer bestimmten Auffassung des Guten begonnen und davon ausgehend die richtige Wahlmöglichkeit festgelegt. Deontologische Ansichten hingegen sind solche, die von einer Konzeption der Pflicht oder des rechten Handelns ausgehen und das Erstreben des Guten allein innerhalb der Beschränkungen des Rechten erlauben. Demgemäß gestattet Kant dem moralisch Handelnden das Glücksstreben nur innerhalb der Grenzen einer auf Achtung und Unparteilichkeit gegründeten Moral.

Diese Unterscheidung ist recht undifferenziert. Aus einer deontologische Perspektive lässt sich, und bei Kant findet sich dieser Gedanke, dem Erstreben des Guten durchaus ein positiver Wert beimessen. Der Darstellung guter Folgen im Rahmen konsequentialistischer Ansichten kann man, wie Sen in herausragender Weise behauptet hat, bestimmte Elemente integrieren, die üblicherweise als deontologisch begriffen werden wie etwa der Schutz von Rechten. Es ist nicht einmal ausgemacht, dass der Konsequentialismus Rechte gegen andere Elemente des Guten abwägen muss, statt sie als obligatorisch zu behandeln. So kann die Darstellung des Guten gestuft, im Sinne einer Rangordnung, erfolgen (obwohl dies nicht die von Sen favorisierte Art der Darstellung ist).

Der Fähigkeitenansatz ist der Deontologie eng verbunden. Einer seiner bedeutendsten geschichtlichen Vorläufer ist Kant. Auch ist er mit der Vorstellung verknüpft, dass Sozialfürsorge nicht auf eine Weise praktiziert werden darf, die die grundlegenden Ansprüche der Menschen verletzt. Es besteht in der Tat Einverständnis mit kantianischen Positionen, insofern diese den Utilitarismus dafür kritisieren, jeder Person nicht die gebührende Relevanz einzuräumen und die Idee der personalen Achtung nicht deutlich genug akzentuiert zu haben. Das Prinzip, *eine jede Person als Zweck zu betrachten*, das für mich seit *Women and Human Development* von zentraler Bedeutung ist, versteht sich als eine Version der kantischen Idee der Pflicht, die Menschheit als einen Zweck zu achten und sie niemals als bloßes Mittel zu behandeln.

Der Fähigkeitenansatz ist der Deontologie auch in seiner Aneignung des politischen Liberalismus eng verbunden. Der Konsequentialismus hingegen wird üblicherweise als eine umfassende Lehre vorgestellt: Die richtige Wahl – überall und jeden Gegenstand betreffend – ist die Wahl, welche, der Theorie entsprechend, gute Konsequenzen maximiert. Generell unterscheiden Vertreter des Konsequentialismus den politischen Lebensbereich nicht von dem Bereich des übrigen Lebens; auch beschränken sie ihre Empfehlungen nicht auf den politischen Bereich. Sie erklären, ihre Methode der Auswahl sei die richtige in jedem Bereich, und verlangen folglich von den Bürgern Dinge, die aus der Perspektive des politischen Liberalismus unvernünftig sind. Viele religiöse Bürger sind vielleicht völlig damit einverstanden, eine auf den zehn Fähigkeiten gegründete Gesellschaft zu befördern, mögen allerdings überhaupt nicht zugestehen, dass die rechte Wahl immer eine solche sei, die gute Konsequenzen maximiert. Ihre Religion wird ihnen womöglich eine davon abweichende Interpretation der richtigen Wahl liefern. Wird also der Konsequentialismus, wie das in der Regel der Fall ist, als eine umfassende Lehre des Rechten und des Guten vorgestellt, ist er nicht in der Lage, die politischen Prinzipien des politischen Liberalismus zu fundieren, ob diese nun vom Fähigkeitenansatz oder einem anderen Zugang her verfochten werden.

In anderer Hinsicht lässt sich der Fähigkeitenansatz jedoch als ein Vetter des Konsequentialismus oder gar als eine Form des politischen, nicht wohlfahrtsorientierten Konsequentialismus verstehen. Ihm zufolge besteht die rechte gerechtigkeitsbezogene Bewertung einer gegebenen politischen Situation nämlich darin, ihre *Ergebnisse* zu betrachten. Werden die grundlegenden Ansprüche der Bürger gedeckt, geschieht dies auf gesicherte Weise? Folglich ließe sich der Ansatz als eine *ergebnisorientierte Ansicht* bezeichnen, und zwar im Unterschied zu *prozeduralistischen Ansichten*, die oftmals von deontologischen Denkern bevorzugt werden. Von John Rawls stammt das folgende, erhellende Beispiel: Man stelle sich vor, wir teilten einen Kuchen, wobei die Teilung fair erfolgen soll. Fairness lässt sich nun so verstehen, dass man das Ergebnis der Teilung betrachtet – fair ist das, was zu gleichen Anteilen führt. Fairness lässt sich aber auch so verstehen, dass man das Verfahren betrachtet – die faire Teilung ist vielleicht jene, bei der jeder das Messer der Reihe nach erhält. Rawls vergleicht seine Theorie mit der letzteren Art der Teilung. Der Fähigkeitenansatz ist ein Beispiel für die erstere. Wenn wir hinsichtlich einer Gesellschaft fragen, ob diese minimal gerecht sei, fragen wir, ob die Fähigkeiten gesichert sind. Gewiss gibt es einige Fähigkeiten, zu denen eine Idee des fairen Verfahrens gehört (im Strafrecht der Anspruch auf einen fairen Prozess, in anderen Bereichen Ansprüche auf rechtsstaatliche Verfahren verschiedener Art.) Aber diese werden Teil des guten Ergebnisses, an welchem das Wirken der Gesellschaft zu messen ist.

Ein solches ergebnisorientiertes Kriterium der Gerechtigkeit macht den Fähigkeitenansatz noch nicht zu einer Form des Konsequentialismus. Denn es bietet nur eine *Teil*darstellung spezifisch politischer Ansprüche, jedoch keine umfassende Ansicht des gesellschaftlichen Guten. Dennoch besteht ein echtes Interesse daran herauszufinden, wie gut es Menschen geht. Insofern macht es dann Sinn, den Fähigkeitenansatz mit jene Ansätzen zusammenzufassen, die sich auf die Beförderung des gesellschaftlichen Wohls konzentrieren, wobei Wohl fähigkeitenbezogen zu verstehen ist, nicht aber in Bezug darauf, ob Präferenzen entsprochen wird.

4.7 Politische Gefühle und das Problem der Stabilität

Alle politischen Ansichten, insbesondere jene, die beträchtliche Anforderungen an Menschen stellen, müssen erweisen, dass sie über die Zeit hin stabil sind, und zwar stabil nicht im Sinne widerwilliger Fügung, sondern insofern sich Stabilität aus einer informierten Einwilligung in die Kernsätze der betreffenden Ansicht sowie einer verlässlichen Motivation heraus ergibt, diese zu stützen. Der Fähigkeitenansatz gründet nicht auf der Idee, dass der Gesellschaftsvertrag zum gegenseitigen Vorteil aller Beteiligten geschlossen wird, einer Idee, die von der klassischen Theorie des Gesellschaftsvertrags effizient als Begründung dafür genutzt wurde, warum seine Prinzipien stabil zu sein versprechen. Ein Vorteil einer solchen Vertragskonstruktion bestand darin, dass man auf einen umfänglichen Altruismus nicht zu setzen brauchte. Im Unterschied dazu stützt sich meine Ansicht notwendigerweise auf den Altruismus und muss deshalb ausführlich erläutern, wie und warum eine altruistische Motivation entsteht, mit welchen anderen Motivationen sie sich auseinanderzusetzen hat und wie wir möglicherweise hilfreiche Gesinnungen in einer gesellschaftlich vorteilhaften Weise kultivieren können. Die Gründungsväter des modernen Indien Gandhi und Nehru dachten lange und intensiv darüber nach, wie Politiker eine öffentliche Kultur errichten können, der Altruismus und die Beseitigung des Elends zugrunde liegen. Für eine gewisse Zeit ist man diesen Vorstellungen gefolgt. Heute aber löst sich dieser Konsens auf. Eine Darstellung der Bürgergefühle in einer achtbaren Gesellschaft ist dringend erforderlich.

Zu dieser Aufgabe gehört das Nachdenken über die Familie, über gesellschaftliche Normen, über Schulen und darüber, wie politische Institutionen Anreize schaffen. Nötig sind auch begriffliche Überlegungen zu den Gefühlen, zu deren Entstehung und Entfaltung, zu ihrer Struktur und dazu, wie sie miteinander interagieren.

4.8 Implementierung

Der Fähigkeitenansatz entwirft eine Reihe anspruchsvoller Ziele. Was hat der Ansatz aber zu deren Verwirklichung mitzuteilen? Gewiss wird hier mit Nachdruck betont, dass alle auf der Liste versammelten Fähigkeiten bedeutsam sind und deren Hierarchisierung nicht der Weg zur umfassenden Gerechtigkeit wäre. Wie im Abschlusskapitel zu zeigen sein wird, enthält der Ansatz auch einige Empfehlungen zur verfassungsrechtlichen Gestaltung sowie zum Institutionenaufbau, obwohl auf dem letzteren Themenfeld noch weit mehr Arbeit zu leisten ist. Einer der wesentlichen Verfahrenswege, auf dem zentrale Fähigkeiten umgesetzt werden können, besteht zweifelsohne im System der die Grundrechte betreffenden Verfassungsgerichtsbarkeit eines jeden Landes. Und schließlich erinnert der Ansatz die politischen Entscheidungsträger daran, dass das Ziel immer darin bestehen muss, den Menschen in den Bereichen, die durch die Liste als zentral ausgezeichnet sind, Wahlmöglichkeiten zu eröffnen, statt ihnen einen bestimmten Funktionsmodus aufzuzwingen. Diese Betonung der Wahlfreiheit prägt die Strategien der Inkraftsetzung, die politische Entscheidungsträger in Betracht ziehen müssen.

In einem gewissen Maße sollten weitere Empfehlungen, welche die Inkraftsetzung betreffen, kontextspezifisch sein. Vorschriften dafür, Menschen den Schwellenwert der zentralen Fähigkeiten überschreiten zu lassen, werden wohl untauglich bleiben, solange sie sich nicht durch eingehende Kenntnisse des kulturellen, politischen und geschichtlichen Kontextes der Wahlmöglichkeiten auszeichnen, die diese Menschen haben. (Aus diesem Grund wurde *Women and Human Development* als Buch über bestimmte Regionen Indiens verfasst, statt als Darstellung dessen, was Frauen weltweit benötigen, obwohl meine Teiluntersuchungen durchaus in einem gewissen Maße die umfassendere Problemstellung beleuchten.) Wenn wir uns wieder Vasantis Geschichte zuwenden, lässt sich jedoch erkennen, dass die Orientierungshilfe, die der Ansatz ermöglicht, weiterreicht. Die Fähigkeiten werden nicht als isolierte Atome verstanden, sondern als eine Reihe von Möglichkeiten, die miteinander interagieren und sich gegenseitig informieren. Somit macht es Sinn, worauf auch Wolff und De-Shalit verweisen, produktive Tätigkeiten (oder eher: Fähigkeiten) zu ermitteln. Denn hierbei handelt es sich um Möglichkeiten, andere Möglichkeiten zu generieren. Zum Teil werden die produktiven Möglichkeiten selber kontextspezifisch sein. Es ist jedoch zu erwarten, dass in allen Nationen Bildung dazugehört. Bildung eröffnet nämlich nicht nur Beschäftigungs- und politische Artikulationsmöglichkeiten, sondern vergrößert auch die Verhandlungsmacht in Haushaltsangelegenheiten und damit die Fähigkeit, für sich selbst einzustehen. Vasanti hatte, als ich sie traf, mit ihrer Ausbildung gerade begonnen. Deutlich wird allerdings, dass der Fehler ihrer Eltern, ihr keine Bildung verschafft zu haben, für eine lange Zeit Vasantis Entwicklung behindert hat. Deutlich ist auch, dass die von SEWA angebotenen Bildungsprogramme vielen anderen Frauen wie ihr Wahlmöglichkeiten eröffnet haben, die ihnen zuvor dauerhaft verschlossen waren. Es handelt sich hierbei um Programme, die nicht nur auf die Vermittlung technischer Fertigkeiten zielen, sondern auch auf kritisches Denken und die Fähigkeit, erfinderisch und sachkundig die Natur der eigenen geschichtlichen und politischen Lage zu begreifen. Hier geht es nicht um eine Rezeptur allein für Menschen in Entwicklungsländern: Reichere Nationen scheitern oft ebenfalls daran, ihre armen und gesellschaftlich benachteiligten Bürger zu bilden.

Auch in diesen Fällen können auf Bildung abzielende Interventionen ertragreich sein. (Man denke hier an den Roman *Push* von Sapphire, dessen erfolgreiche Verfilmung unter dem Titel »Precious« von der Kritik gefeiert wurde: Gezeigt wird hier die enorme Auswirkung des Lesens nicht nur auf die Fähigkeit einer Frau, einfallsreich ein durch schreckliche Gewalt und Benachteiligung geprägtes Leben zu bewältigen, sondern auch auf ihr ganzes Selbstverständnis als einer würde- und wertvollen Person, der Gerechtigkeit gebührt.)

Eine weitere produktive Fähigkeit in Vasantis Fall war das Eigentumsrecht, die Unabhängigkeit, die ihr der Kredit ermöglichte. Kredit und Landbesitz sind als Quellen anderer Fähigkeiten von enormer Bedeutung, wie etwa der, einer Erwerbstätigkeit nachzugehen, den eigenen Körper vor häuslicher Gewalt zu schützen und eine Art Zuversicht und Selbstachtung entwickeln zu können, die Vasanti zweifellos erst nach Erhalt des SEWA-Kredits zu genießen begann.

Schließlich ist wie in Vasantis Fall so auch für die von Wolff und De-Shalit untersuchten Gruppen (die, wie bereits betont, in reichen, entwickelten Ländern leben) eine besonders produktive Fähigkeit die der Zugehörigkeit: Mit anderen Menschen verbunden zu sein (in Vasantis Fall: mit den Frauen von SEWA), die sie mit Respekt und als Gleiche behandeln und die entschlossen sind, ihnen beizustehen und gemeinsam mit ihnen Vorhaben zu realisieren.

Wie Politiker berechtigt sind, knappe Ressourcen den produktivsten Fähigkeiten in der Erwartung zukommen zu lassen, durch diese in weiteren Bereichen Verbesserungen zu erreichen, so sind sie auch berechtigt, ihre Energien auf die Beseitigung dessen zu konzentrieren, was Wolff und De-Shalit *destruktive Benachteiligung* nennen, Arten des Fähigkeitsversagens also, die zum Versagen in anderen Bereichen führen. Obwohl begrifflich gesehen die destruktive Benachteiligung die Umkehrung der produktiven Fähigkeit darstellt, lässt sie sich nicht in jedem Fall an den produktiven Fähigkeiten ablesen. So bilden Rassendiskriminierung und Stigmatisierung eine Quelle destruktiver Benachteiligung, die wir nicht einfach durch die Untersuchung der Fähigkeit der Zugehörigkeit entdecken, obwohl sie in gewissem Sinne ein Versagen dieser Fähigkeit darstellt. Gleichfalls erweist sich, wie Wolff und De-Shalit erkannt haben, die Unfähigkeit, die Landessprache zu sprechen, als eine solche destruktive Benachteiligung, mit der man womöglich nicht rechnet, wenn man Bildung nur als allgemein produktive Fähigkeit versteht. So hat eine jede Gesellschaft einen guten Grund zu versuchen, besonders subversive Arten der Benachteiligung genau zu lokalisieren und knappe Ressourcen dafür zu nutzen, diese vorrangig anzugehen. Oftmals wird es sich hierbei um Defekte handeln, die mit der Ausgrenzung und Stigmatisierung sowie anderen Formen der Machtlosigkeit von Gruppen verbunden sind, wodurch die Gesellschaft veranlasst ist, nach gruppenspezifischen Abhilfen zu suchen. Allerdings darf das Ziel der allseitigen Befähigung eines jeden Individuums niemals aus dem Blick geraten.

5. Kulturelle Vielfalt

Die Liste der zentralen menschlichen Fähigkeiten stellt eine einzige, obwohl sehr umfassende Liste dar, die auf vielfältige Weise weiter spezifiziert werden kann. Auch wenn es als Vergleichsmaßstab dient, werden mit dem Paradigma der menschlichen Entwicklung alle Nationen am gleichen Maßstab gemessen und entsprechend ihrem jeweiligen Vermögen, den Menschen eine Reihe bedeutsamer menschlicher Fähigkeiten verfügbar zu machen, untereinander in eine Rangfolge gebracht. Allerdings leben wir in einer Welt, die eine große Vielfalt aufweist. Ist es da nicht diktatorisch oder unsensibel, alle Völker der Welt an einer einzelnen Gruppe von Normen messen zu wollen? Hat diese Verfahrensweise nicht den Beigeschmack des Imperialismus? Diese bedeutsame Frage steht im Zentrum der Ausarbeitung unseres Ansatzes. Unsere Forschergruppe, die sich aus Mitarbeitern zusammensetzt, die einer Vielzahl westlicher und nichtwestlicher Kulturen entstammen, ist sich der äußerst lebhaften Debatte um den Werteimperialismus bewusst, der dem Universalismus vermeintlich innewohnt, und sehr darauf bedacht sich mit diese Verdacht zu befassen.[2]

Da der Fähigkeitenansatz ein enger Verwandter der internationalen Menschenrechtsbewegung ist (der er meiner Auffassung nach angehört), wäre es wohl das Beste, sich mit den Einwänden auseinander-

[2] Sen zum Beispiel ist ein indischer Bengale. Obwohl er die britische Staatsbürgerschaft besitzt und gegenwärtig in den Vereinigten Staaten lebt, hat er die indische Staatsbürgerschaft behalten und ist weiterhin der indischen Politik und Kultur auf profunde Weise verpflichtet. Ich bin eine Staatsbürgerin der Vereinigten Staaten, aber meine Arbeit hat mich in viele andere Länder geführt, so für den Großteil meiner Forschungen nach Indien. Zu den maßgeblichen Wegbereitern der Human Development and Capability Association gehören pakistanische, japanische, brasilianische, holländische, italienische und britische Forscher sowie solche aus Bangladesch und den Vereinigten Staaten. Die Mitgliederschaft umfasst achtzig Nationen. Die Präsidentschaft hatten unter anderem zwei Inder, eine Britin und eine US-Amerikanerin inne.

zusetzen, die häufig gegen diese Bewegung erhoben werden, ehe man die Aufmerksamkeit auf den besonderen Beitrag des Fähigkeitenansatzes richtet. Oft ist behauptet worden, die Menschenrechtsbewegung – die am weitesten verbreitete und einflussreichste Form der Ansicht, dass alle Menschen überall bestimmte grundlegende Ansprüche besitzen – sei westlichen Ursprungs, und die Befürwortung internationaler Menschenrechtsnormen als wesentlicher menschlicher Zielsetzungen verfestige somit die Unterwerfung nichtwestlicher Kulturen unter eine westliche Ideologie. Nachdem sie sich erst jüngst der Kolonialherrschaft entledigt hatten, würden sie nun erneut kolonialisiert. Was ist von diesem Argument zu halten?

Dies ist, so muss zunächst bemerkt werden, noch gar kein Argument. Selbst wenn es zuträfe, dass die Geschichte der Menschenrechte im Westen ihren Ursprung hat, würde die Tatsache als solche noch kein Grund dafür sein, diese Rechte als ungeeignet für andere Nationen abzulehnen. Beständig entlehnen Menschen Dinge aus anderen Quellen, und die Findigkeit, mit der kulturell gesehen ursprünglich Fremdes genutzt wird, ist eine der bedeutsamsten Tatsachen der Menschheitsgeschichte. Ferner übernehmen Gesellschaften zuweilen nicht einfach kleine Teile einer fremden Sichtweise, sondern eignen sich diese Anschauungen in großen, kohärenten Teilaspekten an. Alle bedeutenden Kulturbewegungen weltweit – einschließlich des Christentums, des Buddhismus, des Islam und des Marxismus – sind zu einer bestimmten Zeit an bestimmten Orten entstanden, nur um sich dann weit darüber hinausgehend zu verbreiten, weil sich Menschen durch sie angesprochen sahen. Es gibt keinen Grund, dies für an sich unzulässig zu halten. Selten ist bemerkt worden, die westliche Herkunft des Marxismus solle nichtwestlichen Nationen Anlass sein, diesen nicht zu übernehmen. Ihn übernommen zu haben, mag ein Fehler gewesen sein, der aber nicht darin bestand, dass der Marxismus im Ursprung das in der British Library verfertigte Werk eines deutschen Juden war. Hierzu bedarf es weiterer Argumente. Eine ähnliche, die Menschenrechte betreffende Behauptung ist nicht stichhaltiger. Solange wir keine weiteren Gründe dafür vorbringen können, dass andere Kulturen die der Menschenrechtsbewegung zugehörigen Begriffe nicht übernehmen sollten, haben wir in der Sache noch gar nichts gesagt.

Selbst als historische These verstanden, ist der »Imperialismus«-Vorwurf schwerlich zu halten. Wie Amartya Sen gezeigt hat, finden sich grundlegende Momente der Menschenrechtsidee sowohl in der indischen als auch in der chinesischen Tradition. Eine bestimmte Gestaltung erhielt sie in der europäischen Aufklärung (vor der sie in der westlichen philosophischen Tradition selbst nur ansatzweise vorhanden war), aber diese Tatsache zeigt noch nicht, dass die Idee in ihrer Tiefenstruktur spezifisch westlich ist. Einige der Gedanken, die wir oft mit der Aufklärung in Verbindung bringen, existierten in Indien weit früher als im Westen. So lässt sich die Idee religiöser Toleranz im Denken des buddhistischen Herrschers Ashoka finden, der vom dritten zum zweiten Jahrhundert vor unserer Zeitrechnung lebte.

Die Begründer der modernen, mit der Formulierung der Allgemeinen Erklärung der Menschenrechte im Jahre 1948 beginnenden internationalen Menschenrechtsbewegung entstammten einer Vielzahl von Nationen, zu denen Ägypten, China und Frankreich zählen. Bewusst formulierten sie die Liste auf eine solche Weise, dass sie für Menschen vieler kultureller und religiöser Traditionen annehmbar ist. In jüngerer Zeit wurden alle wesentlichen, die Menschenrechte betreffenden Übereinkünfte von internationalen Arbeitsgruppen formuliert, wobei Menschen aus nichtwestlichen Ländern eine herausragende Rolle zukam. Die Vereinigten Staaten hingegen, für gewöhnlich das Land, dessen Imperialismus die Gegner am meisten fürchten, hat in dieser Bewegung keine Führungsposition. Ganz im Gegenteil: Sie haben nicht einmal die meisten der wichtigen Menschenrechtsübereinkünfte ratifiziert, zum Beispiel weder die Konvention zur Beseitigung jeder Form der Diskriminierung der Frau (CEDAW) noch die UN-Kinderrechtskonvention (CRC) – beide wurden von nahezu allen anderen Ländern weltweit, ob Entwicklungs- oder entwickelten Ländern, ratifiziert.[3] Die Annahme, die Vereinigten Staaten seien bemüht, einer Welt unwilliger Länder Menschenrechtsnormen anzudrehen, zeugt von erheblicher Unkenntnis.

Betrachtet man die Geschichte des Kolonialismus genauer, so findet man ferner, dass sich, was kolonisierte Völker angeht, Menschenrechtsnormen nicht aus den Forderungen der Kolonisatoren ergaben, die Kolonisierten hätten »westliche Werte« zu akzeptieren. Vielmehr lassen sich diese Normen weit angemessener als Mittel des Widerstands gegenüber einer tyrannischen Kolonialmacht verstehen. Man

---

[3] Jene Länder, die CEDAW nicht ratifiziert haben, sind die Vereinigten Staaten, Iran, Tonga, Palau, Somalia, Sudan, Niue und Vatikanstadt (gewiss eine der Hauptquellen »westlicher Werte«). Ausschließlich der Vereinigten Staaten und Somalia wurde die CRC von allen Mitgliedsstaaten der Vereinten Nationen ratifiziert.

betrachte zum Beispiel Indien: Die indische Verfassung schützt die Menschenrechte in umfassender Weise. Aber es geschah nicht unter britischer Herrschaft, dass Normen der Rede- und Versammlungsfreiheit sowie der politischen Freiheit in Indien eingeführt wurden. Im davon weit entfernten Mutterland mögen diese Normen in einigen Kreisen durch einige Menschen für einige Menschen verteidigt worden sein; in der Herrschaft über Indien wurden die Ideen der Menschenrechte jedoch grob missachtet. Schwerlich konnten Inder das Britische Weltreich mit der Idee der Menschenrechte assoziieren, denn zu dem, was sie täglich ertragen mussten, gehörten erzwungene Diskriminierung und Entzug der Versammlungsfreiheit, gewalttätige, zuweilen mörderische Angriffe auf Menschen, die versucht hatten, öffentlich zu reden und zu protestieren, Verhaftung und Arrest ohne Anklage oder Gerichtsverfahren sowie andere Vergehen in solcher Zahl, dass sie nicht aufgeführt werden können. Der Schriftsteller Rabindranath Tagore, Literaturnobelpreisträger des Jahres 1913, der aus Protest gegen die von den Briten in Verletzung der Menschenrechte verübten Gräueltaten im Jahre 1919 seinen Adelstitel zurückgab, beschrieb die westliche Kultur als eine solche, die auf Willkürherrschaft gründend die Menschlichkeit missachtet. Tagore, der viele westliche Denker verehrte, war sich auch der anderen Strömungen innerhalb der westlichen Kultur bewusst, einschließlich der Ideen der Achtung und das Personen Träger von moralischen und rechtlichen Ansprüchen sind – er argumentierte allerdings, dass das gegenwärtig vorherrschende Verhalten Europas zur übrigen Welt in der Missachtung von Rechten bestand.

Als dann weit später Gandhi und Nehru darauf beharrten, das neue Indien auf einer soliden menschenrechtlichen Grundlage zu errichten, taten sie dies, nachdem sie über viele Jahre hinweg, während des Unabhängigkeitskampfes, unter der permanenten Verletzung dieser Rechte durch die Briten gelitten hatten. Beide, insbesondere jedoch Nehru, verbrachten für das »Vergehen« friedlichen Protests lange Zeit in britischen Gefängnissen. Gandhi war kein Liebhaber der westlichen Kultur. Ähnlich Tagore verstand er sie als materialistisch und machtgetrieben. Er akzeptierte die Menschenrechte ihrer inneren Bedeutung wegen, und mit Nachdruck behauptete er, deren Begründung ließe sich letztlich in indischen Traditionen finden, so wie er diese verstand.

Nahezu Gleiches wäre über die Rolle der Menschenrechte bei der Formulierung der südafrikanischen Verfassung zu sagen. Die auf einer soliden menschenrechtlichen Grundlage errichtete Verfassung des modernen Südafrika stellt den Versuch dar, Garantien der menschlichen Würde festzuschreiben, sodass zukünftig kein tyrannisches Regime diese Würde so verletzen könnte, wie dies unter der Apartheid an der Tagesordnung war. Wenn wir uns die außergewöhnliche Tatsache vor Augen halten, dass die südafrikanische Verfassung nicht nur die Diskriminierung auf Grundlage des Geschlechts und der ethnischen Zugehörigkeit verbot, sondern auch auf Grundlage der sexuellen Orientierung – und zwar im Jahre 1996, während die Vereinigten Staaten noch die Verfassungsmäßigkeit der Sodomiegesetze bestätigte, und lange bevor ernsthaft rechtliche Schritte in dieser Angelegenheit in irgendeinem anderen Land unternommen wurden –, so erkennen wir, wie wichtig den Verfassungsgründern der Schutz der Schwachen vor der Tyrannei der Mächtigen war.

Der gegen die Menschenrechte gewandte »Imperialismus«-Einwand ist somit nicht stichhaltig. Das Menschenrechtsprogramm hält am gleichen Wert und der gleichen Würde einer jeden Person fest. Diese Idee gleichen Werts ist nicht speziell westlichen Ursprungs, auch ist sie gewiss nicht imperialistisch. Das Menschenrechtsprogramm ist der Bündnispartner der Schwachen gegen die Mächtigen.

Allerdings ist der »Imperialismus«-Einwand in der Welt der internationalen Entwicklungspolitik sehr einflussreich. Wenn wir daher vermeiden wollen, diese Dinge immer wieder aufs Neue betonen zu müssen, können wir die Aufmerksamkeit auf die Tatsache lenken, dass der Fähigkeitenansatz, obwohl er dem Menschenrechtsansatz eng verbunden ist, seinen Ursprung in Indien hat und von einer internationalen Forschergruppe formuliert worden ist. Eine noch größere Bedeutung kommt der Tatsache zu, dass der Fähigkeitenansatz gewissermaßen Bodenhaftung besitzt. Im Kern verwendet er keinerlei exklusiv-esoterische theoretische Vorstellungen, mit denen die Idee der »Menschenrechte« zuweilen assoziiert wird. Vielmehr stellt und beantwortet er eine Frage, die real existierende Menschen sich und anderen gegenüber in vielen verschiedenen Zusammenhängen und an jedem Tag ihres Lebens stellen: »Was bin ich befähigt zu tun und zu sein? Was sind meine wirklichen Wahlmöglichkeiten?« Zumindest ist es möglich zu behaupten, dass Menschen der Nation N die Idee der Menschenrechte fehlt – obwohl ich glaube, diese Behauptung würde im Normalfall nicht zutreffen. Völlig unplausibel ist jedoch die Behauptung, Menschen der Nation N hätten sich niemals gefragt, was sie zu tun oder zu sein befähigt sind. Indem der Fähigkeitenansatz die Bodenhaftung nicht verliert, gibt er uns die Möglichkeit, die verwirrende und verworrene abstrakte Debatte um Rechte und Imperialismus zu umgehen.

Erwägen wir im größeren Rahmen den Zusammenhang von Pluralismus und Kulturwerten, sollten wir im Auge behalten, dass Kulturen nicht monolithisch sind. Alle Kulturen enthalten eine Vielzahl von Stimmen, wobei oft das, was als »die« Tradition eines gegebenen Ortes akzeptiert wird, einfach die Sicht der einflussreichsten Mitglieder der Kultur ist, die mehr Möglichkeiten besitzen, sich literarisch und politisch zu artikulieren. Um eine angemessene empirische Darstellung »der« Ansichten einer Kultur zu erhalten, müssen wir die Ansichten der Minderheiten, der Frauen, der auf dem Land lebenden und anderer Menschen ausfindig machen, deren Meinungen in den kanonischen Darstellungen voraussichtlich kaum Erwähnung finden. Ist dies erst einmal erkannt, fällt es sehr schwer, traditionellen Werten überhaupt eine normative Autorität zuzumessen: Traditionen vermitteln uns nur eine Gespräch, eine Debatte. Uns bleibt dann nichts anderes übrig, als die daran beteiligten verschiedenen Positionen zu bewerten. Mit dem Fähigkeitenansatz wird der Vorschlag unterbreitet, hierfür die Idee der allen zustehenden menschlichen Würde als Orientierungshilfe zu nutzen.

Dennoch sollten wir nicht die Tatsache ignorieren, dass sich Menschen dahingehend unterscheiden, welche Wahl sie treffen, und dass die Achtung den Menschen gegenüber erfordert, die Freiheitsbereiche zu würdigen, aus denen heraus sie diese Entscheidungen fällen. Einige dieser Entscheidungen werden persönlich oder gar absonderlich sein, viele jedoch werden kulturelle, religiöse, ethnische oder politische Identitäten enthalten. Wenn wir eine normative Konzeption formulieren, sollten wir gewissenhaft darauf achten, dass die Wahlfreiheit akzeptiert und der Schutz der Räume sichergestellt wird, in denen sich Menschen ihren Wahlentscheidungen gemäß äußern. Wir müssen dies in dem Maße klarer und ausdrücklicher tun, in dem unser Ansatz eindeutige Aussagen zum normativen Gehalt politischer Werte formuliert. Es ist sicherzustellen, dass dieser Gehalt nicht zweckwidrig die Fähigkeit der Menschen in den Bereichen untergräbt, die für deren Leben von zentraler Bedeutung sind. Sollten zum Beispiel bestimmte Formen lebensrettender medizinischer Behandlung, wie etwa Bluttransfusionen, zwingend vorgeschrieben werden, würde die Gewissensentscheidung der Zeugen Jehovas missachtet, Bluttransfusionen nicht zuzustimmen. Probleme dieser Art lassen sich vermeiden, indem man Fähigkeiten, nicht aber Tätigkeiten zum angemessenen politischen Ziel erklärt.

Wie gezeigt wurde, bezieht Sen Stellung zu inhaltlichen Fragen, indem er die Aufmerksamkeit auf Bildung und Gesundheitsfürsorge wie auch auf das Problem der Gleichstellung der Geschlechter richtet. Meine eigene, ausformulierte Liste beinhaltet eine Reihe von Verpflichtungen, die noch weitreichender und bestimmter sind. Sie ist damit dem kritischen Einwand noch stärker ausgesetzt, die Stellungnahme sei möglicherweise zu aufdringlich oder in Hinblick auf bestimmte religiöse oder kulturelle Werte voreingenommen. Weil ich glaube, dass das Recht, sich religiös und kulturell frei äußern zu können, eine Kernfrage ist, habe ich meine Auffassung in mehrfacher Hinsicht für den kulturellen Pluralismus sensibilisiert.

Erstens ist die Fähigkeitenliste die Konsequenz eines Prozesses kritischer normativer Argumentation, in deren Zentrum der Begriff der menschlichen Würde steht. Wie ein jedes respektables philosophisches Argument kann auch dieses kritisiert, widerlegt oder in Anspruch genommen werden. Menschen können es in Erwägung ziehen und, falls sie es überzeugend finden sollten, akzeptieren. Die Liste ist ergebnisoffen und kann fortlaufend überarbeitet und überdacht werden.

Zweitens werden in meinem Ansatz die einzelnen Elemente der Liste eher abstrakt und allgemein beschrieben. Dies dient dazu, den Prozess der Konkretisierung und Überlegung exakt anzupassen, der durch Bürger, gesetzgebende Instanzen und Gerichte zu leisten ist, ehe solch abstrakte Prinzipien in die Verfassung oder andere grundlegende politische Dokumente legitimerweise Eingang finden können. Innerhalb gewisser Grenzen ist es völlig in Ordnung, dass verschiedene Nationen angesichts ihrer jeweiligen Geschichte und ihrer je besonderen Umstände hierbei unterschiedlich verfahren. Dementsprechend wäre zum Beispiel ein in Deutschland angemessenes Recht der freien Meinungsäußerung (welches das völlige Verbot antisemitischer Schriften und antisemitischer Organisationen ermöglicht) vermutlich im davon verschiedenen Kontext der Vereinigten Staaten zu restriktiv (welche entsprechend der Idee der freien Rede unter dem ersten Zusatzartikel solche Aktivitäten für rechtens erklären). Es gibt verschiedene legitime Ansätze, die Freiheit der Rede zu bestimmen und zu schützen, obwohl einige Verfahrensweisen auch in nicht hinzunehmender Weise repressiv sind. Ob eine Situation unterhalb des Schwellenwerts der Angemessenheit bleibt, wird üblicherweise »vor

Ort« entschieden werden durch die Vergegenwärtigung einer Vielzahl von Fällen. Gewiss lässt sich aber sagen, dass eine jede Verfahrensweise, die verschiedenen Gruppen von Bürgern die Redefreiheit in unterschiedlichem Maße zuweist, automatisch unterhalb des Schwellenwerts bleibt.

Drittens wird die Liste als Teil einer frei stehenden, im Sinne von John Rawls *beschränkten* Moralkonzeption vorgestellt, das heißt, sie wird ausdrücklich allein für politische Zwecke eingeführt, ohne in solchen metaphysischen Ideen zu gründen, die Menschen in kultureller und religiöser Hinsicht voneinander trennen. Gleich Rawls, der dies von seinen Grundprinzipien gesagt hat, können wir diese Liste und den theoretischen Ansatz, zu dem sie gehört, als ein »Modul« verstehen, das Menschen billigen können, die hinsichtlich des letztendlichen Sinns und Ziels des Lebens möglicherweise sehr unterschiedliche, religiöse oder säkulare, Meinungen haben. Sie werden dieses Modul mit ihren jeweiligen religiösen wie säkularen umfassenden Lehren vielfach verknüpfen. Wie die Allgemeine Erklärung der Menschenrechte sucht der Fähigkeitenansatz nach einer Übereinkunft für praktisch politische Zwecke und vermeidet bewusst Aussagen über höchst kontroverse Fragen wie die nach Gott, der Seele, den Grenzen menschlichen Wissens usw., die Menschen je nach den von ihnen vertretenen umfassenden Lehren entzweien. In einer solchen Vorgehensweise findet die Achtung vor der Vielfalt in gleicher Weise ihren Ausdruck, wie in der Lehre von der Ablehnung einer Staatskirche ein Weg gesehen werden kann, auf dem Feld des Glaubens allen Bürgern die gleiche Achtung zuzumessen, unabhängig davon, welche Religion oder Nicht-Religion sie vertreten. In meinen eingehenderen Untersuchungen zu Religion und Befähigung vertrete ich entschieden die Auffassung von der Ablehnung einer Staatskirche wie auch eine entschiedene Auslegung der freien Religionsausübung. Beide sind für den Schutz menschlicher Fähigkeit und Gleichheit auf dem Feld der Religion von wesentlicher Bedeutung.

Viertens nutzt mein Ansatz eine Liste von Fähigkeiten, und die Aufgabe der Regierung sollte es sein, alle Bürger über die Schwelle aller zehn Fähigkeiten zu heben. Diese Vorgehensweise ist ausdrücklich von der Vorstellung unterschieden, Bürgern die mit der Fähigkeit verbundene Tätigkeit aufzuzwingen: Menschen, die eine Fähigkeit besitzen, haben die Möglichkeit zu wählen, verfügen über einen Bereich freier Entscheidung. Möglicherweise wählen sie die damit verbundene Tätigkeit (zum Beispiel eine nahrhafte Speise zu sich zu nehmen) oder sie meiden sie (indem sie fasten oder einen ungesunden Lebensstil wählen). Fähigkeiten als politische Ziele in den Mittelpunkt zu stellen, schützt den Pluralismus. Viele Menschen, die bereit sind, eine gegebene Fähigkeit als einen grundlegenden Anspruch zu befürworten, würden es als Anmaßung betrachten, wenn die damit verbundene Tätigkeit zur Grundlage erklärt werden würde. Folglich können gläubige Bürger, wie die Amischen, das Stimmrecht billigen, die allerdings die Wahlpflicht als schwere Missachtung empfinden würden, weil diese ihren religiösen Überzeugungen widerspricht. Die freie Religionsausübung kann durch Menschen gebilligt werden, die eine jede Staatsreligion ablehnen würden, welche allen Menschen eine bestimmte Art religiösen Handelns aufzwingt (vorgeschriebene religiöse Eideshandlungen, Konfessionszugehörigkeit als Bedingung der Ämtervergabe usw.). Vasanti, die eine gläubige Person ist, wird die von der indischen Verfassung eingeräumte Religionsfreiheit nutzen. Falls ihre Freundin Kokila nicht religiös ist, wird diese die Religionsfreiheit nicht nutzen. Aber beide können diese Verfassungsvorschrift billigen: Es ist eine gute Idee, dass allen Bürgern ein solcher Bereich der Freiheit verfügbar ist. So können sie zustimmen, weil in Indien religiöse Unterschiede bestehen und sie ihre Mitbürger achten.

Fünftens sind die wesentlichen, den Pluralismus schützenden Freiheiten zentrale Elemente der Fähigkeitenliste. Die Freiheit der Rede, die Versammlungs- und Gewissensfreiheit, der Zugang zur Politik und die Möglichkeit, Chancen zu ergreifen – all dies sind entscheidende Elemente einer Gesellschaft, die den kulturellen und religiösen Pluralismus schützen. Indem wir diese Elemente in die Liste aufnehmen, verhelfen wir ihnen zu einer zentralen und nicht verhandelbaren Stellung. Man vergleiche dies mit einer politischen Konzeption, die sich einfach den Traditionen vor Ort, welchen auch immer, beugt: In vielen, wenn nicht den meisten Gesellschaften weltweit würde ein solcher politischer Zugang den Pluralismus nicht schützen. Denn die freie Religionsausübung und andere Aspekte eines gehaltvollen Pluralismus werden von vielen örtlichen Traditionen nicht getragen. Die Achtung des Pluralismus ist in diesem Sinne etwas völlig anderes als kultureller Relativismus oder Traditionsfügsamkeit: Sie fordert von der Gesellschaft, in Hinsicht auf einige übergreifende Werte, die alle Bürger in ihrer Wahlfreiheit schützen, Stellung zu beziehen.

Schließlich vermutet die »Kolonialismus«-Kritik, dass die Verfasser einer solchen Liste Regierungen (insbesondere die mächtiger westlicher Staaten) dazu anstacheln werden, in andere Länder, die diese, dem Ansatz zugehörigen Werte nicht stützen, einzudringen und diese Werte gewaltsam zu implementieren. Der Fähigkeitenansatz lehnt eine jede solche Vorgehensweise gänzlich ab. Meine Version besteht auf einer strengen Scheidung zwischen Fragen der Rechtfertigung und Fragen der Umsetzung. Diese Liste kann, wie ich glaube, als angemessene Grundlage für politische Prinzipien weltweit mit guten Gründen gerechtfertigt werden. (Selbst die Rechtfertigung beinhaltet insofern ein demokratisches Element, als der Ansatz nur zu begründen ist, wenn er zeigen kann, dass er langfristig mit der Realisierung informierter Wünsche konvergiert.) Die Rechtfertigung verschafft den engagierten Parteien gute Gründe dafür, den Ansatz in ihren jeweiligen Nationen zu befördern und daran zu arbeiten, ihn in internationale Dokumente einzubinden. Etwas völlig anderes ist es jedoch, die Intervention mit Verweis auf die Praktiken eines Staates zu stützen, der die Ziele dieses Ansatzes nicht anerkennt oder nicht umsetzt. Wenn zum politischen Ansatz selber die energische Verteidigung der nationalen Souveränität gehört, und für meine Version des Fähigkeitenansatzes trifft dies zu (indem dort behauptet wird, nationale Souveränität sei ein bedeutsamer Ausdruck menschlicher Freiheit und der grundlegenden Ansprüche aller Menschen, sich Gesetze der eigenen Wahl zu geben), dann ist bereits eine wirkungsvolle Barriere gegen die machtgestützte »humanitäre Einmischung« in die Angelegenheiten eines jeden Staats errichtet, der ein Mindestmaß an Legitimität besitzt. (Ich verstehe dies als einen weit niedrigeren Standard als das der vollständigen Gerechtigkeit, der aller Wahrscheinlichkeit nach kein bestehender Staat wirklich entspricht.)

Ich bin (den üblichen Darstellungen zur humanitären Intervention folgend) der Auffassung, dass militärische Zwangsmaßnahmen und Wirtschaftssanktionen nur unter bestimmten, äußerst gravierenden Umständen gerechtfertigt sind, zu denen traditionell anerkannte Verbrechen gegen die Menschlichkeit, wie etwa Völkermord, gehören. Selbst in dem Fall, dass Verbrechen dieser Art begangen wurden, ist die Intervention oftmals ein strategischer Fehler, insbesondere dann, wenn die betreffende Nation eine demokratische Nation ist, die überzeugt werden kann, solche abscheulichen Taten abzulehnen. Obwohl ich behauptet habe, dass die Morde an Muslimen im indischen Bundesstaat Gujarat im Jahre 2002 den Tatbestand des Völkermords erfüllen, bin ich somit auch der Auffassung, dass die Einmischung einer fremden Macht in die inneren Angelegenheiten Indiens, einer Nation mit einer gedeihlichen Demokratie, äußerst unklug gewesen wäre. Bedeutsam ist die internationale Verurteilung der Gräueltaten wie auch die Weigerung, die Täter als Ehrengäste ins eigene Land zu lassen. (Klugerweise hatten die Vereinigten Staaten dem Ministerpräsidenten des Staates Gujarat, Narendra Modi, einem der Haupttäter der antimuslimischen Mordanschläge, das Einreisevisum verwehrt.) Solange jedoch die Demokratie eine gewisse Chance hat, das Problem selber zu thematisieren – was mittlerweile, sieben Jahre später, weitgehend geschehen ist –, wäre es völlig falsch, gewaltsam zu intervenieren.

Die Hauptsorge des Kritikers scheint damit unberechtigt zu sein. Wenn erst einmal deutlich geworden ist, dass die im Konsens der Menschen gründende staatliche Souveränität ein maßgeblicher Teil des Ganzen ist, wird es schwierig, eine gute Idee, die einem jeden mit guten Gründen empfohlen wird, abzulehnen.

6. Nation und globale Gerechtigkeit

In den ersten Versionen des Fähigkeitenansatzes stand der Nationalstaat im Mittelpunkt des Interesses; gefragt wurde danach, wie gut es den Nationen gelingt, die menschlichen Fähigkeiten ihrer Bürger zu befördern. Der vergleichende Gebrauch, der von dem Ansatz in den Berichten des Entwicklungsprogramms der Vereinten Nationen gemacht wird, stellt ebenfalls die Nation in den Mittelpunkt. Nach mannigfachen Gesichtspunkten werden Rangordnungen zwischen Nationen aufgestellt. Diese Ranglisten enthalten aber keine Auskünfte über Verpflichtungen reicherer Nationen, die Fähigkeiten der Menschen ärmerer Nationen zu stärken. (Hingegen beschäftigt sich der *Arab Development Report* mit nationenübergreifenden Regionen.) Auch mein anfänglicher Gebrauch des Ansatzes für Zwecke der Konzeption einer Theorie gesellschaftlicher Gerechtigkeit konzentrierte sich auf die Nation. Denn er unterbreitete den Vorschlag, die Regierung eines jeden Landes habe die Aufgabe, die zentralen Fähigkeiten aller zu befördern.

Die Nation ist nicht nur ein leicht verfügbarer Ausgangspunkt – sie besitzt auch eine moralische Bedeutung. Nationen, wenigstens halbwegs demokratische, sind Systeme von Prinzipien und Gesetzen, deren letztendliche Legitimationsgrundlage die Menschen sind. In ihnen findet somit die Autonomie der Menschen einen wichtigen Ausdruck, das heißt der Anspruch dieser Menschen, unter selbstgewählten Gesetzen zu leben. Dementsprechend misst der Fähigkeitenansatz aus seinen Kernpunkten heraus, insbesondere seiner Achtung der praktischen Vernunft und der politischen Befähigung wegen, der Nation einen zentralen Stellenwert zu und erstrebt eine Welt, in der für zumindest hinreichend demokratische Nationen die nationale Souveränität geschützt ist. In einer solchen Welt würden Nationen ihre Macht nicht (wie sie gegenwärtig Gefahr laufen) an multinationale Unternehmen und globale Finanznetzwerke verlieren, die, wenn überhaupt, nur in geringem Maße Verantwortung tragen. Ob die Nation die einzige Instanz ist, die dafür haftbar zu machen ist, der Autonomie Ausdruck zu verleihen, ist eine empirische Frage – bisher aber scheint keine größere Instanz hinreichend rechenschaftspflichtig zu sein. Selbst die Europäische Union (EU) ist in dieser Hinsicht eine mangelhafte Instanz.

Nationen mögen groß und in sich differenziert sein wie etwa Indien mit seinen 350 Sprachen und seinen 1,2 Milliarden Einwohnern. Vielleicht sind sie, wie Indien und die Vereinigten Staaten, Föderationen. Aber sie besitzen eine einheitliche politische Grundstruktur, der die Verfassung als wesentlicher Bestandteil angehört. Dieses Dokument, das die grundlegenden Ansprüche der Menschen festschreibt, hat im »Wir, das Volk« seine Quelle. (Dieser Ausdruck wurde zur Standardformulierung, mit denen Texte demokratischer Verfassungen beginnen, wie zum Beispiel die der Vereinigten Staaten, Indiens und Südafrikas.) Die EU besitzt einige dieser Merkmale, aber zumindest gegenwärtig fehlt es ihr an Verantwortlichkeit und Empfänglichkeit, um einen Großteil ihrer Wählerschaft überzeugen zu können. Sollte sie sich jemals in diese Richtung bewegen, dann wird sie mit der Zeit einer Föderation nach Art der Vereinigten Staaten und Indiens gleichen. Ein Weltstaat, sollte er irgendwann existieren, wäre vermutlich hinsichtlich der menschlichen Autonomie äußerst unzulänglich, weil er den unterschiedlichen Ansichten nicht hinreichend Entgegenkommen zeigen würde, die Menschen aus ihren verschiedenen Erfahrungen und Traditionen her entwickeln.

Der Nation kommt somit eine moralische Funktion zu, die im Fähigkeitenansatz ihre sichere Grundlage besitzt, weil dieser Ansatz der Freiheit und Selbstbestimmung der Menschen zentrale Bedeutung verleiht. Auch kann der Großteil der demokratischen Nationen, wenn sie klug und effizient verwaltet werden, ihren Bürgern die auf der Liste aufgeführten Fähigkeiten erfolgreich sichern. Dennoch ist die gegenwärtige Welt durch Ungleichheiten geprägt, die grundlegende Lebensaussichten betreffen. Diese erscheinen vom Gerechtigkeitsstandpunkt her gesehen unzumutbar. Wie es unerträglich zu sein scheint, dass die basalen Lebenschancen einer Person durch deren Ethnie, Geschlecht oder Klassenzugehörigkeit eingegrenzt sind, so scheint es auch unhaltbar zu sein, dass grundlegende Chancen entscheidend durch den Zufall beeinflusst werden, in die eine statt in die andere Nation hineingeboren zu sein. Das aber ist der tatsächliche Zustand. Lebenserwartung, Bildungs- und Erwerbschancen sowie die eigene Gesundheit – kurz gesagt, alle auf der Liste versammelten Elemente – zeigen über die nationalen Grenzen hinweg große Unterschiede, und diese Unterschiede nehmen rapide zu. Ferner bestehen die Faktoren, aus denen heraus sie sich ergeben, schon von Anbeginn eines jeden Menschenlebens – sie bestehen sogar schon vorher, denn die Ernährung und Gesundheitsfürsorge der Mütter bilden eine der Hauptquellen ungleicher Lebenschancen. Wenn die grundlegende Gerechtigkeit fordert, die Ansprüche einer Person nicht durch willkürliche Merkmale zu beschneiden, dann wird in der jetzigen Weltordnung die Gerechtigkeit allgegenwärtig verletzt und das bloße Faktum der Ungleichheit (die viele Menschen unter die Schwelle der Fähigkeiten drückt) ist Grund genug, etwas dagegen zu unternehmen.

Es gibt jedoch noch zusätzliche Gründe zu glauben, dass reichere Nationen verpflichtet sind, die ärmeren Länder in ihren Bemühungen zu unterstützen. Ein Grund, den manche, obwohl er kontrovers ist, für wichtig halten, besagt, viele der Probleme ärmerer Nationen seien der kolonialen Ausbeutung geschuldet; diese habe sie daran gehindert, sich zu industrialisieren, und ihnen unter anderem natürliche Ressourcen geraubt. Die Umverteilung in der Gegenwart scheint dann eine geeignete Form der Wiedergutmachung angesichts der Fehler der Vergangenheit zu sein.

Sollten wir dieses in die Vergangenheit zurückblickende Argument nicht akzeptieren, können wir dennoch an der Forderung festhalten, dass bestimmte Merkmale der gegenwärtigen Weltordnung die Umverteilung zwingend erfordern. Die Weltwirtschaft wird in großem Maße durch die reicheren Nationen und die Unternehmen kontrolliert, die Einfluss auf deren Entscheidungen nehmen. Es kann nicht überraschen, dass sie das System in ihrem eigenen Interesse kontrollieren. (Schon Adam Smith hatte bemerkt, dass Unternehmen gleich einem »stehenden Heer« die politische Willensbildung auf eine Weise nötigen, die nicht einmal auf das eigene Land bezogen klug wäre, weit ungerechter jedoch gegenüber den ärmeren Nationen ist, mit denen die reicheren Geschäftsbeziehungen unterhalten.) Analog den Strategien der Weltbank und des Internationalen Währungsfonds begünstigen die Regeln des globalen Wettbewerbs vielfach die reicheren Nationen. Diese Merkmale der gegenwärtigen Weltsituation machen den Schluss zwingend, dass die ärmeren Nationen nicht unter fairen Bedingungen am Wettbewerb teilnehmen. Ihren Existenzverhältnissen besondere Beachtung zu schenken und Maßnahmen der Umverteilung vorzunehmen, scheinen wichtig dafür zu sein, dieses Ungleichgewicht zu beseitigen.

Wenn wir uns fragen, warum wir als Individuen Strategien unterstützen sollen, die Umverteilungsprozesse zwischen den Nationen beinhalten, dann müssen wir erkennen, dass wir tagtäglich, in zahllosen unserer Handlungen und Entscheidungen, Teil derselben, mutmaßlich unfairen Weltwirtschaft sind, die anderes Leben in der Ferne betrifft. Der unverfänglichste Konsumenteneinkauf – wenn man zum Beispiel einen Softdrink oder ein Paar Jeans erwirbt – tangiert das Leben auf der anderen Hemisphäre. Jemand mag behaupten, Ungleichheiten auf dem Mars gingen uns nichts an, implizierten keine an uns gerichteten Forderungen, weil wir mit Marsmenschen und deren Lebenssituation in keiner kausalen Verbindung stünden. In der heutigen Welt ist dieses Argument bezogen auf Menschen, die in entfernten Regionen leben, unmöglich haltbar. Auch dann, wenn die Weltwirtschaft gegenüber ärmeren Nationen nicht unfair sein sollte, bringt sie uns doch mit ihnen in Beziehung und gibt uns Gründe dafür an die Hand, verantwortlich über die weitere Gestaltung dieser Verbindlichkeiten nachzudenken.

Im Falle der Nation erfolgt die Beseitigung von Ungleichheiten wesentlich über deren politische Struktur, über das Gefüge ihrer Institutionen und deren Zuweisung von Pflichten. Sollte es zutreffen, dass ein Weltstaat eine schlechte Idee ist, dann können wir, wenn wir uns der globalen Arena zuwenden, nicht in gleicher Weise auf eine übergreifende politische Struktur bauen. Deshalb ist es in diesem Fall weit weniger klar, wer entsprechend der fähigkeitsbezogenen Ansprüche, von denen wir überzeugt sind, dass sie alle Bürger der Welt besitzen, in die Pflicht zu nehmen wäre. Die Ansprüche bestehen unabhängig davon, ob es einen Staat gibt, der die ihnen korrespondierenden Pflichten trägt. Aber Ansprüche und Pflichten hängen miteinander zusammen. Wer also wäre bezogen auf die Ansprüche auf einen annehmbaren Lebensstandard der Bürger weltweit verpflichtet? Zunächst ist die jeweils eigene Nation in die Pflicht zu nehmen. An zweiter Stelle sollten die Regierungen der reicheren Nationen mindestens zwei Prozent des BIP den ärmeren Ländern zur Verfügung stellen. Multinationale Unternehmen, internationale Behörden, Verträge und Nichtregierungsorganisationen – all diese Instanzen sind daran beteiligt, die Fähigkeiten der Bürger weltweit zu sichern. Weil unsere Welt in Bewegung ist und umfangreiche Wandlungsprozesse zu Recht die Verteilung von Pflichten beeinflussen, sollte eine jede Zuweisung von Verantwortlichkeiten vorläufigen Charakter haben. Folglich wird die Weltordnung die Fähigkeiten niemals auf dem Niveau sichern, das wir legitimerweise einer gerechten Nation abfordern. Für die Beförderung menschlicher Fähigkeiten weltweit können wir jedoch weit mehr tun, als wir bislang getan haben.

Die meisten Ansätze, die in früheren Zeiten zu Fragen der globalen Gerechtigkeit genutzt wurden, waren in einer falschen Weise nationenzentriert. In ihnen kam nicht nur, zu Recht, die Überzeugung zum Ausdruck, dass die Souveränität der Nation ein bedeutsames menschliches Gut ist, sondern auch, und zu Unrecht, dass Nationen gegenüber anderen Nationen, ausgenommen eine knappe Aufzählung, die den Bereich von Krieg und Frieden betrifft, nicht verpflichtet seien. Für Kant und John Rawls zum Beispiel nimmt die Suche nach globalen Prinzipien die Form einer *zweistufigen Übereinkunft* an: Zunächst legen die Nationen ihre Prinzipien binnenpolitisch fest. Auf einer darauf folgenden zweiten Stufe, auf der vorher getroffene Übereinkünfte nicht in Frage gezogen werden können (einschließlich der Übereinkünfte zur Verteilung wirtschaftlichen Reichtums), kommen Vertreter der einzelnen Nation zusammen, um untereinander eine Abmachung zu erzielen. Weil aber diese Abmachung eine solche zwischen Nationen, nicht aber zwischen Menschen ist, weil sie ferner an der binnenpolitisch getroffenen Zuteilung der die Nation betreffenden Pflichten und Chancen nichts ändern kann, muss sie zwangsläufig ziemlich dürftig sein, und ist dies auch. Sie beinhaltet Fragen des Vertragsrechts, von Krieg und Frieden, nicht jedoch Fragen irgendwelcher wirtschaftlichen Umverteilung. Wenn wir die Auffassung vertreten, dass alle Menschen bestimmte wesentliche Lebenschancen verdienen, und zwar der grundlegenden Gerechtigkeit wegen, dann ist dieser Ansatz in schmerzlicher Weise unangemessen. Vermutlich erfüllt er, wie ich in *Die Grenzen der Gerechtigkeit* aufzuzeigen versucht habe, nicht einmal seine eigenen Erwartungen. Aber dies zu zeigen erfordert geduldige Arbeit am Text, die hier zu wiederholen nicht notwendig ist. Die Nutzung von wesentlich auf Rawls zurückgehenden Ideen durch Thomas Pogge und Charles Beitz zum Zweck der Konzeption eines *globalen Vertrages* bietet einen vielversprechenderen Ansatzpunkt.

Der andere bekannte Ansatz, der zu Fragen der globalen Gerechtigkeit genutzt, aber vom Fähigkeitenansatz her zurückgewiesen wird, ist der, den einige Vertreter des Konsequentialismus (die meisten von ihnen Utilitaristen) verfolgen, für die das Problem globaler Gerechtigkeit wesentlich eine Angelegenheit persönlicher Philanthropie darstellt. (Peter Ungers Utilitarismus ist ein schlagendes Beispiel dafür.) Dieser Auffassung zufolge sind Menschen verpflichtet, mit einem erheblichen Teil ihres Reichtums und Einkommens Menschen in ärmlichen Lebensverhältnissen zu unterstützen. Dies sollen sie, so wird empfohlen, durch Spenden an einige dafür geeignete transnationale karitative Organisationen wie etwa UNICEF, Oxfam oder CARE tun. Ansätze dieser Art haben mit allen von uns bereits diskutierten Problemen des Utilitarismus und Konsequentialismus zu kämpfen. Hinzu kommt ein noch offenkundigeres Problem im Vorfeld dieser Ansätze: Sie ignorieren die Rolle von Institutionen. Angenommen, eine Nation versucht, ihre Verteilungsprobleme mittels privater Philanthropie zu lösen, so wird dies, und wir wissen das, nicht funktionieren. Erstens führt dies zu einer Vielzahl von Problemen kollektiven Handelns. Gerechte Nationen finden einen Weg, untereinander Nutzen und Verantwortung fair austariert zuzuweisen; nach eigenem Ermessen handelnde Einzelne aber werden ineffizient und unkoordiniert handeln. Zweitens schafft dies Fairness-Probleme: Soll nämlich Bedürfnissen wirklich entsprochen werden, müssen die Zahlungswilligen mehr zahlen, als sie ihrem fairen Anteil entsprechend zu zahlen hätten – nämlich um die Tatsache zu bewältigen, dass sich einige vor ihrer Verantwortung drücken. Die Idee persönlicher Philanthropie leidet in ihrer globalen Version unter beiden Problemen.

Und sie führt zu weiteren Problemen. Stellen wir uns eine Welt vor, in der die Menschen tatsächlich Ungers Vorschlag folgten und sich gänzlich der Aufgabe verschrieben, den Nutzen (die Zufriedenstellung) weltweit gemittelt zu maximieren. Dann würde von der Idee, Menschen sollten über ihren Lebensvollzug nach eigenem Ermessen bestimmen, nichts mehr übrigbleiben. Die utilitaristische Morallehre verschlingt das Leben ganz und gar – eine Kritik, die in seiner Weise der Philosoph Bernard Williams mit der These prominent gemacht hatte, der Utilitarismus könne die Idee persönlicher Integrität nicht begreifen, die Bedeutsamkeit der Tatsache, dass mein Leben und mein Handeln die meinigen sind. Die politische Struktur hat den Vorteil, Menschen eine verständliche und begrenzte Liste von Pflichten zu vermitteln und das Übrige ihnen zu überlassen. Somit schafft sie eine hilfreiche Unterscheidung zwischen dem, was ich entfernten Anderen schulde, und dem, was ich meinen eigenen Absichten entsprechend nutzen kann (für meine Familie, meine Freunde, mir am Herzen liegende Dinge usw.).

Werfen wir schließlich einen Blick auf die uns von Unger empfohlene Welt. Diese würde von Oxfam und den anderen Nichtregierungsorganisationen geleitet, weil diese Organisationen dann, wenn die Menschen das täten, was Unger ihnen zu tun vorschlägt, reicher und mächtiger als Nationen wären. So ausgezeichnet diese Organisationen auch sind – und nehmen wir an, sie sind so aufrichtig, effizient und vernünftig, wie wir dies wünschen –, so sind sie dennoch nicht den Menschen gegenüber in der Weise rechenschaftspflichtig, wie dies eine demokratische Nation ist. Wenn sie bei der Festlegung ihrer Strategie jemandem ihr Ohr leihen, dann zumeist ihren Großspendern. Eine Welt, in der sie (ihre Treuhänder, ihre vermögendsten Spender) alle Macht sowie die Möglichkeit hätten, Richtungsentscheidungen zu treffen, würden wir nicht schätzen. Dass eine globale Elite mehr Macht hätte als demokratisch gewählte Regierungen, wäre die Folge eines solchen Szenarios – was paradox sein würde, denn diese Ansicht ist egalitaristisch inspiriert.

Zusammengefasst hat private Philanthropie Gutes bewirkt. Auch Nichtregierungsorganisationen, die den Großteil ihrer Unterstützung durch private Philanthropie erhalten, haben in vielen Fällen viele gute Dinge bewirkt. Jedoch muss man hier differenzieren und fragen, welche Formen privater Hilfe den Menschen bei der Beförderung solcher Werte wie gleiche Achtung und Befähigung wirklich nützlich sind.

Die globalen Probleme bedürfen somit einer institutionellen Lösung. Ausgehend davon, dass alle Bürger weltweit ein Anrecht darauf haben, die Hilfe zu erfahren, die sie die Schwellenwerte aller zehn zentralen Fähigkeiten sicher überschreiten lässt, können wir nicht unmittelbar dazu übergehen, Individuen Pflichten zuzuweisen. Wesentliche Aufgaben müssen Institutionen zugeteilt werden. Jede andere Lösung führt zu unüberwindlichen praktischen und konzeptionellen Schwierigkeiten. Ein Weltstaat wiederum ist vermutlich eine schlechte Idee. Ihm käme wahrscheinlich nicht die Art Rechenschaftspflicht zu, von der wir glauben, dass sie der Regierung eines Staates zufallen sollte. In dieser Hinsicht ist die EU kein guter Vorläufer. Die Vereinten Nationen sind ein komplettes Desaster, wenn es um die Rechenschaftspflicht von Repräsentanten gegenüber der Gesamtheit eines Volkes geht. Selbst wenn diese Probleme bewältigt wären, würde ein Weltstaat Unterschiede vermutlich in zu starkem Maße einebnen. Unterschiede von Geschichte und Kultur haben einen legitimen Einfluss darauf, wie Nationen Schwellenwerte für bestimmte Fähigkeiten interpretieren. Diese legitime Vielfalt lässt sich in einer Welt der Nationen aufrechterhalten, in einem Weltstaat aber, wenn überhaupt, nur mit weit größeren Mühen. Sollte ferner eine Nation Opfer einer Tyrannei werden oder als Staat zerfallen, können andere Nationen – wie auch subnationale und übernationale Organisationen – dem Hilfeersuchen des jeweiligen Volkes entsprechen. Ein Weltstaat wäre nicht in der Lage, fremde Hilfe herbeizurufen. All dieser Gründe wegen sollten wir eher nicht danach streben, einen Weltstaat zu errichten.

An dieser Stelle werden jene, die an diesem Ansatz arbeiten, dahingehend verschiedener Meinung sein, wie den im Fähigkeitenansatz verkörperten moralischen Pflichten Geltung verschafft werden kann. Einige werden dafür plädierten, einklagbaren internationalen Abkommen in Bereichen wie Arbeit, Umwelt und Menschenrechten eine starke Position zu verschaffen. Andere werden sogar die Auffassung vertreten, gewaltsame militärische und/oder wirtschaftliche Interventionen seien dann gerechtfertigt, wenn Staaten grundlegenden Anrechten in zumindest einigen dieser Bereiche nicht gerecht werden. Meine eigene Position – sicherlich nicht die einzig mögliche, die Vertreter des Ansatzes verfechten können – ist die, dass die nationale Souveränität hinreichend bedeutsam ist, um Militärinterventionen niemals rechtfertigen zu können, wenn die fragliche Nation ein annehmbares Minimum demokratischer Legitimation besitzt. In Fällen, in denen diese Bedingung nicht gegeben sein sollte, wären Militärintervention aber aus Gründen der Klugheit generell eine sehr schlechte Idee. Auch Wirtschaftssanktionen sollten nur in den gravierendsten Fällen Anwendung finden wie im Falle Südafrikas unter der Apartheid, als ein Großteil der Bevölkerung tatsächlich vom Regierungshandeln ausgeschlossen war. (Wo kein Staat mit einem selbst minimalen Legitimitätsanspruch existiert, verliert das moralische Argument für ein Interventionsverbot seine Kraft, das dennoch häufig durch Klugheitserwägungen vorgeschrieben wird.) Überzeugen zu wollen ist jedoch immer eine angemessene Vorgehensweise. So ist es eine sehr gute Sache, wenn Nationen überzeugt werden können, internationale Vereinbarungen zu ratifizieren, die für menschliche Fähigkeiten wesentliche Bereiche betreffen. Mit der Ratifikation sind diese für die Nation bindend und können mittels normaler, innerhalb des Landes verfügbarer Verfahren wie auch durch Druck seitens der Gemeinschaft der Nationen geltend gemacht werden. Diese Position zur Weltordnungspolitik wird nicht nur denen lau und dürftig erscheinen, die ein schärferes Menschenrechtsregime anstreben, sondern auch jenen, die die Priorität internationaler Vereinbarungen im Bereich menschlichen Wohlergehens vorziehen. Ich sehe meine Position durch solide moralische Argumente gerechtfertigt. Aber die Diskussion sollte und wird fortgesetzt werden.

Die Lösung muss folglich in nicht zu mächtigen, aber dezentralen Institutionen bestehen. Um beurteilen zu können, welcher Grad und welche Art Dezentralisierung optimal wäre, ist noch viel Arbeit zu leisten. Zu den Institutionen, die bei der Lösung globaler Probleme einzubeziehen sind, gehören an prominenter Stelle die existierenden Nationen, die gegenüber ihrer eigenen Bevölkerung verpflichtet sind und, falls es sich um reichere Nationen handelt, gegenüber ärmeren Nationen in der Pflicht stehen. Ein Netzwerk internationaler Verträge und anderer Abmachungen kann der Gemeinschaft der Nationen einige Normen auferlegen, während Unternehmen und Nichtregierungsorganisationen an der Beförderung menschlicher Fähigkeiten in den Regionen, in denen sie operieren, ebenfalls mitwirken können. Eine solche Aufgabenverteilung sollte provisorisch und unabgeschlossen bleiben und wandelnden Bedingungen der Weltgemeinschaft gegenüber offen sein. (Vor fünfzig Jahren konnte die Macht multinationaler Konzerne schwerlich vorausgesehen werden, eine jede Lösung, die sie ausblendete, muss heute modifiziert werden.) Es ist deutlich, dass die weitere Beschäftigung mit diesen bedeutsamen Problemen – die vom Fähigkeitenansatz bisher nicht hinreichend reflektiert worden sind – für die Zukunft von größter Wichtigkeit bleibt.

7. Philosophische Einflüsse

Der Fähigkeitenansatz ist eine moderne Auffassung, besitzt allerdings eine lange Vorgeschichte. Sen und ich haben beide darauf bestanden, dass die hinter ihm stehenden intuitiven Ideen in vielen verschiedenen Kulturen verwurzelt sind, womöglich in allen Kulturen. Fragen über die Chancen und Wahlmöglichkeiten einer Person, darüber, was diese Person wirklich zu tun und zu sein fähig ist, sind allgegenwärtig und im Leben der Menschen universell. Vermutlich finden sie sich nicht nur in jeder Kultur, sondern auch im Leben eines jeden Einzelnen. Darüber hinaus sind auch Unmut und Protest, auf die der Ansatz reagiert, allgegenwärtig. Überall kann man Menschen sagen hören, sie wünschten, x zu tun, nur erlaubten ihnen dies ihre Lebensumstände nicht. Auf diese Art der verbreiteten Unzufriedenheit antwortet der Ansatz: »Ja, in der Tat solltet ihr in einigen besonders bedeutsamen Bereichen in der Lage sein, das zu tun, was ihr vor Augen habt – und wenn ihr dazu nicht in der Lage seid, dann ist dies ein Versagen auf der Ebene grundlegender Gerechtigkeit.« Ich würde noch weiter gehen und vertreten, dass auch der Zusammenhang zwischen einerseits den Chancen der Menschen und andererseits den Ideen der grundlegenden Ansprüche sowie der grundlegenden Gerechtigkeit, die der Ansatz verfolgt, universell ist. In gleicher Weise hat Sen hervorgehoben, dass die Ideen der menschlichen Ansprüche und der Menschenrechte in Indien, China und den Traditionen Europas zu finden ist.

Selbst auf philosophischer Ebene speist sich der Fähigkeitenansatz aus vielen Quellen. Für Sen waren die Ideen von Rabindranath Tagore und Mahatma Gandhi – abgesehen von der Vielzahl früherer rationalistischer indischer Denker – zumindest so prägend wie die westlichen Quellen, die ich hier vorstellen werde. Angesichts der Tatsache, dass Sen ausführlich über die indischen Quellen der eigenen Ideen geschrieben hat und eine bloße Zusammenfassung seiner diesem Thema gewidmeten Schriften nicht besonders sinnvoll wäre, bleibt das vorliegende Kapitel bewusst unvollständig. Meine eigene frauenspezifische Thematisierung von Freiheit und Befähigung ist gleichfalls von Tagores humanistischen philosophischen und literarischen Schriften geprägt. Auch sollten wir berücksichtigen, dass einige europäische Quellen selber mit den indischen Quellen in Verbindung standen, auf die Sen Bezug nimmt. (Tagore und Mill sind gewissermaßen Cousins ersten Grades, denn beide verdanken Auguste Comte intellektuell sehr viel.) Gegenwärtig arbeiten am Fähigkeitenansatz mit großem Eifer Gelehrte aus verschiedenen Nationen und Traditionen, wobei vor allem jene eine wichtige Rolle spielen, die nicht dem euroamerikanischen Traditionszusammenhang angehören. Diese Arbeit macht deutlich, dass der Ansatz von verschiedener Seite Anklang findet und Unterstützung erfährt.

Unter den euroamerikanischen Vorläufern meiner Version des Fähigkeitenansatzes sind die wichtigsten Werke die der griechischen und römischen Antike, obwohl Smith, Kant, Mill und Marx meine Formulierungen in starkem Maße beeinflusst haben. Von größter Bedeutung ist das Werk von John Rawls, insbesondere deshalb, weil es mich überzeugt hat, meine Ansichten als eine Version des politischen Liberalismus darzustellen. Die Auffassungen von T. H. Green und Ernest Barker waren mir, als ich meine Konzeption entwickelte, nicht bekannt. Aber die Entdeckung von Ähnlichkeiten beim thematischen Zugang ist aufschlussreich.

Diese westlichen Traditionslinien sind auch für Sens intellektuellen Hintergrund bedeutsam, zu welchem der humanistische Marxismus, John Stuart Mills Ansichten über Freiheit und Emanzipation, insbesondere aber Adam Smiths Schriften über die Wirtschaft wie auch über die ethischen Gefühle gehören. Weil Smith eine der Hauptquellen der Neufassung und Wiederbelebung aristotelischer und stoischer Ideen in der Moderne ist, hat Sen über die lebenslange Beschäftigung mit Smith einen Zugang zu diesen früheren Texten. Ferner war Ernest Barker eine solch intellektuell überragende, Generationen von Gelehrten prägende Persönlichkeit in Cambridge, dass es kaum überraschen würde, wenn der Einfluss seines Neoaristotelismus den jungen Sen erreicht hätte.

Dieser Exkurs zur Geistesgeschichte ist nicht Teil der Rechtfertigung des Ansatzes, der aus sich heraus gerechtfertigt werden kann. Allerdings wird durch ihn deutlich, dass solche Ideen breiten Widerhall finden und von weitreichender Anziehungskraft sind. Dies wiederum mag belegen, dass sie in einer Gesellschaft, zu der viele umfassende Wertlehren gehören, Gegenstand eines übergreifenden Konsens' werden können.

7.1 Aristoteles und die Stoa

In gewissem Sinne bildet Sokrates die früheste westliche Quelle des Fähigkeitenansatzes. Denn er betonte die Wichtigkeit kritischen Denkens im Dialog mit anderen. Eine politische Theorie hat Sokrates jedoch nicht entwickelt. Die früheste und bedeutsamste westliche Geschichtsquelle des Fähigkeitenansatzes stellt mithin das politische und ethische Denken des Aristoteles dar. Dieser war überzeugt davon, dass politische Planer begreifen müssen, was Menschen für eine erfüllte Lebensführung benötigen. Ausdrücklich sagte er, seine ethischen Schriften über das erfüllte Menschenleben habe er als Anleitungen für die künftigen Politiker seiner Gesellschaft verfasst, damit diese verstehen, was es ist, das sie zu erreichen streben.

Weil für Aristoteles die Wahlentscheidung von höchster Wichtigkeit war – ein Handeln zählt in keiner Weise als tugendhaft, es sein denn, es ist durch Überlegung und Wahl des Akteurs selber vermittelt –, lehrte er die Politiker nicht, einen jeden Menschen erstrebenswerte Handlungen vollziehen zu lassen. Hingegen sollten sie auf die Erzeugung von Fähigkeiten oder Chancen hinarbeiten. Aristoteles war kein Liberaler, aber er glaubte, eine wahllos erlangte Befriedigung sei der Würde des Menschen unangemessen. Auch verstand er, dass selbst dann, wenn keine Beschränkungen existieren, sinnvolle Entscheidungen möglicherweise durch einen Mangel an Bildung oder solche Arbeitsbedingungen behindert werden, die sich zu informieren und eigene Überlegungen anzustellen ausschließen. Politische Planung solle sich, so Aristoteles, »vor allem« auf die Ausbildung der Jugend konzentrieren, denn die Vernachlässigung der Bildung füge dem politischen Leben großen Schaden zu. Wiederholt bestimmte er in seinen Schriften verschiedene Niveaus menschlicher Fähigkeit (oder *dynamis*), die in etwa den von mir eingeführten Unterscheidungen entsprechen (angeborene Fähigkeiten, entwickelte interne Fähigkeiten und schließlich kombinierte Fähigkeiten).

Das Streben nach Reichtum stelle, davon war Aristoteles fest überzeugt, für eine vernünftige Gesellschaft kein geeignetes und umfassendes Ziel dar. Reichtum ist ihm nur ein Mittel. Die menschlichen Werte, an denen sich die politische Planung zu orientieren habe, würden, sollte man Reichtum als Wert an sich verstehen, völlig ruiniert und entstellt. Auch befürwortete Aristoteles keine Position, die als übergreifenden Zweck politischer Planung nur ein einzelnes, homogenes, nur quantitative Unterschiede zulassendes Ziel postuliert. In der facettenreichen Wiederbelebung aristotelischen Denkens, die auf die gegenwärtige Moralphilosophie beträchtlichen Einfluss hat, sticht die dem Fähigkeitenansatz so wichtige Frage der Nichtvergleichbarkeit zu Recht hervor.

Obwohl Aristoteles den Utilitarismus als solchen nicht kannte, war er sich der hedonistischen Ansichten vom guten Menschenleben bewusst, die das Gute mit dem größten Nettoüberschuss des Vergnügens über dem Schmerz identifizieren. Er entwickelte eine Reihe von Argumenten gegen den Hedonismus, die sich heute effektiv gegen den Utilitarismus in der Tradition Benthams vorbringen lassen. (Mit Mill war Aristoteles der Auffassung, dass Vergnügungen sowohl qualitativ als auch quantitativ differieren; ferner behauptete er, einige Vergnügungen seien verwerflich und sollten als Argumente zugunsten eines Projekts nicht zählen, während einige entscheidungswürdige menschliche Tätigkeiten, wie etwa der Einsatz des eigenen Lebens für das eigene Land, kein Behagen verschafften; andere wiederum, wie das Sehen, Erinnern und Wissen, würden wir wählen, auch wenn sie nicht vergnüglich wären.) Generell behauptete Aristoteles, Vergnügen und Triebbefriedigung seien als Wegweiser dafür ungeeignet, was in einer Gesellschaft gefördert werden sollte. Denn Menschen lernen, Vergnügen aus allen möglichen, guten wie schlechten Dingen zu erlangen, in Abhängigkeit von der Erziehung, die sie erhalten hatten.

Jedes respektable politische Vorhaben sollte folglich eine Reihe verschiedener und aufeinander nicht zu reduzierender Güter befördern, einschließlich der Entfaltung und Entwicklung unterschiedlicher menschlicher Fähigkeiten. Des Weiteren sollte er von dem Bestreben getragen sein, diese nicht nur für eine Gesamtheit, sondern für alle Bürger und jeden einzelnen zu erlangen (»alle und jeden einzelnen«, so Aristoteles in Abgrenzung dieser Zielvorstellung von Platons Ständeideal). Angesichts der Staatsvorstellung Platons, der zufolge der umfassende gute Zustand der Gesellschaft durch die permanente Unterordnung einer Klasse von Bürgern (vermeintlich) befördert wurde, verwarf Aristoteles die Idee ständestaatlichen Gedeihens als verworren: »Eine Stadt setzt sich […] nicht nur aus einer größeren Anzahl von Menschen zusammen, sondern auch aus einer solchen, die der Art nach verschieden sind, denn ein Staat entsteht nicht aus Gleichen. […] das, was als Gut einer Sache anzusehen ist, [verleiht] dieser dauerhaften Bestand.«[4]

---

[4] Aristoteles, Politik, ed. Schütrumpf, Buch II, 1261a22, b9.

Viele politische Denker aus der erst weit später einsetzenden Tradition des Liberalismus waren zu ähnlichen Einsichten gelangt. Was Aristoteles eine für das politische Denken bleibende zentrale Bedeutung verleiht, ist die Art, in der er ein Verständnis der Wahlentscheidung und deren Bedeutung mit einer Einsicht in die Versehrbarkeit der Menschen verknüpft. Als großer Biologe und Sohn eines Arztes war er nie versucht, den Menschen als entkörperlichte Schöpfung aufzufassen. Seine Studenten tadelte er dafür, den Tierkörper und die unangenehmen Dinge, aus denen er besteht, mit Abscheu zu betrachten. Er erkannte im Menschen eine Art Tier und sah, dass alle Tiere die Stufen der Kindheit und des Erwachsenseins durchlaufen und, sollten sie weiterleben, das Greisenalter mit seinen vielen Gebrechen erreichen. (Er widmete eine ganze Abhandlung dem Alter, eine andere dem Schlaf, eine weitere dem Gedächtnis und seinen Mängeln.)

Weil Aristoteles die Versehrbarkeit der Menschen erkannte, sah er auch, dass die Regierung sich solchen Problemen wie der Versorgung mit sauberem Wasser, der Sauberkeit der Luft wie auch der Bildung zuzuwenden hat. Die Versehrbarkeit lässt sich natürlich nicht gänzlich aufheben, aber Aristoteles betonte, wie es manchen Städten gelingt, auf die Mängel der Menschen besser als andere eingestellt zu sein. Er schlug vor, die Regierung solle sich um die Ernährung kümmern, indem sie Gemeinschaftsessen veranstaltet, die der Verbundenheit, der Freundschaft, aber auch der Gesundheit förderlich sind. Die Reicheren hätten für ihre Gerichte selber aufzukommen, die Teilnahme der Ärmeren aber sollte von der Stadt unterstützt werden. Diesem Plan zufolge wäre gut die Hälfte des Stadtlandes in öffentlichem Besitz, dessen Ertrag sowohl den Gemeinschaftsessen als auch den Bürgerfesten zugutekommen würde (wie auch den Festveranstaltungen, auf denen zu seiner Zeit Tragödien zur Aufführung kamen). Selbst Land in Privatbesitz wäre für Bedürftige verfügbar. Dies sind einige der Schlussfolgerungen, die Aristoteles aus seiner Vorstellung zog, dass es Aufgabe der Regierung sei, allen Bürgern zu ermöglichen, entsprechend ihrer Wahl ein gedeihliches Leben zu führen.

Das philosophische Denken des Aristoteles unterliegt einigen schwerwiegenden Beschränkungen. Obwohl seine ideale Stadt insofern demokratisch ist, als die Bürger abwechselnd regieren und regiert werden sollen, fasste er die entsprechende Teilnehmergruppe viel zu eng. Mit einem System wie dem der Athener seiner Zeit war er zufrieden, in dem nur erwachsene, nicht zugezogene männliche Bewohner wahlberechtigt waren und Sklaverei praktiziert wurde. Auch hätte er noch weitergehende Beschränkungen als die in Athen umgesetzten gutgeheißen: Handwerker, Bauern und Seeleute wären in seiner idealen Stadt von der Bürgerschaft ausgeschlossen gewesen. Aristoteles schien die grundlegende Idee menschlicher Gleichheit zu fehlen, des Wertes, den alle Menschen über alle Unterschiede des Geschlechts, der Klasse und der Ethnizität hinweg teilen. Ferner ist ihm nicht einmal die Frage nach möglichen Verpflichtungen in den Sinn gekommen, Menschen jenseits unserer eigenen Landesgrenzen zu unterstützen. Gleich allen anderen griechischen Denkern zeigte er sich der Überlegung gegenüber verschlossen, dass sich die umfassenden, die Lebensweise betreffenden Auffassungen der Menschen unterscheiden und die Regierung die Menschen achten solle, indem sie ihnen Möglichkeiten eröffnet, entsprechende Wahlentscheidungen zu treffen. Aristoteles nahm an, richtig sei es hingegen, die beste Darstellung menschlichen Gedeihens zu ermitteln und dann die Menschen zu befähigen, sich dieser Darstellung folgend zu entwickeln.

Der Stoizismus beseitigte die ersten beiden Mängel, aber nicht den dritten. Als einflussreichste Schule ethischen und politischen Denkens der griechisch-römischen Antike und vielleicht einflussreichste Philosophenschule über die gesamte westliche Tradition hinweg war ihre Autorität (insbesondere in Rom) so umfassend, das sich jeder Gebildete, aber auch viele der nicht gebildeten Menschen auf eine gewisse Weise von ihm leiten ließen. Selbst nachdem das Christentum den Stoizismus als Alltagsglauben des Römischen Reiches ersetzt hatte, war dies ein zutiefst durch den Stoizismus geprägtes Christentum. Die gesamte Geschichte des darauf folgenden westlichen Denkens in der europäischen christlichen Tradition ist durch philosophische Ideen der Stoa geprägt. (Die Idee eines »Naturgesetzes«, eine der Hauptquellen der modernen Menschenrechtsbewegung, ist vorrangig eine Idee der Stoa. Sie wurde von mittelalterlichen Aristotelikern entwickelt, aber neuzeitliche protestantische Denker wie Grotius und Kant lasen die Stoiker selber und leiteten aus ihren Schriften Vorstellungen über internationale Verpflichtungen und Ansprüche ab.)

Die Stoiker lehrten, dass jedes einzelne Menschenwesen, allein vermöge seines Menschseins, Würde besitzt und Ehre verdient. Unsere Fähigkeit, ethische Unterscheidungen zu treffen und ethische Urteile zu fällen, wurde als »innerer Gott« verstanden und als schlichtweg so wertvoll, um in höchster Weise geschätzt zu werden. Das ethische Vermögen findet sich in allen Menschen, Männern und Frauen, Sklaven und Freien, Hochwohlgeborenen und einfachen Leuten, Reichen und Armen. Wo immer wir diese grundlegende Fähigkeit entdecken, haben wir sie folglich zu achten und diese Achtung sollte in jedem Falle gleich sein. Die durch die Gesellschaft erzeugten künstlichen Unterscheidungen hätten als trivial und unbedeutend zu gelten. Diese Idee der gleichen Achtung der Menschheit liegt dem »Naturgesetz« zugrunde, dem moralischen Gesetz, das uns selbst dann leiten soll, wenn wir uns außerhalb des Bereichs des positiven Gesetzes befinden. (Später haben sich dann christliche Ideen der Menschengleichheit, selbst stark vom Stoizismus geprägt, mit den stoischen Idealen vereinigt, um Vorstellungen gleicher menschlicher Anrechte größeres Gewicht zu verleihen.)

Mehr als andere setzten die Stoiker ihre Ansichten in der Praxis um: Sie kämpften für die Gleichberechtigung von Frauen im Bildungssektor, zählten einen früheren Sklaven (Epiktet) und einen Fremden aus den Grenzregionen des Reichs (den in Spanien geborenen Seneca) sowie verschiedene Frauen (deren Schriften leider nicht erhalten sind) zu den Ihrigen – ganz zu schweigen vom »neuen Mann« Cicero, dessen nichtaristokratische Herkunft beständiges Thema seiner Schriften ist. Weil ihr Denken nicht durch die Mauern des Stadtstaates beengt war, entwickelten sie ausgefeilte Konzeptionen zu den Pflichten gegenüber der Menschheit, einschließlich des angemessenen Verhaltens in Kriegszeiten. Diese Ideen hatten prägenden Einfluss auf die neuzeitlichen Gründungsväter des Völkerrechts wie Grotius, Pufendorf und Kant.

Die Idee menschlicher Würde und ihres grenzenlosen und gleichen Wertes – hierin besteht der wesentliche Beitrag des Stoizismus zum Fähigkeitenansatz. Aber welche politischen Prinzipien und Handlungen werden mit dieser Idee verbunden? Cicero und die Stoiker waren der Auffassung, die menschliche Würde dürfe niemals missbraucht werden, indem sie Gegenstand der Willkür eines anderen wird. Weil Menschen Würde zukommt und sie keine bloßen Objekte sind, sei es unvernünftig, sie als bloße Objekte zu behandeln und sie ohne deren Zustimmung herumzukommandieren. Und weil menschliche Würde gleiche Würde ist, stelle es eine Abscheulichkeit dar, unter den Menschen Rangfolgen und -ordnungen aufzustellen, die einigen erlauben würden, andere zu tyrannisieren.

Die Römer selber zogen eine Reihe anderer politischer Lehren aus diesen Ideen. Cicero, ein leidenschaftlicher Verteidiger der römischen Republik in den Zeiten ihres Niedergangs, war überzeugt, die menschliche Würde bedürfe republikanischer Institutionen, die Menschen ermöglichten, ohne die Willkür der Tyrannei sich selbst zu regieren. In dieser Hinsicht verteidigte er den Mord an Julius Caesar und setzte sein Leben für die Verteidigung der Republik aufs Spiel (und verlor es letztlich dadurch). (Die Einsichten Ciceros sind auf vielfältige Weise im Fähigkeitenansatz integriert.) Andere führende Römer waren, ob nun Stoiker oder nicht, mit Cicero hinsichtlich der Republik völlig einer Meinung. Zwei gegen das Reich in dessen Frühzeit gerichtete Widerstandsbewegungen waren in der Stoa verwurzelt. Allerdings glaubten manche Römer, dass nur die Monarchie dem Aufruhr des Bürgerkrieges ein Ende setzen kann. Einige spätere römische Stoiker dachten, oder sagten zumindest – die Redefreiheit war im Römischen Reich eingeschränkt –, eine hinreichend rechenschaftspflichtige Monarchie sei möglicherweise vertretbar. Einer, Mark Aurel, ließ sich adoptieren und selber zum Kaiser machen. Die Erfahrung der Herrschaft erwies allerdings, dass Cicero Recht hatte: Ist die Monarchie erst einmal installiert, hindert sie nichts daran, in Willkür und Gewalt abzugleiten. Im Laufe der Zeit schien es dem stoischen Denken deshalb zunehmend vernünftig, sich entschieden der Idee haftbarer republikanischer Institutionen zu verschreiben: Nur innerhalb dieser sei es Menschen möglich, ihrer Würde gemäß zu leben.

Allerdings enthielt der Stoizismus auch Ansätze für eine eher quietistische Antwort, die seine antiaristotelischen Ideen über die Unversehrbarkeit des Menschen nahelegen. Weil die Stoiker lehrten, Würde sei von höchster Bedeutsamkeit und materielle Bedingungen seien völlig unbedeutend, ließ sich die Behauptung aufstellen, die Seele sei innerlich von jeher frei, ob sie nun Institutionen von außen her knechten oder nicht. Ein schlagendes Beispiel für dieses Problem bietet Senecas berühmter Brief über die Sklaverei, welcher die Sklavenhalter auffordert, ihren Sklaven Achtung zu zollen und diese wie vollwertige und gleiche Menschen zu behandeln. Die Institution der Sklaverei greift Seneca jedoch nicht an, die er mit einem würdevollen, freien Innenleben für vereinbar hält. Diese verstörende Folgerung ist nicht der Beeinträchtigung der stoischen Verpflichtung gegenüber der Idee der Gleichwertigkeit aller Menschen geschuldet, sondern vielmehr der Verleugnung der aristotelischen Vorstellung menschlicher Versehrbarkeit: Äußerliche Bedingungen seien für das Bemühen eines Menschen, ein gutes Leben zu führen, nicht wirklich bedeutsam. Gesetz und Regierung hätten somit nicht die Pflicht, diese Bedingungen zu schaffen.

7.2 Das 17. und das 18. Jahrhundert: Naturgesetz und menschliche Versehrbarkeit

Es charakterisiert das mit dem »Naturgesetz« beschäftigte Denken des 17. und 18. Jahrhunderts – und damit den Kern der jenen Menschen vermittelten klassischen Lehre, deren Bestimmung in Politik und Regierung lagen –, dass es aristotelische mit stoischen Elementen verschmolz. Obwohl verschiedene Kombinationen dieser Ideen möglich waren, bestand doch eine ansprechende, dauerhafte und mit den etablierten christlichen Glaubenslehren verträgliche Allianz in der Vereinigung von stoischen Vorstellungen der Gleichwertigkeit aller Menschen mit denen des Aristoteles über deren Versehrbarkeit. Trotzdem die stoischen Überlegungen zur Unversehrbarkeit der Seele ihre Anziehungskraft nicht verloren, erhielt Aristoteles' Ansicht enormen Nachdruck durch den Alltagsverstand und die Erfahrungen des Großteils der Menschen, die ihre Verluste betrafen, die Gebrechen des Alters, Schäden durch Kriege usw. Hugo Grotius, Adam Smith, Kant und die amerikanischen Gründungsväter anerkannten einerseits die stoische Idee der gleichen Würde, während sie sich andererseits an Aristoteles orientierten, um die Vielfalt der Wege zu verstehen, auf denen Menschen für ihr gutes Leben Hilfe seitens der Welt benötigen.

Eine besonders interessante Verwendung dieser Mischauffassung findet sich bei Roger Williams, einem britischen klassischen, in der Tradition des stoischen Naturgesetzes ausgebildeten Gelehrten, der nach Amerika auswanderte. Williams gründete die Kolonie von Rhode Island, die erste, die wirkliche Religionsfreiheit verwirklichte. Seine überzeugenden philosophischen Schriften über die Gewissensfreiheit beschrieben Gewissen als eine Quelle gleicher Würde aller Menschen (womit er der Stoa folgte), aber sie betonten zugleich die entscheidende Bedeutung, die innerweltlichen Bedingungen dafür zukommt, dass sich das Gewissen, ohne entstellt und unterdrückt zu werden, entfalten kann (womit er Aristoteles folgt). Die Fähigkeit, frei die eigene religiöse Bestimmung zu suchen, ist Teil der zentralen Fähigkeiten. Williams' Schriften und seine politische Tätigkeit helfen uns zu verstehen, worin die durch Regierungen zu leistende Beförderung dieser Fähigkeit bestehen sollte.

Das 18. Jahrhundert begeisterte sich zu weiten Teilen an den stoischen Vorstellungen gleicher Würde. Diese prägten republikanische Denker zu beiden Seiten des Atlantiks, für welche die Hauptaufgabe des Republikanismus, mit Blick auf die Stoa, in der Verhinderung von Willkürherrschaft und Gruppenhierarchien bestand. In den meisten Fällen wurden diese Ansichten aber verbunden mit der aristotelischen Auffassung menschlicher Versehrbarkeit übernommen. Dies führte zu der Überzeugung, die Aufgabe der Regierung bestehe im Schutz bestimmter, Menschen zentral auszeichnender Fähigkeiten, auf dass diese sich entwickeln und wirksam werden. An dieser Stelle mögen zwei Schlüsseltexte genügen, von denen jeder in seiner Weise bedeutsam ist und gleichfalls im Prozess der Gründung der Vereinigten Staaten von erheblichem Einfluss war. Der erste Text ist *The Wealth of Nations* von Adam Smith, ein Werk, das sowohl das europäische Denken (zum Beispiel Kants) als auch die Gründung der Vereinigten Staaten zutiefst prägte.

Die Schriften von Adam Smith sind voller Gedanken, die er dem Stoizismus entnimmt; auch wendet er sich an ein Publikum, von dem er glaubt, dass es ebenfalls tief von dessen Ideen geprägt ist. Da er aber die stoische Lehre der Unversehrbarkeit ablehnt, wendet er sich an Aristoteles, um ein angemessenes Verständnis des Werts der Familie, der Freundschaft und einer Vielzahl der materiellen Bedingungen menschlichen Gedeihens zu erlangen.

Einige der Hindernisse, die Smith zufolge im England seiner Zeit der Ausprägung menschlicher Fähigkeiten im Weg standen, waren verquere und übergriffige gesetzliche Restriktionen, wie etwa Handelsbeschränkungen und gegen die Freizügigkeit der Arbeit gerichtete Auflagen. In Fällen wie diesen drängte Smith auf Deregulierung, womit er für Vertreter des Libertarismus einer der beliebtesten Gewährsmänner wurde. Offenkundig ist eine solche Smithinterpretation unangemessen. Für Smith war immer die entscheidende Frage, welche Form des Regierungshandelns es Menschen erlaubt, ihre Fähigkeiten zu entwickeln, und die Achtung der Gleichheit unter ihnen billigt. Wenn ihm das Regierungshandeln die Entwicklung menschlicher Fähigkeiten zu behindern schien, plädierte er für dessen Einschränkung – aber natürlich war er sich dessen wohl bewusst, dass es, um Gesetze aufzuheben, der Gesetze bedarf. So unterstützte er die Abschaffung der Berufslehre und die Einführung von Gesetzen gegen

Monopole. Auch plädierte er für Restriktionen des Lobbyismus seitens mächtiger Finanzinteressen, die seiner Auffassung nach zu extremen Ungleichheiten hinsichtlich der Einwirkungsmöglichkeiten der Bürger auf den politischen Prozess führen und sicherstellen, dass die Regierung zur Geisel dessen wird, was er als »stehendes Heer« vermögender Eliten bezeichnete. Auch befürwortete er die Abschaffung der Sklaverei und engagierte sich sogar in dieser Angelegenheit. In gewissen Grenzen stimmte er Lohnverordnungen zugunsten von Arbeitern zu. Insbesondere war er hierbei daran interessiert, dass allen Arbeitern der »niedrigste Lohnsatz« garantiert werde, der »mit der gemeinen Menschlichkeit übereinstimmt«, womit Smith ein Einkommen meinte, das einen Hausstand mit Ehefrau und einer solchen Anzahl an Kindern gewährleistete, die sicherstellt, dass zwei das Erwachsenenalter erreichen. Diese Vorschläge werden durch gerechtigkeits- und nutzenbezogene Überlegungen gestützt. Seine Sorge um die gleiche Achtung machte an nationalen Grenzen nicht halt. Unermüdlich bekämpfte er den Kolonialismus mit der Begründung, dieser sei eine Methode der Ausbeutung der in den Kolonien lebenden Menschen, die sowohl ihre politische Selbstbestimmung als auch ihre Verfügung über die eigenen Wirtschaftsressourcen verlören.

Smith verteidigte den Staatsinterventionismus auf besonders rigorose Weise unter anderem mit einer Reihe von Argumenten, die sich auf den hinteren Seiten von *The Wealth of Nations* befinden, mit denen er fordert, die Regierung solle die allgemeine unentgeltliche Schulpflicht verfügen. Die existierte zur Zeit der Abfassung der Schrift in Schottland, wurde in England allerdings überhaupt nicht beachtet. Diese Diskussion erfolgt im Zusammenhang einiger aristotelischer, die Vergeudung menschlicher Fähigkeiten unter den arbeitenden Schichten betreffenden Erkenntnisse. Schon zu Beginn des Werks hob Smith die Tatsache hervor, dass Gewohnheit und Bildung bei der Gestaltung menschlicher Fähigkeiten eine grundlegende Rolle zukommt: Der Philosoph und der Straßenbote unterscheiden sich durch die Bildung, nicht aber von Natur her, obwohl der Philosoph seiner »Eitelkeit« wegen das Gegenteil vermutet. *The Wealth of Nations* widmet sich zu erheblichen Teilen dem Nachweis der vielen Faktoren, die Entwicklungsmängel wesentlicher menschlicher Fähigkeiten verursachen können. Einige dieser Faktoren sind unmittelbar physischer Natur. Elend sei dem Leben wie der Gesundheit von Nachteil. Einige Nationen seien so arm, dass sie Kinder töten und die Alten und Kranken von wilden Tieren fressen lassen. Selbst in Großbritannien war, so behauptete Smith, die hohe Kindersterblichkeit ein Merkmal der arbeitenden, nicht aber der vermögenderen Schichten. »Elend«, so bemerkte er, »ist, obwohl sie nicht deren Zeugung verhindert, dem Aufziehen der Kinder äußerst nachteilig. Wohl lebt die zarte Pflanze, allerdings in so kaltem Boden und so widrigem Klima, dass sie binnen Kurzem welkt und stirbt.« Andernorts verallgemeinert Smith das, worum es ihm geht: Eine jede Schicht, die vom gezahlten Lohn den Lebensunterhalt nicht bestreiten kann, befalle die Plage »des Mangels, des Hungers und des Todes«.

Diese Textstellen zeigen, dass Smith mit den Stoikern bricht und eine an Aristoteles orientierte Darstellung vom Menschen und dessen Grundbedürfnissen entwickelt. Er erinnert seine Leser daran, dass menschliche Würde nichts ist, das unverwüstlich wäre. Eher gleicht sie einer »zarten Pflanze«, die welkt, wenn der Boden kalt und das Klima widrig ist. Damit ist gemeint, dass die Ansicht, die Verteilung materieller Güter sei für die menschliche Würde ohne Belang, nicht vertreten werden kann: Denn Würde verlangt als äußerstes Minimum Leben. Das Leben der Kinder aber hängt von jenen materiellen Vorkehrungen ab.

Im Zusammenhang dieser ausführlichen Thematisierung der Bildung findet sich Smiths umfassendste Ausarbeitung seiner Vorstellungen über die Brüchigkeit menschlicher Würde. Dabei stellt er sich der Frage, ob der Staat die Verantwortung für die Ausbildung seiner Bürger übernehmen soll und wenn ja auf welche Weise. Er bemerkt nun, dass die neuerdings in Mode kommende Arbeitsteilung in Verbindung mit einem Mangel an allgemeiner Bildung äußerst verderbliche Auswirkungen auf die menschlichen Fähigkeiten hat:

»Der Mensch, dessen ganzes Leben in der Ausführung weniger einfacher Operationen aufgebraucht wird, deren Wirkungen möglicherweise ebenfalls die gleichen oder nahezu die gleichen sind, hat keine Gelegenheit, seinen Verstand zu gebrauchen [...]. Normalerweise verliert er deshalb die Gewohnheit eines solchen Gebrauchs und wird üblicherweise so beschränkt und unwissend, wie dies einem Menschenwesen nur möglich ist. [...] Die großen und umfassenden Interessen seines Landes ist er zu beurteilen überhaupt unfähig; und falls nicht ganz bestimmte Anstrengungen unternommen werden, um ihn zu ändern, wird er gleichermaßen unfähig sein, sein Land in Kriegszeiten zu verteidigen. [...] Aber in jeder entwickelten und zivilisierten Gesellschaft ist dies der Zustand, in welchen die arbeitenden Armen, das ist die große Menge an Menschen, zwangsläufig geraten, es sei denn, die Regierung macht einige Anstrengungen, dies zu verhindern.«[5]

Gefährdet sind, so Smith weiter, nicht so sehr jene Menschen, die nicht in verzweifelter Armut leben. Sollten nämlich deren Kinder letztlich eine monotone Arbeit ausüben, so werden sie davor für gewöhnlich eine Grundschuldbildung erhalten haben. Ferner werden jene, die über ein auskömmliches Einkommen verfügen, normalerweise nicht so viele Stunden pro Tag wie die Armen arbeiten. Sie können somit einen gewissen Teil des Tages dazu nutzen, sich in einem, von ihrem Berufsstand verschiedenen Wissens- oder Tätigkeitsbereich »selbst zu vervollkommnen«. Deshalb braucht sich die Öffentlichkeit um den Verlust ihrer menschlichen Fähigkeiten keine Sorgen zu machen.

Im Falle des gemeinen Volkes ist dies anders. Für die Bildung steht ihm wenig Zeit zur Verfügung. Eltern können sich den Unterhalt ihrer Kinder, selbst wenn diese noch klein sind, kaum leisten. Sobald die Kinder zu arbeiten fähig sind, müssen sie sich, um ihre Existenz zu sichern, ein Auskommen suchen. Auch ist dieser Erwerb im Allgemeinen zu primitiv und monoton, um den Verstand zu trainieren, während er andererseits so andauernd und hart ist, dass er den Menschen wenig Freizeit lässt und sie weniger geneigt macht, sich anderen Dingen zu widmen oder diese überhaupt in Erwägung zu ziehen.

Ohne Bildung ist eine Person »geistig so verstümmelt und entstellt, wie dies für die körperliche Verfassung eines anderen gilt, der entweder einige seiner wichtigsten Körperteile verloren hat oder diese nicht mehr nutzen kann«. Selbst wenn die Bildung der einfachen Menschen nicht zur Mehrung des Gesamtreichtums einer Nation beitragen sollte, »würde es dennoch seine [des Staates] Aufmerksamkeit verdienen, dass sie nicht gänzlich ohne Erziehung bleiben«.[6]

Smith behauptet nun, dass diese schlechte Lage nicht unvermeidlich sei. Kein Staat, so war er überzeugt, könne allen Bürgern eine so umfassende Bildung gewähren, wie sie die Kinder der Reichen gegenwärtig auf Kosten ihrer Eltern erhalten. Aber er sei in der Lage, wie dies in Schottland geschehe, allen »die wesentlichsten Bildungselemente« zukommen zu lassen, indem er von ihnen verlangt, lesen,

[5] Adam Smith, An Inquiry into the Nature and Causes of the Wealth of Nations, London u. Edinburgh 1852, 327.

[6] Ebd., 329.

schreiben und rechnen zu erlernen, ehe ihnen eine bezahlte Anstellung erlaubt wird. Weiter beschreibt er ein geringe Ausgaben verursachendes System der Schulpflicht in Gemeindeschulen, das auf so willkürliche Fächer wie Latein verzichtet, um an deren Stelle wirklich nützliche zu lehren, wie etwa Geometrie und Handwerk.

Smith kam zu einer Erkenntnis, die für den Fähigkeitenansatz von zentraler Bedeutung ist: Die Einsicht nämlich, dass menschliche Fähigkeiten zuerst in statu nascendi unentfaltet vorliegen und auf die Unterstützung durch die Umwelt angewiesen sind – einschließlich jener der physischen Gesundheit und insbesondere hier der geistigen Entwicklung –, wenn sie gemäß der menschlichen Würde reifen sollen.

Wie dies Adam Smith von seiner britischen Leserschaft erwartete, waren die Amerikaner Mitte des achtzehnten Jahrhunderts von den Schriften der antiken griechischen, insbesondere aber der römischen Philosophie geprägt (daneben aber auch durch die Werke von Smith). Ihre Aufmerksamkeit galt eher den Vorstellungen gleicher menschlicher Würde und gleicher Ansprüche als jener wenig verheißungsvollen stoischen Idee der menschlichen Unversehrbarkeit. Nur zu gut verstanden sie, dass Regierungen menschliche Fähigkeiten behindern können, hatten sie doch die Hand des Tyrannen erfahren. Auch waren sie sich dessen bewusst, dass viele menschliche Fähigkeiten nicht in einem Vakuum gesichert werden können: Die Regierung war zu diesem Zweck in die Pflicht zu nehmen. Diese allgegenwärtige Idee findet sich in der Unabhängigkeitserklärung der Vereinigten Staaten. »Wir halten die folgenden Wahrheiten für keines Beweises bedürftig, nämlich dass alle Menschen gleich geboren, dass sie von ihrem Schöpfer mit gewissen unveräußerlichen Rechten begabt sind, dass zu diesen Leben, Freiheit und das Streben nach Glückseligkeit gehören, dass, um diese Rechte zu sichern, Regierungen unter den Menschen eingesetzt sein müssen, die ihre rechtmäßige Macht aus der Zustimmung der Regierten herleiten.« Folglich findet sich im weiteren Text die Behauptung, dass eine jede Regierung, die an dieser Aufgabe scheitert, zu ändern oder abzuschaffen sei. Ferner betraf eine der zentralen, gegen den britischen König Georg III. gerichteten Anklagen dessen *Tatenlosigkeit:* »Er hat den heilsamsten und für das allgemeine Wohl notwendigsten Gesetzen seine Genehmigung verweigert.«

Folglich ist der Gedanke, die amerikanischen Verfassungsväter seien Vertreter des Libertarismus gewesen oder Anhänger der »negativen Freiheit«, äußerst irreführend. Gleich Smith wussten sie, was sie nicht mochten: eine tyrannische Regierung, die die Menschen zugunsten selbstsüchtiger Eliten schröpft und dabei das Wohl der Menschen ignoriert. Aber der Widerwille gegen eine schlechte Regierung war nicht gleichbedeutend mit einem Widerwillen gegen die Regierung an sich. Um zu verstehen, wie die Kombination der stoischen Idee der Gleichheit und der aristotelischen der Bedürfnisse Eingang in den Regierungsbegriff der Verfassungsväter fand, sollten wir ein Kapitel der *Rights of Man* genauer betrachten, eines Buches, das Thomas Paine, einer der einflussreichsten Denker dieser Zeit, verfasst hat.

Wie andere Intellektuelle zur Zeit der Gründung der Vereinigten Staaten störte auch Paine am Regierungshandeln, das er wahrnahm, vieles: Monarchien und Aristokratien in Europa beuteten üblicherweise das gemeine Volk zum Vorteil weniger aus. Aber Regierungen gründeten, so sah das Paine, auf den natürlichen Rechten der Menschen; ihr wirkliches Ziel sei »das Wohl aller, sowohl der einzelnen wie aller zusammen«.[7] Jedoch verfolgten die bestehenden Regierungen dieses Ziel nicht. Stattdessen handelten sie, um unter den ärmeren Schichten der Bevölkerung »Elend zu erzeugen und zu vergrößern« (320). In dem umfassenden Kapitel unter der Überschrift »Mittel und Wege zur Verbesserung der Lage Europas« plädierte Paine für eine komplette Revision des Regierungshandelns und der Besteuerung. Letztere sollte nicht mehr regressiv sein, sondern progressiv werden. Auf niedrige Sätze müsse völlig verzichtet werden und Eliten seien daran zu hindern, die Besteuerung ihrer Vermögen zu umgehen. (Beißend beschreibt Paine das, »was die Krone genannt wird«, als ein »nominelles Amt von einer Million Sterling das Jahr, wobei das Geschäft darin besteht, das Geld zu empfangen«. (342)) Paine schlägt einen detaillierten Plan progressiver Besteuerung vor, die mit einer Rate von drei Pence pro Pfund beginnt und schon ziemlich bald für ein Einkommen, das eine bestimmte Höhe übersteigt, auf eine Rate von zwanzig Schillingen pro Pfund bzw. 100 Prozent ansteigt! (Paine war selbst Schweden in dessen drakonischsten Zeiten weit voraus.)

[7] Thomas Paine, Die Rechte des Menschen, herausgegeben, übersetzt und eingeleitet von Wolfgang Mönke, Berlin 1962, 306. Weitere hier folgende Zitatnachweise im Text.

Die auf diese Weise erzielten Einkünfte werde man nutzen, um die menschlichen Fähigkeiten hauptsächlich im Bereich dreier Problemgruppen zu befördern: im Bereich der Jungen, der Alten, der Arbeitslosen. Wie Smith befürwortete Paine eine staatlich geförderte obligatorische Grundschulausbildung: »Eine Nation mit einer wohlgeordneten Regierung sollte nicht zulassen, daß irgend jemand ohne Unterricht bleibt. Nur die monarchische und aristokratische Regierung bedarf der Unwissenheit zu ihrer Unterhaltung.« (360) Paine bemerkte, dass junge Menschen oft kriminell werden, weil sie niemals eine Ausbildung genossen hatten, die ihnen Beschäftigungsmöglichkeiten eröffnet hätte, und er schloss, dass dies der Untätigkeit der Regierung geschuldet war. »Wenn wir sehen, wie in Ländern, die zivilisiert genannt werden, das Alter ins Armenhaus und die Jugend an den Galgen wandert, dann muss etwas falsch sein im System der Regierung.« »Eine bürgerliche Regierung«, so fuhr er fort, »besteht nicht in Hinrichtungen, sondern in dem Treffen von Vorkehrungen für die Unterweisung der Jugend und die Unterstützung des Alters, um soweit wie möglich die Verwahrlosung des einen und die Verzweiflung des anderen zu verhindern. Statt dessen werden die Hilfsquellen eines Landes an Könige, Höfe, Mietlinge, Betrüger und Dirnen verschwendet [...].« (328 f.) Paine berechnete, dass ein großer Teil der Armen in England entweder Kinder oder Menschen älter als fünfzig Jahre waren, und er schlug aus dem Überschuss der Steuereinnahmen eine Geldbeihilfe von jährlich vier Pfund vor, die unter der Bedingung gezahlt werden sollte, dass die Kinder zur Schule gehen. Auf diese Weise werde, so bemerkte er, »nicht nur der Armut der Eltern abgeholfen, sondern verbannt wird auch die Unwissenheit der aufwachsenden Generation, was hernach die Zahl der Armen verringern wird, weil ihre Fähigkeiten infolge der Erziehung größer sein werden«. (356) Die Menschen würden folglich Beschäftigungsmöglichkeiten haben, die ihnen gegenwärtig nicht verfügbar sind. Für weniger arme Familien schlug Paine eine Schulbeihilfe pro Kind, einschließlich Zahlungen für Schulsachen, vor. Auch empfahl er großzügige Geldhilfen für über Sechzigjährige. Wiederholt betonte er, »dieser Unterhalt« sei »keine Sache von Almosen, sondern von Recht«. (368) Er sei Teil der allgemeinen Aufgabe der Regierung, die Bürger in jeder Phase ihres Lebens zu unterstützen. Hierzu ergänzte er einen interessanten Vorschlag für Projekte öffentlicher Beschäftigung, um das Problem der Arbeitslosigkeit zu mildern. Paine wollte viel mehr Regierung in Bereichen grundlegenden menschlichen

Wohlergehens und viel weniger Regierung bei der Selbstbereicherung von Eliten.

Wenn wir diese Geschichte studieren, erfahren wir, dass die Grundideen des Fähigkeitenansatzes, einschließlich der Bedeutung, die der Unterstützung des grundlegenden menschlichen Wohlergehens durch die Regierung zukommt, keine kürzlich erfolgten Erfindungen sind und auch nicht nur mit der Sozialdemokratie europäischer Art in Verbindung stehen. Sie gehören wesentlich der Hauptströmung der liberalen Aufklärung sowohl Europas als auch Nordamerikas an. Für die grundlegende Rechtfertigung des Ansatzes ist dieser Gedanke allerdings nebensächlich, denn man sollte nicht aus einer Position philosophischer Autorität heraus argumentieren. Aber wir können hieraus lernen, wie auf die (häufig vorgebrachten) Vorwürfe zu antworten wäre, der Fähigkeitenansatz sei allein für nichtwestliche Nationen und für Entwicklungsländer geeignet, oder auf jenen Einwand, er sei der amerikanischen Tradition fremd. Bedeutsamer ist die hinzugewonnene Zuversicht in unsere eigenen Vorschläge, die wir durch die Erkenntnis erlangen, dass Menschen in verschiedenen Teilen der Welt relativ unabhängig voneinander (relativ unabhängig, denn zumindest einige der amerikanischen Gründungsväter, insbesondere James Madison, kannten die Werke von Smith) ähnliche Ideen als Lösungsangebote für anhaltende Probleme der Menschen immer wieder aufs Neue erfinden. Die Einzelaspekte dieser geschichtlichen Lösungsvorschläge können uns zu neuen Einsichten führen.

7.3 Das 19. und das 20. Jahrhundert: Fähigkeiten versus Utilitarismus und Libertarismus

Weit davon entfernt, ein nur für vorindustrielle Gesellschaften geeigneter Zugang zu sein, hat der Fähigkeitenansatz einige seiner bemerkenswertesten Anwendungen im Kontext moderner Gesellschaften gefunden. In diesen sind mit der industriellen Entwicklung neue Gefährdungen entstanden, die sowohl die Fähigkeiten von Kindern (die bereits frühzeitig zur Fabrikarbeit gezwungen werden) als auch die von Erwachsenen betreffen (die gezwungen sind, unter unsicheren und beschwerlichen Bedingungen zu arbeiten, ohne mächtig genug zu sein, bessere Konditionen auszuhandeln). Zugleich hat die Moderne ein neues Bewusstsein für jene Hindernisse der menschlichen Entwicklung hervorgebracht, die der traditionellen Diskriminierung aufgrund der Ethnie, des Geschlechts und des Behindertseins geschuldet sind – die sich alle als Brennpunkte der neueren Fähigkeitenanalyse erwiesen haben.

Einige gegenwärtig in den Vereinigten Staaten über die menschliche Fähigkeit geführte Diskussionen hatten bemerkenswerte und einflussreiche Vorläufer im Großbritannien des 19. Jahrhunderts. An erster Stelle sind hier die Schriften John Stuart Mills (1806–1873) zu nennen, die die Beziehung zwischen politischer Freiheit und menschlicher Selbstentfaltung aufklärten und den Schaden verdeutlichten, der den Frauen in ihren Chancen und Fähigkeiten durch Diskriminierung zugefügt wurde. (Mill verglich die Restriktionen, dic das diskriminierende, den Ehestand betreffende Rechtssystem auferlegte, mit der Sklaverei. Als Parlamentsmitglied brachte er den ersten Gesetzesentwurf zum Frauenwahlrecht ein.) Mills Gedanken üben einen großen Einfluss auf die Freiheitsvorstellungen in den Vereinigten Staaten aus. Seine geschlechterspezifischen Ideen, zu seinen Lebzeiten in Großbritannien missachtet, sind für Frauenrechtsbewegungen in vielen Nationen nachhaltig prägend.

Kurz nach Mills Tod fanden Ideen der menschlichen Fähigkeit noch umfassendere Anwendung durch T. H. Green (1836–1882), einem Professor für Philosophie, der als Berater der britischen Liberal Party tätig war. Green nutzte aristotelische Vorstellungen, um sowohl den Utilitarismus als auch den Libertarismus zurückzuweisen (die in der Zwischenzeit erheblichen politischen Einfluss gewonnen hatten). Er behauptete, der richtige Weg, die menschliche Freiheit zu schützen, bestehe in der Schaffung von Bedingungen, unter denen Menschen verschiedenster Art, hinreichend durch die Gesellschaft gesichert, Entscheidungen aus einem breiten Spektrum von Möglichkeiten treffen könnten. Green unterstütze einflussreich die Gesetzgebung zur unentgeltlichen öffentlichen Schulpflicht, zu Arbeitsschutzvorschriften, der Begrenzung der Arbeitszeit, zum Verbot der Kinderarbeit und zu Beschränkungen jener Art von Verträgen, die Gutsbesitzer mit ihren Pachtbauern abschließen können. Diese Beschränkungen der Vertragsfreiheit seien, so Green, durch den Rekurs auf »jene allgemeine Freiheit« zu rechtfertigen, »die Mitglieder [der Gesellschaft] besitzen, damit sie das Beste aus sich machen können, eine Freiheit, die die bürgerlichen Gesellschaft bestrebt sein muss zu sichern«. Er unterstützte die Bildungsgleichheit für Frauen, obwohl er in Fragen des Wahlrechts hinter Mill zurückblieb. Green starb jung, sein Werk aber wurde von seinem Schüler Ernest Barker fortgeführt, dem ein langes Leben beschieden war (1874–1960). Barker war für viele Jahre Professor an der Universität von Cambridge und sorgte dort dafür, dass Greens Gedanken in vielen Nationen fruchteten, denn Cambridge war zu jener Zeit der Platz der Wahl für Doktoranden vieler Länder. Barker war ein bedeutender Gelehrter griechisch antiken Denkens wie auch ein zeitgenössischer Theoretiker, der die aristotelische Herkunft seiner Ideen deutlich herausstellte. Wie in Großbritannien wurden auch in den Vereinigten Staaten solche Ideen durch Gesetzgebungsverfahren vorangebracht, die Arbeitnehmerrechte wahrten, die Schulpflicht einführten, die Schuldbildung von Kindern der Ärmeren förderten und letztlich wehrlose Minderheiten vor der Diskriminierung schützten. Dies geschah vor allem in Zeiten des *New Deal* und der *Great Society*.

8. Fähigkeiten und aktuelle Themen

Der Fähigkeitenansatz schlägt spezifische Methoden für den Umgang mit einer Reihe von Problemen vor, die gegenwärtig die Sozial- und Politiktheorie herausfordern. In einer Vielzahl von Themenbereichen leistet die Fähigkeitentheorie wegweisende Arbeit. Deren Darstellung hier muss oberflächlich bleiben, jedoch zeigt sie, dass der Ansatz eine neue und relativ geeinte Sicht auf die Probleme verspricht, die oftmals getrennt voneinander abgehandelt werden. Die Auflistung ist in gewissem Maße willkürlich, andere Themen ließen sich umstandslos hinzufügen (wovon mir drei sofort in den Sinn kommen, nämlich Migration, das Internet und die globale Erwärmung).

8.1 Benachteiligung

Seit vielen Jahren wird in der Entwicklungsökonomie über die angemessene Auffassung von Armut und Benachteiligung debattiert. Sen argumentiert seit langem dafür, Armut lasse sich am besten als Fähigkeitsversagen verstehen und dürfe nicht einfach als Güterknappheit, nicht einmal als Mangel an Geld und Wohlstand begriffen werden. Zur Armut gehören verschiedene Arten von Chancenlosigkeit, die mit einem Mangel an Einkommen nicht immer in enger Beziehung stehen. Ferner haben gesellschaftlich ausgegrenzte Menschen möglicherweise Schwierigkeiten, Einkommen in wirkliches Handeln zu übersetzen, womit das Einkommen nicht einmal als guter konzeptioneller Ersatz von Fähigkeiten dienen kann. Generell sind Einkommen Mittel für einen Zweck, Fähigkeiten aber sind der Zweck.

Eine besondere Schwierigkeit bei der Bemessung von Armut durch Einkommen besteht darin, dass die vorhandenen Einkommensmaßstäbe sich auf Haushalte beziehen. Die Orientierung am Einkommen bestärkt somit die geschlechtsspezifische Voreingenommenheit in Bezug auf Ernährung, Gesundheitsfürsorge und andere Aspekte von Armut. Wird Armut hingegen als Fähigkeitsversagen betrachtet, befördert dies eine Sichtweise, die danach fragen lässt, wie es einer jeden Person geht, und die auf Verteilungsungleichheiten innerhalb der Familie aufmerksam macht. Auch fordert der Fähigkeitenansatz mit Nachdruck, dass Berechnungen des Einkommens den Wert unbezahlter Hausarbeit einbeziehen, welche ein weiteres Schlüsselproblem relativer Benachteiligung darstellt.

Sens Beschäftigung mit dem Fähigkeitsversagen resultierte aus seiner, mit dem Nobelpreis gekrönten Arbeit über Hungersnöte, in der er hervorhob, dass Hungersnot nicht einfach durch eine Verknappung von Nahrungsmitteln verursacht wird, sondern fehlenden Möglichkeiten geschuldet ist, benötigte Dinge (zum Beispiel aufgrund von Arbeitslosigkeit) zu erlangen. Abhilfe kann deshalb nicht einfach durch Verteilung von Nahrungsmitteln oder Almosen geschaffen werden. Eine wirkliche Lösung würde erfordern, die Probleme des Fähigkeitsversagens gefährdeter Bevölkerungsteile durch Bereitstellung von Beschäftigung und anderen Quellen von Anrechten auf lebensnotwendige Güter anzugehen. Dieser generelle Gesichtspunkt ist mittlerweile Teil allgemein anerkannter, regulärer Untersuchungen geworden.

Der weitere Schritt, über Benachteiligung in Begriffen des Fähigkeitsversagens umfassender nachzudenken, ist, obwohl er naheliegend wäre, noch nicht überall erfolgt. Dies ist zum Teil deshalb noch nicht geschehen, weil die Anziehungskraft solcher Modelle einerseits nach wie vor stark ist, die verschiedene Elemente der Leben aggregieren, andererseits aber auch jener, die Einkommen und Vermögen als Ersatz für andere Lebenschancen verwenden, die Menschen besitzen oder nicht besitzen. In *Disadvantage* sprechen sich Jonathan Wolff und Avner De-Shalit vehement dagegen aus, alle Lebensaspekte auf eine einzige numerische Skala zu reduzieren. Sie zeigen, dass beim Versuch, die Lebenslage benachteiligter Gruppen zu beschreiben und Vorschläge zur Verbesserung ihrer Situation zu unterbreiten, ein jeder Ansatz, der die verschiedenen Elemente der Leben aggregiert, zwangsläufig entscheidende Dinge übersehen wird. Benachteiligung sei, so behaupten sie, irreduzibel pluraler Natur. Auch variieren deren verschiedene Aspekte in beachtlichem Maße unabhängig voneinander und von Einkommen und Vermögen. Dies ist ein Gedanke im Sinne von Sen, nur ist er detaillierter und besser ausgearbeitet. Er kann deshalb vielleicht Menschen überzeugen, die Sen nicht überzeugen konnte. Auch zeigen Wolff und De-Shalit noch eingehender, warum Einkommen und Reichtum für Fragen relativer Benachteiligung kein guter Ersatz sind.

Im Zusammenhang mit dieser allgemeinen Analyse von Benachteiligung erweitern Wolff und De-Shalit den Ansatz in zweifacher Hinsicht. Erstens schlagen sie vor, die Aufmerksamkeit nicht einfach auf das Vorliegen oder Nichtvorliegen von Schlüsselfähigkeiten zu richten, sondern darauf, ob diese *gesichert* vorliegen. Menschen benötigen eine Fähigkeit nicht einfach heute, sondern eine gesicherte Erwartung, dass sie über diese auch zukünftig verfügen werden. Ein auffallender Aspekt von Benachteiligungen besteht darin, dass selbst dann, wenn einer Gruppe eine Befähigung verfügbar ist (zum Beispiel Beschäftigungschancen), diese Gruppe über diese überhaupt nicht verlässlich verfügt. Zweitens empfehlen Wolff und De-Shalit, obwohl sie der These von der eigenständigen Bedeutung jeder Fähigkeit verpflichtet bleiben, eine Studie darüber zu erstellen, wie sich Benachteiligungen aneinanderheften, wobei eine Benachteiligung zur anderen führt *(destruktive Benachteiligungen)* und, in Gegenrichtung, wie bestimmte Befähigungen möglicherweise insofern besonders produktiv sind, als sie andere erschließen.

Die Produktivität einer gegebenen Fähigkeit und die destruktive Wirkung eines gegebenen Fähigkeitsversagens sind empirisch zu klären. Sie werden wahrscheinlich nach Zeit, Ort und den speziellen Problemen der entsprechenden Gruppe der Benachteiligten variieren. Für gewöhnlich jedoch bedeutet eine Variation nur, dass zum Beispiel einige Frauen über die produktive Fähigkeit bereits gesichert verfügen, nicht aber, dass diese nicht produktiv wäre. Für Vasanti und für viele andere arme Frauen ist der Zugang zu Krediten in besonderer Weise produktiv; er eröffnet ihnen den Zugang zum Arbeitsplatz, ermöglicht körperliche Unversehrtheit und die Teilnahme am politischen Leben. Man könnte denken, Kredit sei weniger bedeutsam für Frauen mit soliderem Bildungshintergrund und einer Vergangenheit regulärer Beschäftigung, die in dieser Frage vielleicht weniger Sorgen haben. In Wirklichkeit aber ist für Frauen der Zugang zu Krediten eine Angelegenheit von erheblicher Bedeutung, insbesondere am Ende einer Ehe, in der die Ehefrau auf dem Arbeitsmarkt nicht präsent war. Es kann als gesichert gelten, dass häusliche Gewalt weltweit eine destruktive Wirkung entfaltet und dass, wenn überhaupt, nur wenige Frauen sich in dieser Hinsicht einer vollständig gesicherten Fähigkeit erfreuen. Wolff und De-Shalit sind der Auffassung, dass Zugehörigkeit – also die Verfügbarkeit fördernder und gegenseitig respektierender Beziehungen – in ihren beiden Ländern besonders produktiv ist, wobei wir voraussagen können, dass dies auch andernorts zutrifft: Wer allein auf sich gestellt handelt, wird es schwerer haben, etwas zu erreichen.

8.2 Geschlechterspezifische Themen

In den Arbeiten von Sen und Nussbaum hat der Fähigkeitenansatz das Augenmerk auf die fehlende Gleichstellung von Frauen gerichtet. (In ersten Ansätzen findet sich diese Schwerpunktsetzung in einigen geschichtlichen Vorläufern, etwa bei den Stoikern, bei Smith, Mill und Green.) Für diese Schwerpunktsetzung gibt es zwei eigenständige Gründe: Erstens besitzen diese Probleme einen eminenten Eigenwert. Weltweit sind Frauen in vielfacher Hinsicht benachteiligt, was ein enormes Gerechtigkeitsproblem darstellt. Zugleich handelt es sich dabei um ein entwicklungspolitisches Problem, denn Frauen Chancen zu verweigern bedeutet, die Leistungsfähigkeit vieler Nationen zu beeinträchtigen.

Zweitens bilden diese Probleme einen theoretischen Prüfstein, denn sie veranschaulichen eindrucksvoll, warum entwicklungspolitische Standardansätze (der BIP-Ansatz und utilitaristische Ansätze) unzulänglich sind, der Fähigkeitenansatz hingegen besser abschneidet. Blickt man aus philosophischem Blickwinkel auf diese Probleme, so werden einige Unzulänglichkeiten der Tradition des klassischen Liberalismus deutlich, in der oft die Familie als Teil einer für Fragen gesellschaftlicher Gerechtigkeit tabuisierten »Privatsphäre« betrachtet wurde. (Wie John Stuart Mill betonte, war dieser Schritt, statt dessen natürliche Folge zu sein, mit dem klassischen Liberalismus nicht vereinbar, weil der Liberalismus von Grund auf der gleichen Freiheit und der Chancengleichheit für alle verpflichtet ist. Die Familie aus der Kritik auszusparen bedeutet, ein kleines Stück feudaler Hierarchie aus der Kritik auszuklammern, während der Liberalismus zu Recht alle auf Geburt oder Status gegründeten Hierarchien untergräbt.)

Mein Buch *Women and Human Development* zeigt im Einzelnen, wie sich alternative Ansätze im Bereich der Entwicklungspolitik, insbesondere der Utilitarismus und selbst komplexe Konzeptionen informierter Wünsche, als unzulänglich erweisen, das Problem fehlender Gleichstellung der Frauen anzugehen. Auch thematisiert es die

Hindernisse, die der Gleichheit der Frauen durch unkritisches Festhalten an Traditionen entstehen. Religionen sind nicht in jedem Fall rückschrittlich. Falls sie rückschrittlich sein sollten, dann üblicherweise im Bündnis mit althergebrachten kulturellen Traditionen. Dennoch ist die Religion, weil sie ein Lebensbereich ist, der des Schutzes und der Anteilnahme des Staates bedarf, oft eine Quelle schwer zu treffender Entscheidungen. Denn bestimmte religiöse Forderungen sind mit denen nach der Gleichstellung der Geschlechter unvereinbar. Im Buch wird ein theoretischer Vorschlag zur Lösung solcher Probleme unterbreitet – so findet sich (wie in *Liberty of Conscience*) der Gedanke, der Religionsausübung sollten genügend Freiräume, ja sogar Rückzugsmöglichkeiten aus Gewissensgründen, gegeben werden, der Schutz der zentralen Fähigkeiten sei allerdings immer als ein »zwingendes«, der Religionsfreiheit eine Bürde auferlegendes »Staatsinteresse« zu betrachten. Die Verfassung Indiens enthält ein völliges Verbot der Praktiken der »Unberührbarkeit«, die einen zentralen Aspekt der Tradition des Hinduismus bilden. Dies mag manchen eine Bürde sein. Diese Bürde aber ist, so Gandhi, hinreichend durch das Interesse des Staates an der Beseitigung der Diskriminierung gerechtfertigt. Ebenso verlor in den Vereinigten Staaten die Bob Jones Universität ihre Steuerfreistellung, weil sie Partnerschaften zwischen Menschen verschiedener Hautfarbe verboten hatte. Der Oberste Gerichtshof der Vereinigten Staaten argumentierte, das vollkommen berechtigte Interesse des Staates an der Beseitigung des Rassismus rechtfertige, dieser evangelikalen Gruppe eine finanzielle Bürde aufzuerlegen.

Ähnlichen Zwangslagen begegnet man im Privatbereich der Familie. Selbst wenn wir bestreiten, dass es irgendeinen Bereich menschlichen Lebens gibt, der »privat« in dem Sinne ist, dass er von gesetzlicher Regulation befreit wäre, sollten wir doch zugestehen, dass ein jedes freie Menschenleben auch Räume für den Schutz intimer Beziehungen und für die elterliche, das Kindeswohl betreffende Entscheidungsfindung benötigt. Einige Fragen sind oder wären leicht zu klären: Wir sollten alle dahingehend übereinstimmen, dass häusliche Gewalt und sexueller Missbrauch von Kindern unerbittlich durch den Staat verfolgt werden müssen. Einvernehmen sollte auch hinsichtlich der Illegalität von Kinderehen bestehen sowie dahingehend, dass der freie Entschluss zur Ehe strengstens gewahrt sein muss. Ferner sollte man in der Frage eins sein, dass die Pflicht zur Grund- und Hauptschulbildung wichtige Regelungen für die Beschränkung elterlicher Erziehungsautonomie darstellen (zum Beispiel in Fragen der Entscheidung, aus einem Kind Arbeitslohn zu pressen). Vermutlich lässt sich auch dahingehend Einvernehmen erzielen, dass Mädchen in der Schule eine Vielzahl von Fertigkeiten erlernen müssen – die ihnen dann Möglichkeiten eröffnen, aus traditionellen Rollen auszubrechen – und dass ihnen ihre volle bürgerliche Gleichberechtigung nachdrücklich zu vermitteln ist, gemeinsam mit dem für eine effiziente politische Aktivität erforderlichen Können. Andere Bereiche der Freiheit sind problematischer: Wie zum Beispiel ist der Spielraum zu bemessen, der Eltern in Fragen des Hausunterrichts eingeräumt werden kann, der die Botschaft der Gleichheit nicht mit allem Nachdruck vermittelt? In Indien scheint die Unterstützung seitens der Regierung, die jene Frauenorganisationen erfahren, welche traditionelle Rollen herausfordern und die Botschaft der Autonomie und Gleichheit übermitteln, durch die politische Bedeutung der Fähigkeiten praktischer Vernunft und Zugehörigkeit (von Freundschaft wie politischer Beteiligung) nachdrücklich gerechtfertigt.

Meine anhaltende Beschäftigung mit dem Thema der sexuellen Orientierung ist mit der Idee menschlicher Fähigkeiten eng verbunden, insbesondere mit der Frage, wie eine Diskriminierung, die sich auf die sexuelle Orientierung von Personen richtet, stigmatisiert und die Überzeugung verstärkt werden kann, einige Menschen seien nicht wirklich gleich. Betrachtet man die sexuelle Orientierung im Zusammenhang der vollständigen Fähigkeitenliste, so wird man Grundsätze anstreben wollen, die nicht nur formal fair sind und gleiche Menschen gleich behandeln, sondern tiefer ansetzend die Wurzeln hierarchischer und stigmatisierender Einstellungen ausfindig machen und sich weigern, Maßnahmen zu billigen, die jenen Quellen der Ungleichheit das regierungsamtliche Gütesiegel verleihen. Einigen Betrachtern schienen Gesetze gegen Mischehen formal fair zu sein, weil sie beide Ethnien gleich behandeln: Schwarze konnten keine Weißen heiraten und Weiße keine Schwarzen. Aber der Oberste Gerichtshof der Vereinigten Staaten hatte verstanden, dass Gesetze dieser Art das Stigma der Minderwertigkeit verbreiten. Gleiches gilt auch für Gesetze gegen die gleichgeschlechtliche Ehe, die zuweilen als legitime Maßnahmen der Staatsmacht zur Regelung des Eherechts betrachtet werden – ähnlich der Art, in der Staaten einst ihre Gesetze gegen die Mischehe verteidigten. Sie sind jedoch in ziemlich gleicher Weise unfair, weil sie das Stigma der Minderwertigkeit verbreiten. Auch gehen die als Abhilfe gedachten eingetragenen Partnerschaften nicht weit genug. Hätten Staaten »transethnische Partnerschaften« als Kategorie eigenen Rechts vorgeschlagen, zugleich aber Paaren verschiedener ethnischer Herkunft den Ehestand weiterhin verweigert, dann hätte dies gezeigt, dass Maßnahmen solcher Art das Stigma der Minderwertigkeit bekräftigen, statt es zu beseitigen.

8.3 Behinderung, Altern und die Bedeutung der Fürsorge

Ein drängendes Gerechtigkeitsproblem, mit dem moderne Gesellschaften sich erst jetzt zu beschäftigen beginnen, betrifft die Frage, wie sich die Fähigkeiten von Menschen angesichts der Tatsache befördern lassen, dass sie an einer Vielzahl körperlicher und geistiger Behinderungen leiden können. Die Integration von Menschen mit derartigen Behinderungen auf der Grundlage gleicher Achtung erfordert nicht nur praktische Änderungen, sondern auch ein Umdenken in der Theorie. Wie die volle Einbeziehung von Frauen als Adressaten politischer Gerechtigkeit verlangte, dass Fragen gestellt werden, die bisher niemals gestellt worden waren (hinsichtlich der Gerechtigkeit innerhalb der Familie), so muss auch hier, um den Ansprüchen von Menschen mit Behinderungen Rechnung zu tragen, die grundlegende Idee des klassischen Liberalismus in Frage gezogen werden. Diese Idee besagt, dass das Ziel, die *raison d'être* gesellschaftlicher Zusammenarbeit, der gegenseitige Vorteil sei, wobei Vorteil im eng wirtschaftlichen Sinne verstanden wird. Die ganze Idee des Gesellschaftsvertrags lebt von einer solchen Annahme, weshalb Theorien, die in der kontraktualistischen Tradition stehen, das Problem der Behinderung in der jeweiligen Konzeption nach hinten verlagern mussten, im Anschluss an die dann bereits konzipierten grundlegenden Institutionen der Gesellschaft. Behinderte Menschen sind jedoch Gleiche, die von Anbeginn, also bereits vom konzeptionellen Grundansatz gesellschaftlicher Zusammenarbeit her in Betracht zu ziehen sind. Zu zeigen, dass in der kontraktualistischen Tradition stehende Theorien diesen Herausforderungen nicht durch geringfügige Modifikationen beikommen können, ist eine langwierige und komplizierte Angelegenheit. Diese Aufgabe, die grundlegend in *Die Grenzen der Gerechtigkeit* ist, kann hier nicht hinlänglich zusammengefasst werden. Der Hinweis möge genügen, dass die Aufgabe, Menschen mit Behinderungen wirklich zu integrieren und deren menschliche Fähigkeiten zu befördern, eine Neufassung gesellschaftlicher Zusammenarbeit erfordert, einschließlich der menschlichen Motivation für sie. Eine solche Neufassung muss die Aufmerksamkeit auf Güte und Altruismus lenken, statt sie einfach auf den gegenseitigen Vorteil zu richten.

Nun glaubten natürlich die meisten, in der Tradition des klassischen Kontraktualismus stehenden Denker nicht wirklich, Menschen seien primär egoistisch. (Das ist die Überzeugung von Thomas Hobbes und seinem modernen Gefolgsmann David Gauthier, aber beide sind keine charakteristischen Fälle.) Der Grund für die Annahme des gegenseitigen Vorteils als des Ziels der Vertragsparteien ist einer der Sparsamkeit: Wenn eine gerechte Gesellschaft aus schwachen Annahmen heraus herleitbar ist (anders gesagt unter der Voraussetzung von weit weniger anspruchsvollen Dingen als Altruismus oder Tugend), dann ist dies an sich interessant. Man sollte für die eigene Gedankenführung immer die schwächsten Prämissen wählen, statt die Theorie mit voraussetzungsvolleren oder brisanteren Prämissen zu belasten. Es ist aufschlussreich festzustellen, dass die Theorie auch dann funktioniert, wenn anspruchsvollere Bedingungen nicht gegeben sind. Rawls hat ausdrücklich diese Strategie verfolgt. Locke, der die Benevolenz in den Prämissen seiner Theorie verortet, verfügt in einem gewissen Sinne über eine schwächere Theorie als Rawls: Sie wird nur unter besonderen Bedingungen funktionieren, die vorliegen können, aber nicht vorliegen müssen. Meine Theorie kehrt in der Tat zu Lockes anspruchsvollerem Ausgangspunkt zurück, denn ich bin der Überzeugung, dass wir diesen Ausgangspunkt benötigen, um zu einer Schlussfolgerung zu gelangen, die in angemessener Weise Menschen mit Behinderungen einschließt und unterstützt. Es sollte zugestanden werden, dass der Rückgriff auf stärkere und kontroversere Prämissen, die ein moderates Maß an Geselligkeit und Altruismus erfordern, die Theorie in Zugzwang bringt, nicht nur zu zeigen, dass sie in einer Nation real existierender Menschen ihr Ziel gelten, sondern auch Mechanismen ausfindig zu machen, um Menschen bilden zu können, sodass diese ihren Ansprüchen gut entsprechen. Dass ich in meiner gegenwärtigen Arbeit das Schwergewicht auf Fragen der politischen Motivation und Emotion lege, ist die natürliche Folge dieser Problemlage.

Behinderung ist ein umfassendes Problem, denn geistige und körperliche Beeinträchtigungen, von denen »behinderte Menschen« ihr Leben lang betroffen sind, gleichen in Stärke und Art denen, die »normale« Menschen erfahren, wenn sie altern. Da immer mehr Menschen immer länger leben, wird ein jedes Land mit Behinderung als zunehmendem Problem konfrontiert sein. In manchen Fällen ist die gesamte Lebenszeit einer behinderten Person kürzer als der Zeitabschnitt der Behinderung im Leben eines »normalen« Erwachsenen. Deshalb ist das Problem der Behinderung ein umfassendes Problem, es betrifft nahezu jede Familie in einer jeden Gesellschaft.

Ein Aspekt dieses Problems betrifft die Unterstützung der Fähigkeiten der Menschen mit Behinderungen auf der Grundlage gleicher Achtung: Welche gesellschaftliche und wirtschaftliche Unterstützung, welche Art Anpassungen am Arbeitsplatz, welche bürgerlichen und politischen Rechte wären erforderlich, um diese Menschen als wirklich Gleiche zu behandeln? Ein Bereich gegenwärtiger Forschung ist mit der Klärung dieser Fragen beschäftigt.

Auch muss, und dies ist der andere wesentliche Aspekt, über Pflegearbeit nachgedacht werden. Wie das Kindesalter erfordert auch Behinderung einen großen menschlichen Pflegeaufwand. Gegenwärtig wird dieser in erheblichem Maße von Frauen geleistet, die zu einem großen Teil dafür nicht bezahlt werden, als ob Pflege eine natürliche Folge der Liebe wäre. Pflegearbeit bildet somit eine enorme Quelle geschlechtsbasierter Ungleichheit, weil Frauen durch die häusliche Arbeit in anderen Lebensbereichen Einschränkungen erleiden. Die Lösung dieses Problems hat mehrere Aspekte: Die Öffentlichkeit muss sich mit Elternzeit, krankheitsbedingten Fehlzeiten und Hauskrankenpflege beschäftigen; die Krankenkassen eines Landes müssen einen realistischen Weg finden, um das politisch heikle Problem der Pflege am Lebensende zu thematisieren; Arbeitsplätze sollten flexibler werden, um den Anforderungen zu entsprechen, die sich Frauen wie auch Männern zu Hause stellen: Es geht hierbei um variable Terminplanung, Telearbeit und andere Formen der Anpassung, über die, ohne in Panik zu verfallen, nachzudenken ist. Schließlich müssen Frauen und Männer ein größeres Maß an Gegenseitigkeit entwickeln; die Gesellschaft benötigt neue Vorstellungen von Männlichkeit, denen zufolge solche Dinge zu tun, nicht unmännlich ist, wie etwa den betagten Körper des eigenen Vaters oder der eigenen Mutter zu waschen.

8.4 Bildung

Im Zentrum des Fähigkeitenansatzes steht von Anbeginn die Wichtigkeit von Bildung. Bildung (in der Schule, in der Familie, als

Schwerpunkt von Entwicklungsprogrammen für Kinder und Erwachsene, die von Nichtregierungsorganisationen betreut werden) prägt die bestehenden Fähigkeiten der Menschen, macht aus ihnen *interne Fähigkeiten* verschiedenster Art. Dies ist in sich wertvoll und Quelle lebenslanger Befriedigung. Auch ist es ausschlaggebend für die Entwicklung und Ausübung vieler anderer menschlicher Fähigkeiten – eine »produktive Tätigkeit« von höchster Bedeutung im Kampf gegen Benachteiligung und Ungleichheit. Selbst dann, wenn Menschen nur eine Elementarbildung erhalten haben, verbessern sich deren Beschäftigungsmöglichkeiten, ihre Chancen politischer Teilnahme sowie ihre Befähigungen dahingehend enorm, produktiv mit anderen Menschen in der Gesellschaft zusammenzuwirken, und zwar auf lokaler, nationaler und sogar globaler Ebene. So sind lese- und schreibkundige Frauen in der Lage, mit anderen Frauen, die gleichen Problemen gegenüberstehen, politisch zu kommunizieren. Sie sind nicht länger allein. Auch führen diese Vorzüge zu weiteren Vorzügen: Weil Bildung eine Quelle von Beschäftigungsmöglichkeiten und politischer Macht darstellt, stärkt sie die häusliche Verhandlungsposition, die eine Frau besitzt, verschafft ihr zum Beispiel die Möglichkeit, Drohung und Gewalt besser gewachsen zu sein oder einfach zu gehen, wenn sie den nötigen Wandel nicht herbeizuführen vermochte. Weil Bildung die häuslichen Machtverhältnisse ändert, ermöglicht sie eine fairere Verteilung der Hausarbeit, sie schafft damit Freizeit. Andere, die Fähigkeiten von Frauen stärkenden und erweiternden Interventionen (wie etwa Kredite und Eigentumsrechte) sind auf ähnliche Weise produktiv, jedoch scheint Bildung unter den Bestrebungen, die Nationen zur Beförderung menschlicher Gleichstellung in den letzten zwei Jahrhunderten unternommen haben, eine herausragende Bedeutung zu besitzen.

Indien hat der Bildung den Status eines Grundrechts des Einzelnen verliehen. *Mohini Jain* ist ein Gerichtsfall, dem eine Schlüsselrolle bei der dieses Recht garantierenden Verfassungsänderung zukam. »Die Würde des Menschen ist unverletzbar«, so wurde hier geltend gemacht. »Vornehmlich ist es die Bildung, die die Würde des Menschen hervorbringt.« Das Recht wird als grundlegend dafür erachtet, »sich des Lebens in Würde zu erfreuen«. Es beinhalte (und hier wird aus der Allgemeinen Erklärung der Menschenrechte zitiert) »die volle Entfaltung der menschlichen Persönlichkeit«. *Unnikrishnan* ist der andere Rechtsfall von zentraler Bedeutung. Er unterstreicht, dass sich das »Recht auf Bildung direkt aus dem Recht auf Leben ergibt und mit der Würde des Einzelnen verbunden ist«.

Die Vereinigten Staaten haben der Bildung niemals den Status eines Grundrechts auf nationaler Ebene verliehen, obwohl ihr in einigen Bundesstaaten diese Stellung zuerkannt worden ist. Dennoch besitzt Bildung in der Rechtsprechung auf Bundesebene eine herausgehobene Stellung. In einem der Rechtsfälle von zentraler Bedeutung, *Plyler v. Doe* – der mit einem Gesetz befasst war, das Kindern illegaler Einwanderer die Schulbildung verweigerte – wurde die Bedeutung von Bildung durch den direkten Verweis auf menschliche Fähigkeiten geltend gemacht. Zu Beginn der Ausführungen zur Bildung erfolgt eine grundsätzliche Versicherung der Gleichheit von Personen: »Der Artikel über den gleichen Rechtsschutz folgte der Absicht, nichts weniger zu bewirken als die Abschaffung aller auf Gesellschaftsklassen und unfairer Klassenzugehörigkeit gegründeten Rechtsprechung.« Die öffentliche Bildung, so die Vertreter der Mehrheit, habe eine »zentrale Bedeutung bei der Aufrechterhaltung unseres Gesellschaftsgefüges und unseres politischen wie kulturellen Erbes.« Der Mangel an Bildung fordere jedoch »dem gesellschaftlichen, wirtschaftlichen, geistigen und seelischen Wohlergehen des Einzelnen einen unabsehbaren Tribut ab und steht den Fertigkeiten des Einzelnen im Weg.« Nachfolgend werden diese Punkte erörtert: Bildung sei »nötig, um Bürger darauf vorzubereiten, erfolgreich und klug an unserem offenen politischen System mitzuwirken, wenn wir Freiheit und Unabhängigkeit wahren sollen«. Sie sei gleichfalls entscheidend für die Fähigkeit des Einzelnen, Chancen zu ergreifen und sich zu vervollkommnen: »Analphabetismus ist eine anhaltende Behinderung. Die Unfähigkeit, lesen und schreiben zu können, wird den Einzelnen, dem die elementare Bildung fehlt, jeden Tag seines Lebens benachteiligen. Der unabsehbare Tribut, den der Mangel an Bildung dem gesellschaftlichen, wirtschaftlichen, geistigen und seelischen Wohlergehen des Einzelnen abfordert, und das Hindernis, das er für dessen Fertigkeiten bedeutet, machen es nahezu unmöglich, die Kosten oder das Prinzip einer Verweigerung von Elementarbildung aus Gründen gesellschaftlicher Stellung mit dem im Artikel über den gleichen Rechtsschutz verkörperten Rahmenkonzept der Gleichheit in Einklang zu bringen.« Faktisch wird hier die Meinung vertreten, dass sich – angesichts der zentralen Rolle der Bildung bei der Gewährleistung der menschlichen Entwicklung und Chancenwahrnehmung

– das gleiche Anrecht auf die Vorteile von Bildung aus der gleichen Würde der Personen ergibt.

In Indien und den Vereinigten Staaten, aber auch in vielen anderen Nationen gilt Bildung als wesentlich für menschliche Würde, Gleichheit und Chancenwahrnehmung. Wenn diese Verbindungen so überzeugend sind, wie es den Anschein macht, dann besitzt Bildung im Zusammenhang des Fähigkeitenansatzes verdientermaßen eine zentrale Funktion.

Folglich geht Bildung zusammen mit Lebensdauer in den Human Development Index ein. Jede Nation ist aufgefordert, Bildungserwerb als eines der wesentlichsten Elemente ihrer erfolgreichen Entwicklung zu betrachten. Wie sehr Sen der Beförderung von Bildung verbunden ist, wird an der Tatsache deutlich, dass er die gesamte Geldsumme seines Nobelpreises in den Aufbau einer Stiftung investiert hat (»Pratichi Trust«, benannt nach dem Haus seiner Mutter in Santiniketan, der Stadt, in der Tagore seine berühmte Schule gegründet hatte), die dem Zweck dient, Bildung in Westbengalen, seinem Heimatstaat, zu analysieren und zu entwickeln. Der Pratichi Trust ist eine Forschungsorganisation, keine Geschäftsstelle der Politikplanung. Allerdings stellten seine vernichtenden Gutachten zu den bildungspolitischen Defiziten die Fehler der Lokalregierung ins nationale und internationale Rampenlicht. Insbesondere hat der nachdrückliche Verweis auf solch unlautere Praktiken wie Abwesenheit von Lehrern und »Privatunterricht« (Lehrer geben Kindern begüterter Eltern bezahlte außerschulische Nachhilfestunden) bereits zu ersten Reformschritten geführt: Die mächtige und früher nachlässige Lehrergewerkschaft hat mittlerweile eine klare Position gegen diese Praktiken bezogen.

Verständlicherweise und in gewissem Maße zu Recht liegt der Schwerpunkt dieser Einsprüche auf der Elementarebene von Lesen, Schreiben und Rechnen. Auch ist die Annahme gewiss richtig, dass viele Entwicklungsmöglichkeiten verschlossen sind, wenn diese Fertigkeiten fehlen. Wichtig ist es allerdings auch, die Analyse nicht auf Bildung und Fähigkeiten zu beschränken, die zu diesen Fertigkeiten gehören. Eine wirkliche Bildung für die menschliche Entwicklung erfordert weit mehr. Gegenwärtig richten die meisten modernen Nationen, darauf bedacht, nationalen Gewinn zu erzielen, und daran interessiert, einen Anteil am Weltmarkt zu erringen oder zu sichern, ihre Aufmerksamkeit in zunehmendem Maße auf eine kleine Gruppe gut zu vermarktender Fertigkeiten, aus denen sie glauben, kurzfristige

Gewinne ziehen zu können. Die mit den Geisteswissenschaften und Künsten in Verbindung gebrachten Fertigkeiten – kritisches Denken, die Fähigkeit, sich die Situation einer anderen Person vorzustellen und sich in diese hineinzuversetzen, ein Verständnis der Weltgeschichte und der gegenwärtigen Weltwirtschaftsordnung – sind alle von wesentlicher Bedeutung für eine demokratische Bürgerschaft wie auch für eine Vielzahl anderer Fähigkeiten, die Menschen möglicherweise in ihrem späteren Leben sich entscheiden werden zu praktizieren. Nutzer des Fähigkeitenansatzes haben mit Sorgfalt pädagogische und inhaltliche Fragen zu beachten und zu überlegen, wie Unterrichtsinhalte und die Art der Interaktionen im Klassenzimmer (zum Beispiel die Rolle, die dem kritischen Denken zugewiesen wird und dem Vermögen, sich Dinge verschiedener Art im täglichen Unterricht vorzustellen) die dem Ansatz immanenten Ziele verwirklichen – insbesondere in Hinblick auf die Staatsbürgerschaft. (Natürlich ist die Erziehung zur Staatsbürgerschaft nicht nur einfach für Menschen gedacht, die Bürger der Nation sind, in der sie leben: Die Kinder legaler und illegaler Einwanderer haben ein Recht auf eine solche Bildung, die auf die gleichen Fähigkeiten Erwachsener vorbereitet, die für Staatsbürger ausgearbeitet sind.)

Bildung ist einer der Bereiche, in dem die ansonsten übliche Achtung der Wahlentscheidung gelockert ist: Regierungen sind gut beraten, den Kindern nicht einfach Fähigkeiten abzuverlangen, sondern Tätigkeiten. Warum unterscheidet sich dieser Fall von den meisten anderen? Er unterscheidet sich, weil es dabei um Kinder geht. Denn deren Fähigkeiten, Wahlentscheidungen zu treffen, sind noch nicht ausgeprägt. Auch werden sie möglicherweise von ihren Eltern unter Druck gesetzt, zu arbeiten statt zu lernen, sind sie doch von ihren Eltern wirtschaftlich abhängig und besitzen kaum Möglichkeiten, sich allein aus dieser Lage zu befreien. Bildung ist ein solch wesentlicher Faktor für die Erschließung einer Vielzahl von Fähigkeiten, über die Erwachsene verfügen, dass es gerechtfertigt ist, sie aufgrund der enormen Erweiterung, die die Fähigkeiten im weiteren Leben erfahren, in der Kindheit zur Pflicht zu machen. Im Blick auf Kinder rechtfertigt somit die Verpflichtung des Staates gegenüber den zukünftigen Fähigkeiten seiner Bürger in Verbindung mit seinem zwingendem Interesse daran, der Staat informierter und fähiger Bürger zu sein, eine offensive Haltung: Pflicht zur Grund- und Hauptschulbildung, zumindest bis zum Alter von 16 Jahren, sowie die volle Unterstützung einer weiterführenden Bildung und den Zuspruch für diese.

(Kinder werden auch in Bezug auf Gesundheit und körperliche Unversehrtheit ungleich behandelt: Wir sollten hier individueller – oder elterlicher – Wahlfreiheit gegenüber verglichen mit Erwachsenen weniger duldsam sein.) Wenn wir mit der Bildung Erwachsener befasst sind, die mehr Bildung erlangen möchten, als sie erworben haben, ist Überzeugung die angemessene Haltung.

Eine gute Bildung muss dem Umfeld, der Geschichte und den kulturellen wie wirtschaftlichen Bedingungen gegenüber empfänglich sein. Ein Großteil der in diesem Bereich zu leistenden Arbeit muss, wie die des Pratichi Trusts, deshalb weiterhin äußerst detailliert und auf Fragen vor Ort bezogen werden. Im Unterschied dazu ist das Ziel, junge Erwachsene heranzubilden, die es mit dem Leben in verschiedener Weise aus freien Stücken aufnehmen können, weltweit über Jahrhunderte hinweg untersucht worden. Führende Erziehungswissenschaftler vieler verschiedener Nationen standen im gegenseitigen Austausch (zum Beispiel Rabindranath Tagore in Indien mit Maria Montessori in Italien und Leonard Elmhirst in Großbritannien). Somit ist der Gedanke nicht unvernünftig, dass ein kulturübergreifender Dialog, hier wie auch bezogen auf den Fähigkeitenansatz allgemein, womöglich zu allgemeinen Prinzipien führt, die sich flexibel, d. h. jeder Nation und jeder Region angepasst, anwenden lassen.

8.5 Ansprüche von Tieren

Ein jeder auf der Idee der Beförderung von Fähigkeiten gründende Ansatz muss sich einer Frage prinzipieller Natur stellen: Wessen Fähigkeiten zählen? Nahezu jeder Befürworter des Ansatzes vertritt die Auffassung, dass alle Menschen zählen und dass sie als Gleiche zählen. Jenseits dessen gibt es fünf grundlegende Standpunkte, die man beziehen kann.

1. Als Zwecke an sich zählen allein menschliche Fähigkeiten, obwohl andere Fähigkeiten sich als nützlich für die Beförderung menschlicher Zwecke erweisen können.
2. Menschlichen Fähigkeiten gilt das Hauptaugenmerk; da aber Menschen Beziehungen mit nichtmenschlichen Geschöpfen eingehen, sollte die Beschreibung des zu befördernden Ziels diese Geschöpfe vielleicht ebenfalls umfassen, also nicht einfach als

Mittel, sondern als Teilnehmer an aus sich selbst heraus wertvollen Beziehungen.

3. Die Fähigkeiten aller empfindungsfähigen Wesen zählen als Zwecke an sich und alle diese Wesen sollten Fähigkeiten erwerben, die einen festgesetzten Schwellenwert übersteigen.
4. Die Fähigkeiten aller lebenden Organismen, einschließlich der Pflanzen, sollten zählen, und zwar als Einzelwesen, nicht als Teile von Ökosystemen.
5. Der Individualismus der Standpunkte 1–4 wird fallengelassen: Was als Zwecke an sich zählt, sind die Fähigkeiten von Ökosystemen (insbesondere von Ökosystemen, aber auch von Gattungen).

Am Fähigkeitenansatz interessierte Menschen können einen dieser fünf Standpunkte beziehen. Mit der Zeit sollte sich dann eine lebhafte Debatte unter ihnen entwickeln. Sen hat zu diesen Fragen keine allgemeine Haltung eingenommen, obwohl er am Wohl von Tieren und der Qualität der Umwelt interessiert ist. In *Women and Human Development* hatte ich den zweiten Standpunkt vertreten: Beziehungen mit anderen Gattungen und der Welt der Natur bilden eine menschliche Fähigkeit, allerdings eine solche, in der andere Entitäten nicht allein als Mittel zählen, sondern auch als Teile der jeweiligen Beziehung. Diese Stellung bildete die unbequeme Mittelposition zwischen der ersten (die von vielen Menschen verteidigt wird, die einen starken Anteil am Leiden von Menschen nehmen) und der dritten oder vierten Position (die von vielen anderen verteidigt wird, die das Augenmerk auch auf das Wohl anderer Geschöpfe lenken).

In *Grenzen der Gerechtigkeit* habe ich die dritte Position verteidigt, zumindest in Bezug auf gesellschaftliche Gerechtigkeit. Ich behaupte, dass die Idee gesellschaftlicher Gerechtigkeit grundsätzlich an eine zumindest minimale Empfindungsfähigkeit (insbesondere die Fähigkeit, Schmerz zu empfinden) sowie an eine zugehörige Fähigkeit des Strebens und einer Art von Handeln gebunden ist. Intuitiv gesehen scheint mir die Vorstellung, Tieren gegenüber ungerecht sein zu können, ähnlich Sinn zu machen wie die Vorstellung, Menschen können gegenüber Menschen ungerecht sein. Für Wesen beider Art gilt, Schmerz und Leid erfahren zu können, und beide versuchen zu leben und zu handeln – Vorhaben, die ungerechterweise vereitelt werden können. Gerechtigkeit ist begrifflich, davon bin ich überzeugt, mit der Vorstellung erfahrenen Leids und solcher Vereitelungserfahrungen verknüpft. Somit scheint, zumindest mir, die Annahme seltsam, ein Baum könne Ungerechtigkeit erleiden – obwohl es natürlich andere moralische Gründe, oder Gründe nichtmoralischer Art, geben mag, von denen her es falsch ist, einen Baum zu schädigen. In ähnlicher Weise ist auch kein Ökosystem Mittelpunkt einer Erfahrung, auch hat es kein Lebensprojekt und es erstrebt nichts, womit mir die Annahme seltsam vorkommt, ein Ökosystem könne *Ungerechtigkeit* erleiden. Allerdings kann man ihm Schädigungen verschiedener Art zufügen und es sind Gründe moralischer wie nichtmoralischer Art (intellektuelle, wissenschaftliche, wirtschaftliche) möglich, solchen Schäden gegenüber nicht gleichgültig zu sein. Intuitionen wie diese lassen sich schwer zur Sprache bringen. Allein mit der Zeit und durch zukünftige Debatten wird sich diese unüberschaubare Landschaft genau kartographieren lassen. Dass Tiere nicht nur Schmerz, sondern auch Ungerechtigkeit erleiden können, scheint hingegen gesichert.

Mit der vorhergehenden Argumentation ist der Gedanke verbunden, dass es unter dem Gesichtspunkt der Gerechtigkeit um das lebende Individuum geht, nicht aber um die Gattung. Gattungen mögen für die Gesundheit von Individuen als Mittel bedeutsam sein. Auch mögen sie eine ästhetische, intellektuelle und eine ethische Bedeutung anderer Art besitzen. Jedoch scheint die Behauptung unrichtig, die Vernichtung einer Gattung sei eine *Ungerechtigkeit* – jenseits der Tatsache, dass diese Vernichtung für gewöhnlich auf dem Wege ungerechter Leiden einzelner Mitglieder der Gattung erfolgt.

Der Fähigkeitenansatz ist offensichtlich gut geeignet dafür, das den Tieren von Menschenhand zugefügte Unrecht zu thematisieren. Utilitaristen haben auf diesem Feld bedeutende Beiträge geleistet, jedoch stellen die allgemeinen Mängel ihrer Konzeption – die Festlegung darauf, verschiedene Leben und verschiedene Aspekte von Leben zu aggregieren, und die Vernachlässigung des Problems anpassungsfähiger Präferenzen – für die Behandlung dieses Themenfeldes auch Hindernisse dar. Obwohl engagierte Utilitaristen wie Peter Singer normalerweise unverrückbar die Meinung vertreten, der utilitaristische Kalkül werde uns untersagen, Tieren Leiden zuzufügen, so ist dies doch eine empirische Angelegenheit, denn die Lebensmittelwirtschaft verschafft den Menschen enormen Genuss (sowie Beschäftigungsmöglichkeiten). Wie im Falle der Sklaverei ruht die ganze Frage der angemessenen Behandlung auf einem viel zu brüchigen empirischen Fundament. Gewiss würde es die Theorie erlauben, zum Zwecke des menschlichen Wohlergehens einer geringen Anzahl von

Tieren entsetzliches Leiden zuzufügen. Was die Aggregation von Leben anbelangt, ist zu sagen, dass Tiere nicht einfach Schmerz zu vermeiden suchen, sondern ein Leben erstreben, das viele verschiedene Komponenten besitzt, zu denen Fortbewegung, Freundschaft sowie Ehrerbietung oder Achtung gehören. Es scheint wichtig zu sein, sich einen Sinn für die je spezifische Bedeutung eines jeden dieser Elemente zu bewahren. Schließlich gibt es das Problem der Anzahl. Wenn der Utilitarist nicht den Durchschnitts-, sondern den Gesamtnutzen in Erwägung zieht, lässt sich theoretisch rechtfertigen, eine Vielzahl von Geschöpfen auf die Welt zu bringen, die dann unter ziemlich elenden Umständen existieren (allerdings etwas oberhalb des Schwellenwerts völliger Lebensunwürdigkeit), weil das ein Weg wäre, das Gesamtwohl der Welt zu mehren. Nun ist dies aber genau das, was die Lebensmittelwirtschaft praktiziert und wogegen wir uns wenden, weil wir glauben, es sei falsch, eine Kreatur, egal welcher, ein leidvolles Leben zu bereiten, auch wenn dieses gerade noch lebenswert wäre.

Allgemein gesagt betrachtet der Fähigkeitenansatz Tiere als Akteure, nicht als bloße Behältnisse von Freude oder Schmerz. Diese gravierende begriffliche Unterscheidung kann hilfreich dafür sein, aus dem Ansatz heraus eine angemessenere Achtung für das Streben und Tun von Tieren zu entwickeln.

Somit ist es möglich, vom Fähigkeitenansatz her die äußerst couragierten Beiträge von Bentham, Mill, Peter Singer und anderen Utilitaristen zu jener Debatte anzuerkennen, die mit dem Umgang mit Tieren befasst ist, und doch darauf zu verweisen, dass eine andere Theorie besser abschneidet. Zu den Theorien in der Tradition Kants lässt sich Folgendes sagen: Obwohl Kant selber nichts besonders Brauchbares über das Wohl von Tieren mitzuteilen hat (er glaubt, der einzige Grund, nicht grausam Tieren gegenüber zu sein, bestehe darin, dass dies dazu ermutige, nicht grausam gegenüber Menschen zu sein), konnte doch die Philosophin Christine Korsgaard kürzlich zeigen, dass ein in der kantischen Tradition gründender Ansatz viele der Erkenntnisse zu erzeugen vermag, die auch der Fähigkeitenansatz erbringt. Ihr Gedanke ist hierbei, dass wir Kant zufolge Gründe haben, nicht schlechtweg unsere eigene Handlungsfähigkeit zu befördern, sondern auch jene Aspekte unserer Animalität, die den Weisen unseres weltbezogenen Strebens und Handelns innewohnen – kurz gesagt unsere Tiernatur. Wenn wir aber jenen (tierhaften) Aspekten unserer selbst Achtung zollen, wäre es einfach widersprüchlich und auch ein Beispiel jener Art falscher Selbstdarstellung, gegen die Kantianer besonders opponieren, unseren Mitgeschöpfen dieselbe Achtung zu verweigern. Dennoch ist der Ansatz von Korsgaard immer noch etwas anthropozentrischer, als ich dies befürworten würde: Korsgaard zufolge sollten wir Tiere achten, weil es dabei um *uns* geht und darum, worin Tiere *uns* gleichen, nicht jedoch um etwas, das *sie selber* betrifft. Andere zu klärende Fragen betreffen den Umfang, in dem Korsgaards kantianische Handlungskonzeption Quelle politischer Prinzipien einer pluralistischen Gesellschaft werden könnte. (Diese Frage stellt sich Korsgaard nicht, denn sie bringt eine ethische und keine politische Konzeption in die Debatte.) Das »Fazit« meines detaillierten Vergleichs unserer beiden Positionen besteht jedoch darin, dass beide einander sehr ähneln und zu ähnlichen Schlüssen kommen.

Worin bestehen diese Schlüsse? Erstens müssen wir den Fähigkeitenansatz so modifizieren, dass er sich für diese Zwecke eignet. Wir benötigen einen erweiterten Begriff der *Würde,* weil wir nun nicht mehr nur über Leben in Übereinstimmung mit der Menschenwürde sprechen müssen, sondern auch über Leben in Übereinstimmung mit der Würde einer Vielzahl empfindungsfähiger Geschöpfe. Im Unterschied zu erweiterten kantianischen Ansätzen, welche die Pflicht, Tiere gut zu behandeln, aus den Pflichten ableiten, unsere eigene menschliche Animalität zu befördern, betrachtet der Fähigkeitsansatz eine jede Art Tier in seiner ganz eigenen Würde. Die Pflicht zur Achtung dieser Würde leitet sich nicht aus der Würde ab, die wir uns selbst schulden. Obwohl Pflichten, wie im Falle der Menschen, in erster Linie Pflichten gegenüber Individuen sind, spielt die Gattung doch auch insofern eine Rolle, als sie uns eine Vorstellung von der Eigenart der jeweiligen Lebensform verschafft, die es zu befördern gilt. Die angemessen erweiterte Fähigkeitenliste enthält weiterhin die von uns zu befürwortenden Hauptpunkte. Aber wir sollten der Lebensform einer jeden Gattung gegenüber aufmerksam sein und einer jeden Gattung die Möglichkeiten verfügbar machen, der gattungsspezifischen Lebensform entsprechend leben und handeln zu können. Obwohl die Entscheidungsfreiheit immer dann vorzuziehen ist, wenn einem Geschöpf die Fähigkeit zu wählen zukommt, wird in diesem Fall den Akzent auf das Tätigsein (im Sinne eines gefühlvollen Paternalismus) zu legen angemessener sein als im Falle der Menschen.

Was die Vorstellung betrifft, wir sollten die in der »Wildnis«

lebenden Tiere sich selbst überlassen, so muss für unsere heutige Welt dieser naive romantische Naturalismus zurückgewiesen werden. Es gibt keinen Lebensraum, der nicht durchgängig von menschlichem Handeln betroffen wäre. Sich vorzumachen, Elefanten in Afrika seien »in der Wildnis«, ist nichts anderes als eine Weise, der Tatsache aus dem Weg zu gehen, dass deren Habitat zunehmend von Menschen geprägt ist. Darüber hinaus besteht der einzige Weg, ihnen eine faire Chance auf ein gutes Leben zu geben, darin, weiterhin einzugreifen, dies aber auf kluge und nicht auf unvernünftige Weise zu tun. (Eine Form der Intervention in die Natur, die von wesentlicher Bedeutung zu sein scheint, stellt die Empfängnisverhütung dar. Damit verbunden wäre, die Tiere betreffend, eine Modifikation der Fähigkeitenliste in Hinblick auf reproduktive Wahlentscheidungen. Während der Schutz der Habitate Vorrang besitzt, können auch in gegenwärtigen, gut geschützten Habitaten Tierpopulationen nicht vergrößert werden. Die Alternative zur Empfängnisverhütung, die Einbringung von Fressfeinden, scheint unter dem Aspekt der Fähigkeiten der Tiere weit schlimmer zu sein als erzwungene Empfängnisverhütung.)

Der wesentliche, sich aus meinem Ansatz ergebende Schluss lautet, dass alle Tiere berechtigt sind, einen Schwellenwert für Möglichkeiten einer gattungsspezifischen Lebensführung zu erreichen. Ob dies ein Totalverbot der Tötung von Tieren zur Nahrungsgewinnung bedeutet, ist eine diskutable Frage. (Sowohl Bentham als auch Singer haben dies abgelehnt.) Der schmerzlose Tod eines Tieres, das einer Art angehört, die keine in die Zukunft gerichteten Absichten hegt, verursacht möglicherweise kein Leid: Dies ist abhängig davon, was wir vom Leid des Todes halten. Deshalb sind einige, dem Wohl der Tiere aufs Engste verbundene Autoren bereit, schmerzloses Töten dieser Art unter der Bedingung zu dulden, dass das Tier ein würdevolles Leben unter guten Umständen hatte. Jedenfalls bleibt dies ein Thema zukünftiger Debatten.

Nicht zur Debatte steht die Tatsache, dass die fabrikmäßige Nahrungsmittelwirtschaft großes Unrecht verursacht und nicht länger praktiziert werden sollte. Gleiches gilt für Jagd- und Angelsport, im Zusammenhang mit der Warenprüfung angewandte grausame Verfahren sowie Tieren in der Forschung zugefügtes vermeidbares Leid. Hinsichtlich der Forschung, die an Tieren vorgenommen wird und die gegenwärtig unverzichtbar dafür ist, das Leben von Tier und Mensch zu verbessern, gilt das, was wir bereits früher über tragische Konflikte gesagt haben: Wir handeln im Angesicht zweier Übel und müssen so schnell wie möglich zu einem Weltzustand gelangen, der uns nicht mehr vor eine solche Wahl stellt. Es geht darum, nach anderen Wegen der Forschung zu suchen, solchen zum Beispiel, die Computersimulation nutzen. Die Entwicklung von künstlichem Fleisch ist bereits im Gange (keine Veggie-Burger, sondern aus Stammzellen synthetisch erzeugtes Fleisch). Auch dies kann ein wichtiger Beitrag zu einer gerechteren Welt sein.

8.6 Umweltqualität

Es ist gleichgültig, welchen der oben umrissenen fünf Standpunkte wir beziehen, die Qualität der Umwelt ist zweifelsohne für den Fähigkeitenansatz bedeutsam. Wir müssen nicht über die erste Position hinausgehen, um behaupten zu können, dass die Qualität der natürlichen Umwelt und der intakte Zustand der Ökosysteme für das menschliche Wohlergehen entscheidend sind. Dies gilt insbesondere dann, wenn wir die Auffassung vertreten, dass zum menschlichen Wohlergehen auch Verpflichtungen gegenüber zukünftigen Generationen gehören. Diese lebenswichtige Frage ist von der Theorie des politischen Liberalismus (zum Beispiel von Rawls) umfänglich thematisiert worden. Der Fähigkeitenansatz hat sich dem Thema allerdings noch nicht erschöpfend gewidmet. Sich Klarheit darüber zu verschaffen, wie die Interessen der Folgegenerationen von Menschen einzubeziehen sind, ist für die zukünftige Arbeit von größter Wichtigkeit, wenn der Ansatz auf dem Themenfeld des Umweltschutzes ernsthafte Beiträge liefern können soll. Besondere Relevanz hat dies, seitdem die Frage von Einbeziehung und Nichteinbeziehung in Untersuchungen zu Risiko und Ungewissheit wie auch zu entsprechenden Bereichen der Umweltökonomik gut erforscht ist. Die Umweltqualität würde auch dann bedeutsam sein, wenn unser einziges Ziel darin bestehen sollte, die Fähigkeiten heute lebender Menschen zu befördern. Jedoch erhält das Argument weit größeres Gewicht, wenn zukünftige Generationen in irgendeiner Weise in die Betrachtung einbezogen werden. Somit ist es wichtig, den hierfür richtigen Weg festzulegen –eine Herausforderung, der sich die künftigen Mitarbeiter am Fähigkeitenansatz stellen müssen.

Die wichtige neue Forschungsarbeit von Breena Holland hat gezeigt, dass der Fähigkeitenansatz im Umgang mit Fragen der Umweltqualität und Nachhaltigkeit bestimmte Vorzüge gegenüber anderen, gegenwärtig in der Umweltökonomik favorisierten Ansätzen bietet. Dies ergibt sich zu weiten Teilen daraus, dass er zur differenzierten Betrachtung einer Vielzahl von Auswirkungen auf verschiedene Aspekte menschlichen Lebens ermutigt. So ist es zum Beispiel bedeutsam, zwischen Auswirkungen auf die Gesundheit und Auswirkungen auf die Wirtschaft zu unterscheiden, denn eine Orientierung allein am Wirtschaftswachstum führt womöglich dazu, Strategien zu wählen, die den durchschnittlichen Gesundheitsstatus zu einem gewissen Grade mindern.

Hollands Ansatz ist rein anthropozentrisch. Die Qualität der Umwelt gilt als zweckdienlich für die Qualität des menschlichen Lebens – aber nicht deshalb, weil Holland zwangsläufig glaubt, dieser Ansatz sei ganz und gar korrekt, sondern weil es im Zusammenhang der öffentlichen Debatte nützlich ist zu zeigen, dass sehr starke Schlussfolgerungen aus Prämissen gezogen werden können, die schwach sind, unstrittig und von der Öffentlichkeit in ihrer Mehrheit, so lässt sich annehmen, akzeptiert werden können. Am anderen Ende des Spektrums möglicher Ansätze lässt sich leicht erkennen, dass eine Position, die Ökosysteme als Zwecke an sich, unabhängig von den Individuen in ihnen, betrachtet, starke Schlussfolgerungen in Bezug auf den Schutz der Umwelt liefern kann. Dieser Standpunkt wird jedoch nur von wenigen Menschen geteilt. Argumente dieser Art werden deshalb voraussichtlich keinen Einfluss auf die Strategiebildung haben. (Ich lehne diese Positionen ab, weil ich glaube, dass empfindungsfähige Individuen, Tiere wie Menschen, einen Wert an sich und nicht als Teil eines größeren Systems besitzen und dass größere Systeme wertvoll sind, weil sie individuelles Leben befördern.) Im Laufe der Zeit wird es, wie ich denke, durch Argumente, die das Leiden von Tieren und den Wert ihrer Leben hervorheben, möglich sein, viele Menschen zur Mitte des Spektrums zu bewegen, die dann einen »übergreifenden Konsens« hinsichtlich der Überzeugung entwickeln, dass die Fähigkeiten von Tieren aus sich selbst heraus zählen. Ein solcher Konsens besteht heute allerdings nicht. Weil aber der Umweltschutz nicht etwas ist, das wir uns leisten können, auf die lange Bank zu schieben, ist es mithin wichtig, anthropozentrische Positionen wie die Hollands möglichst effizient zu entwickeln. Andere Vertreter des Fähigkeitenansatzes aber tun gut daran, eine Vielzahl verschiedener theoretischer Positionen zu untersuchen.

Die Frage der Umweltqualität ist eng mit jener der Geburtenkontrolle verbunden. Dieses Problem steht seit einiger Zeit im Vordergrund der Arbeit von Sen. Die düsteren Voraussagen der Malthusianer – uns stehe eine Nahrungsmittelkatastrophe unmittelbar bevor – lehnt er ab. Dennoch setzt sich Sen dafür ein, das Bevölkerungswachstum durch erhebliche Bemühungen zu bremsen. Diese Strategiefrage überschneidet sich mit dem Fähigkeitenansatz an konzeptionell zentraler Stelle. Denn viele Vertreter der Geburtenkontrolle haben Zwangsmaßnahmen befürwortet, die in erheblichem Maße die Entscheidungsfreiheit der Menschen beschränken. China und Indien unter Indira Gandhi haben unbeirrt diesen Weg beschritten. Handelt es sich hier um ein tragisches Dilemma, in dem Leben und Gesundheit gegen Bereiche der Entscheidungsfreiheit ausgespielt werden? Sen bezweifelt dies, denn ihn hat (nach anfänglichem Zögern) der Nachweis überzeugt, dass man die Bevölkerungszahl effizienter verringert, indem man, statt Zwangsmaßnahmen zu verhängen, die Position der Frauen stärkt (unter anderem durch Bildung, Beschäftigungsmöglichkeiten und Kreditvergabe). Aber selbst wenn Zwangsmaßnahmen den gleichen Nutzen erbrächten, sollte uns immer der immanente Wert der Freiheit dazu bewegen, der anderen Strategie zu folgen und die Position der Frauen zu stärken. Sen bemerkt, dass der indische Bundesstaat Kerala effizient das Bevölkerungswachstum unter Kontrolle gebracht hat, indem er auf Bildung und die Stärkung der Rolle der Frau setzt, und dass dieses Modell sowohl (vermutlich) wirksamer als das chinesische Modell ist als auch, ethisch gesehen, diesem überlegen.

8.7 Verfassungsrecht und politische Struktur

Sobald wir behaupten, bestimmte Fähigkeiten seien für die Idee eines Lebens, das der menschlichen Würde angemessen ist, von wesentlicher Bedeutung und sobald wir der Auffassung zustimmen, zur Aufgabe der »Grundstruktur« einer Gesellschaft (ihrer grundlegenden politischen Prinzipien sowie der Struktur ihrer Institutionen, die diese Prinzipien verkörpern) gehöre zumindest, die zentralen Fähigkeiten auf dem Niveau ihrer Untergrenze zu sichern, dann ist die Frage nicht von der Hand zu weisen, wie eine politische Struktur diese tatsächlich zu sichern vermag. Sen bezieht sich in seinen Arbeiten zum Fähigkeitenansatz kaum auf rechtliche Fragen und die institutionellen Strukturen einer Demokratie, obwohl er auf einige offensichtliche

Richtlinien praktischer Politik verweist. In meinen Arbeiten, die sich auf die Frage minimaler gesellschaftlicher Gerechtigkeit konzentrieren, stehen Rechtsfragen und solche der politischen Struktur von Anbeginn im Zentrum. Meiner Vorstellung zufolge bildet die Darstellung der zentralen Fähigkeiten und eines Schwellenwerts eine Quelle politischer Prinzipien, die sich in eine Reihe (minimal) gerechter politischer Institutionen übersetzen lassen. Insbesondere habe ich die Fähigkeitenliste mit dem Teil der schriftlich fixierten Verfassung eines Landes (oder dessen ungeschriebene Verfassungsprinzipien, wenn das Land keine geschriebene Verfassung besitzen sollte) in Verbindung gesetzt, der die grundlegenden Ansprüche seiner Bürger genau darlegt. Mittlerweile listen verschiedene Länder Ansprüche in einer Weise auf, die sie mit der Idee eines Lebens verbindet, das der menschlichen Würde angemessen ist. Insbesondere die Verfassungstraditionen Indiens und Südafrikas sind in dieser Hinsicht einer genaueren Betrachtung wert.

Kürzlich habe ich mich mit Themen befasst, die die Verbindung des Fähigkeitenansatzes zur Verfassungsgesetzgebung noch deutlicher machen. Auch habe ich eine Reihe fähigkeitenbasierter Vorlagen für die Arbeit des Obersten Gerichts der Vereinigten Staaten erstellt. Einigen Jahrzehnten bewundernswerten Fortschritts beim Schutz menschlicher Fähigkeiten folgte vor einiger Zeit ein scharfer Kurswechsel des Obersten Gerichts hin zu dem, was ich »stumpfsinnigen Formalismus« nenne, ein Ansatz, der sich auf die technische Rechtsprechung konzentriert, ohne sich ernsthaft mit Fähigkeiten zu beschäftigen, auch nicht mit jenen, die im Verfassungstext fest verankert sind, also mit der Benachteiligung. Eine umfassende Untersuchung der Beziehung des Fähigkeitenansatzes zum Verfassungsrecht erforderte eine gründliche Untersuchung eines jeden Bereichs menschlicher Fähigkeiten, wie vom Gesetz durch sowohl den Verfassungstext als auch die fortwährende Geschichte der Rechtsauslegung bestimmt.

Besteht ein begrifflicher Zusammenhang zwischen der Idee der zentralen Fähigkeiten und der Aufgabe der Regierung? Ansprüchen stehen, wie ich glaube, Pflichten gegenüber: Besitzen Menschen Ansprüche, dann besteht die Pflicht, diese zu sichern, selbst wenn es schwierig zu sagen ist, wem diese Pflicht obliegt. Die ganze Welt steht, so möchte ich behaupten, unter der kollektiven Verpflichtung, die Ansprüche aller Bürger weltweit zu sichern, selbst wenn es keine weltweite politische Organisation gibt. Wie die Pflichten den verschiedenen Gruppen und Individuen zugewiesen werden können, ist eine schwierige Angelegenheit – zumal eine solche, die die interdisziplinäre wissenschaftliche Zusammenarbeit erfordert, da Geschichtswissenschaft und Politikwissenschaft bedeutsame Einsichten in die sich wandelnden globalen Strukturen eröffnen. Die größten Schwierigkeiten bereitet der globale Zusammenhang – hier gibt es keinen Staat und auch keine guten Gründe dafür, dass wir einen allumfassenden Staat haben sollten. Selbst hier obliegen viele der Pflichten, menschliche Fähigkeiten zu sichern, den Nationen, einige aber auch Nichtregierungsorganisationen, Unternehmen, internationalen Organisationen und den Individuen. In diesem Sinne sind die Pflichten ethischer statt politischer Natur: Sie erfordern, um moralisch bindend zu sein, keine staatlichen Vollzugsorgane.

Dennoch stehen Rechte (oder die zentralen Fähigkeiten) in keinem begrifflichen Zusammenhang mit dem Regierungshandeln. Eine lange, im Westen zumindest mit Aristoteles einsetzende Traditionslinie sieht eine der Schlüsselaufgaben der Regierung und einen Grund ihrer Existenz darin, den Menschen die Anrechte zu sichern, die ihnen wesenseigen sind. Der Unabhängigkeitserklärung der Vereinigten Staaten zufolge, die mit diesem Gedanken eine lange Tradition der Auseinandersetzung zusammenfasst, sind, »um diese Rechte zu sichern, Regierungen unter den Menschen eingesetzt […], deren volle Gewalten von der Zustimmung der Regierten herkommen«. Eine jede Regierung, die darin versagt, diese grundlegenden Ansprüche zu sichern, ist an ihrer wesentlichen Aufgabe gescheitert. Sollte eine Fähigkeit wirklich zur Liste gehören, dann sind Regierungen verpflichtet, sie zu schützen und zu sichern, wobei sie, um dies zu tun, Gesetze und politische Strategien einsetzen. Der Weltgesamtzusammenhang ist einzigartig, denn hier gibt es keinen übergreifenden Staat und folglich niemanden, dem mangelnde Gerechtigkeit nachgewiesen werden könnte, weil er bei der Erfüllung dieser Aufgabe versagt hätte. Es wäre allerdings nicht falsch zu sagen, die Kollektivstruktur der verschiedenen Institutionen weltweit habe diese Ungerechtigkeit verschuldet und solle geändert werden. Denken wir jedoch an einen bestimmten Nationalstaat, sind wir zu fragen berechtigt, ob er seinen Bürgern die zentralen Fähigkeiten gesichert hat. Hat er dies nicht getan, ist er nicht einmal im minimalen Sinne gerecht.

Sen versucht, einem begrifflichen Zusammenhang zwischen Fähigkeiten und der Regierung auszuweichen, indem er Beispiele von Fähigkeiten (Rechten) herbeizitiert, die nicht mit Rechtsmitteln erzwingbar sein sollten wie etwa das Recht eines Familienmitglieds, in allen von der Familie zu treffenden Entscheidungen zu Rate gezogen zu werden. Hinsichtlich dieses Beispiels würde ich sagen: Entweder ist ein solches Verhalten durch den Begriff eines der menschlichen Würde angemessenen Lebens erfordert oder nicht. Wenn ja, dann sollte es mit Rechtsmitteln erzwingbar sein (wie wir etwa auch das Verbot des Kindesmissbrauchs und der häuslichen Gewalt rechtlich erzwingen); wenn nicht, dann gehört es auch nicht auf eine Liste zentraler Fähigkeiten oder der Menschenrechte. Wenn wir wirklich etwas in die Liste aufnehmen, verbinden wir es, praktisch wie begrifflich, mit der Idee der Zwecke, für die »Regierungen unter den Menschen eingesetzt« werden. Meine eigene Auffassung dazu ist, dass hinsichtlich des von Sen erwähnten Rechts – dass sich Familienmitglieder bei der Entscheidungsfindung Gehör verschaffen können müssen –, Bürger zurecht verschiedener Meinung sein können, wenn man ihre jeweiligen religiösen und ethischen umfassenden Lehren in Betracht zieht. Einige religiöse und ethische Lehren unterstreichen die familiale Solidarität und Transparenz, andere bestehen auf einem größeren Maß an Autonomie des Individuums. In Fällen, in denen diese gravierenden Unterschiede existieren, sollte das Zu-Rate-Ziehen (die Strategie, die mit nur einer Gruppe religiöser und ethischer Ansichten verbunden ist) nicht mit Zwangsmitteln vollstreckt werden. Somit stimme ich Sen, bezogen auf dieses Beispiel, zu. Aus gleichem Grund würde aber das Recht eines Familienmitglieds, gehört zu werden, nicht Teil meiner Liste zentraler Fähigkeiten sein. Denn diese bestimmt sich als eine politische Konzeption des menschlichen Vermögens, die einen möglichen Gegenstand eines übergreifenden Konsens aller vernünftigen umfassenden Lehren darstellt.

Die zehn Fähigkeiten sind folglich *Ziele*, die entweder vorpolitische Ansprüche von Menschen verwirklichen oder diesen entsprechen. Somit sagen wir, Menschen haben einen Anspruch auf die zehn Fähigkeiten der Liste. Im Zusammenhang einer Nation wird es folglich zur Aufgabe der Regierung, sollte diese auch nur minimal gerecht sein, jene zu sichern. Faktisch entsteht also den Regierungen aus dem Bestehen von Ansprüchen eine Aufgabe, und eine Hauptaufgabe der Regierungen wird es sein, den Menschen die Fähigkeiten zu sichern. Das Leben von Mensch und Tier verleiht Regierungen eine Daseinsberechtigung und erzeugt Verpflichtungen ausgeprägt politischer Art. Wenn wir im Falle der ganzen Welt entscheiden, dass eine übergreifende einzelne Regierung nicht der beste Weg dafür wäre, Probleme des Fähigkeitsversagens in ärmeren Nationen zu lösen, so spielen Regierungen dennoch eine große Rolle dabei, Fähigkeiten zu sichern: zuerst die Regierungen der ärmeren Länder, dann aber auch die Regierungen der reichen, denn sie sind verpflichtet, den ärmeren Ländern zu helfen. Den Menschen das zu geben, worauf sie vermöge ihrer Menschlichkeit ein Anrecht haben, ist ein wesentlicher Grund dafür, dass Regierungen existieren, und eine wesentliche ihrer Aufgaben, wenn sie existieren.

Ist eine gegebene Fähigkeit als grundlegender Anspruch in der Verfassung einer Nation anerkannt (üblicherweise auf einem eher abstrakten Niveau), bleibt noch weit mehr Arbeit zu tun. Die betreffende Fähigkeit muss weiter ausgearbeitet und präzisiert werden, auch ist ein Schwellenwert angemessen festzulegen. Hier möchte ich nur eine wesentliche Fähigkeit kurz beleuchten, um zu zeigen, wie eine solche Aufgabe in der Verfassungstradition erfüllt wird.

Die Verfassungstradition der Vereinigten Staaten bietet hinsichtlich der »freien Religionsausübung« ein schönes Beispiel dafür, wie eine zentrale menschliche Fähigkeit, zu Beginn abstrakt angegeben, mit der Zeit verfassungsrechtlich umgesetzt werden kann, wobei ein sich vertiefendes und zunehmend genaueres Verständnis ihrer Erfordernisse erzielt wird. Zur Zeit der Formulierung der Verfassung hatten deren Väter verschiedene Formulierungen dessen im Sinn, was sie unter dieser Überschrift zu schützen wünschten. Letztlich einigten sie sich auf folgende Formulierung. »Der Kongress darf kein Gesetz erlassen, das die Einführung einer Staatsreligion zum Gegenstand hat oder die freie Religionsausübung verbietet«. Vorläufig werde ich die »Staatsreligionsklausel« außer Acht lassen, um mich auf die »Klausel zur freien Religionsausübung« konzentrieren zu können.

Zu dieser Zeit wussten die Verfassungsväter, dass die Religionsfreiheit immer dann in Gefahr ist, wenn die Mehrheit der Bürgerschaft einer bestimmten Religion angehört. Minderheiten stehen dann in Gefahr, was ihren Glauben wie ihr Tun anbelangt, beeinträchtigt zu werden, sei es aus Arglist oder einfach aus mangelnder Rücksichtnahme. Dies ist zum Beispiel der Fall, wenn eine Mehrheit als arbeitsfreien Tag den Sonntag wählt und damit die problematische Lage jener ignoriert, deren Feiertag der Samstag ist, oder wenn eine Mehrheit Gesetze über die Wehrpflicht verabschiedet und sich dabei darüber hinwegsetzt, dass einige Religionen dem Pazifismus verpflichtet sind, oder wenn eine Mehrheit (in Verbindung mit dem christlichen Ritus) die Freigabe von Alkohol unangetastet lässt, aber den Zugang zu halluzinogenen Drogen beschränkt und damit die Tatsache ignoriert, dass der Gebrauch von Halluzinogenen Teil der religiösen Riten einiger Minderheitsreligionen ist.

In solchen Fällen muss die Vorstellung der »freien Religionsausübung« umfänglich interpretiert werden – was bedeutet, Gesetze, die Menschen ihres religiösen Glaubens und Tuns wegen bestrafen, nicht einfach zu Fall zu bringen, sondern auch das Problem ungleicher Freiheit und besonderer Belastungen in den Blick zu nehmen, denen Minderheiten ihrer Entscheidungen wegen ausgesetzt sind, die sie als Minderheiten getroffen haben. Bis zum zwanzigsten Jahrhundert hielt man die Klausel zur freien Religionsausübung auf kommunaler und auf bundesstaatlicher Ebene – also da, wo sich das Geschehen hauptsächlich abspielt – für nicht anwendbar. Deshalb besitzen wir relativ wenige Fälle, die die Klausel für die Zeit davor auslegen. Allerdings bieten die Verfassungen der Bundesstaaten und deren Interpretationsgeschichten in der Tat eine Vielzahl an Belegen dafür, dass die Idee einer die Religion betreffenden »Anpassung« als weithin anerkannte Norm galt: Sollte also ein für alle geltendes Gesetz dem Glauben oder der Praxis einer religiösen Minderheit eine besondere Bürde bedeuten, dann kann die fragliche Minderheit von der Befolgung dieses Gesetzes ausgenommen werden, es sei denn, es besteht ein gegenteiliges »zwingendes Interesse des Staates«. Wenn zum Beispiel eine Werktagregelung Menschen belastet, deren Feiertag nicht der der Mehrheit ist, hat der Staat Anpassungen vorzunehmen. Den Drogenkonsum betreffende Regelungen scheinen ebenfalls Gründe dafür zu liefern, Ausnahmen von einem allgemein geltenden Gesetz zuzulassen – zum Beispiel hinsichtlich des Gebrauchs von Halluzinogenen im Falle indigener amerikanischer und anderer Religionen –, obwohl in dieser Frage die Debatte anhält. Das klassische Interesse, das eine Regierung zwingend dafür vorbringen kann, eine »erhebliche Bürde« zu begründen, ist das Interesse an Frieden und Sicherheit, obwohl auch andere Interessen des Staates, wie das an der Bildung, zuweilen als etwas anerkannt werden, das eine Bürde rechtfertigt, die die Religionsausübung betrifft. Administrative Bürden müssen enorm sein, um ein zwingendes Staatsinteresse darzustellen, aber der Fall einer Familie indigener Amerikaner, ihrem Kind eine Sozialversicherungsnummer zu verweigern, wurde als einer befunden, der ein solch schwerwiegendes Staatsinteresse beinhaltet. Auch die Aufhebung der Rassendiskriminierung galt als ein solches Interesse, das im Falle der Bob Jones Universität den Entzug der Steuerfreiheit bedeutete, nachdem diese Partnerschaften zwischen Menschen verschiedener Hautfarbe verboten hatte.

Eine kanonische Stellungnahme zum Prinzip der Anpassung findet sich in einem Brief, den George Washington, der erste Präsident der Vereinigten Staaten, den Quäkern hinsichtlich ihrer Verweigerung des Militärdienstes geschrieben hatte. »In aller Deutlichkeit versichere ich Ihnen, dass meiner Auffassung nach die Gewissensnöte aller Menschen mit größter Behutsamkeit und Empfindsamkeit zu behandeln sind: So ist es mein Wunsch und Verlangen, dass die Gesetze immer in dem Umfange auf sie Anwendung finden, der unter gebührender Berücksichtigung des Schutzes und der wesentlichen Interessen der Nation gerechtfertigt und erlaubt ist.« Washington verlangte von den Quäkern nicht, am Militärdienst teilzunehmen, auch erwartete er nicht von ihnen, wie John Locke dies getan hätte, die Zahlung einer Strafgebühr für ihren Ungehorsam. (Für den Unterschied zwischen den Ansichten von Locke und denen von Roger Williams, der um des Gewissens willen umfangreiche Anpassungen befürwortet hatte, siehe *Liberty and Conscience*, Kapitel 2.)

In der Mitte des 20. Jahrhunderts begann man, dieser generellen Vorstellung den rechtlichen Rahmen zu verleihen, den wir heute nutzen, um zu verstehen, was es heißt, diese hochbedeutsame Fähigkeit so zu realisieren, dass die Gleichwertigkeit aller Bürger geachtet wird. Adell Sherbert war eine tüchtige Arbeiterin in einer Textilfabrik in South Carolina. In den 1950er Jahren führte ihr Arbeitgeber einen sechsten Arbeitstag ein und wählte dafür den Samstag, da nahezu alle Mitarbeiter Christen waren. Adell Sherbert jedoch gehörte der Kirche der Siebenten-Tags-Adventisten an, für die der Samstag der wöchentliche Feiertag ist. Sie wurde entlassen, weil sie sich weigerte, samstags zu arbeiten. Auch konnte sie keine andere Arbeit finden, weil alle Firmen in der Umgebung dieselbe Arbeitstagsregelung hatten. Es überrascht nicht, dass sich keine dieser Firmen dafür entschied, sonntags statt samstags zu arbeiten. Um Arbeitslosenunterstützung zu erhalten, wandte sich Sherbert an den Staat. Ihr Antrag wurde mit der Begründung abgewiesen, sie habe eine »angemessene Arbeit« abgelehnt. Sie zog mit der Behauptung vors Gericht, die Regelungen zur Arbeitslosenunterstützung behinderten in ihrem Fall die Freiheit der Religionsausübung. Der Oberste Gerichtshof der Vereinigten Staaten befand im Jahre 1963 im Verfahren *Sherbert vs. Verner*, dass die Verweigerung staatlicher Unterstützung eine Verletzung ihres verfassungsmäßigen Rechts auf freie Religionsausübung darstellte. Dies liefe, so wurde betont, darauf hinaus, jemandem wegen seines samstäglichen Gottesdienstes eine Geldbuße aufzuerlegen. Der Oberste Gerichtshof argumentierte, dass der Staat von der Verfassung her überhaupt nicht zur Arbeitslosenunterstützung verpflichtet sei. Entscheide er sich aber dazu, könne er diese Unterstützung nicht davon abhängig machen, dass die fragliche Person ihre Gewissenspflichten verletzt. Er formulierte dann in aller Deutlichkeit einen allgemeinen theoretischen Rahmen für die Umsetzung der Klausel der »freien Religionsausübung«: Ohne dass ein »zwingendes Interesse des Staates« vorliegt, dürfe der Religionsausübung einer Person weder per Gesetz noch per anderweitiger Regelung eine »erhebliche Bürde« auferlegt werden.

Diese Gedanken sind noch immer hoch abstrakt. Der Prozess hat deutlich gemacht, dass es eine »erhebliche Bürde« darstellt, in einem Fall wie diesem jemandem Hilfsleistungen zu verwehren. Eine Begriffsbestimmung von »erheblicher Bürde« hat er jedoch nicht geboten. Der Gerichtshof widersprach auch der Behauptung von South Carolina, die verwaltungstechnische Schwierigkeit, mit den Ansprüchen religiöser Minderheiten umzugehen, stellte ein »zwingendes Interesse des Staates« dar – er erbrachte allerdings keine allgemeine Darstellung dieses Begriffs. Auf diese Weise arbeitet das Verfassungssystem der Vereinigten Staaten: In einem fortschreitenden Prozess legt der Gerichtshof gewissermaßen eine Reihe von Bahngleisen, erarbeitet zunehmend die Bedingungen dafür, die fragliche Fähigkeit rechtlich in Kraft zu setzen, und lässt allmählich die Umrisse eines Rechts hervortreten. Würde man der Gesamtgeschichte solcher Prozesse nachgehen, könnte gezeigt werden, wie ein jeder dieser Begriffe aufeinander folgend und spezifiziert im Lichte neuer Fälle ausgelegt worden ist. Gezeigt werden könnte damit auch, wie durch neue Fälle neue Fragen hinsichtlich der Grenzen dieser Fähigkeiten aufgeworfen werden. So lässt sich zum Beispiel die Frage stellen, ob das Prinzip der freien Religionsausübung Eltern das Recht verleiht, die Gesundheit oder das Leben ihrer Kinder zu gefährden. (Man denke hierbei an die Position der Zeugen Jehovas zur Frage von Bluttransfusionen.) Man kann auch fragen, ob es eine »erhebliche Bürde« darstellt, wenn die Regierung das ihr gehörende Land nutzt, um zum Beispiel eine Straße zu bauen (und damit Stämme der Ureinwohner Amerikas daran hindert, von dem in Frage stehenden Land in verschiedener Weise rituellen Gebrauch zu machen). (Im Fall *Lyng vs. Northwest Indian*

Cementery befand der Gerichtshof, dass eine erhebliche Bürde nicht vorliegt, obwohl die Straße den rituellen Gebrauch des Landes vereitelte – denn das Land war Eigentum der Regierung und diese machte nur Gebrauch von dem, was ihr gehört.) In Hinblick auf das zwingende Staatsinteresse ließe sich fragen, ob der Zustand erheblicher verwaltungstechnischer Belastung, wenn die Last sehr groß ist, überhaupt ein zwingendes Staatsinteresse betrifft. Ist Bildung ein zwingendes Staatsinteresse, und wenn ja, welche Art und welcher Umfang von Bildung? All diese Fragen finden im Zuge der Behandlung der Fälle ihre Antwort, die Umrisse einer Fähigkeit werden deutlicher. Das System der Bahngleise erweitert sich. Allerdings sollte das Bild nicht suggerieren, dass es hierbei nur Fortschritte gibt: So mag dabei auch eine wertvolle Tradition unter die Räder kommen. Allerdings ist dies in einem System relativ schwierig, das den Präzedenzfall achtet.

Wie dieses Beispiel lehrt, hat die justizielle Umsetzung einer zentralen, durch die Verfassung anerkannten Fähigkeit verschiedene Merkmale, die wir im Prozess der Weiterentwicklung des Ansatzes vermerken sollten. Denn sie scheinen zweckdienlich dafür zu sein, den Menschen eine angemessene Spezifizierung einer Fähigkeit verfügbar zu machen. So gesehen besteht eine bestimmte Nähe zum Fähigkeitenansatz. Erstens wird die in Frage stehende Fähigkeit *separat* behandelt, als etwas, das an sich selbst bedeutsam ist. Obwohl der Gerichtshof zuweilen auch den Blick auf andere Rechte wenden und die Ansicht vertreten wird, der Schutz in einem Bereich sei notwendig für den Schutz in einem anderen, so ist dieser Verweis ein eher seltenes Vorkommnis. Die Klausel zur freien Religionsausübung und die Staatsreligionsklausel sind, was die Geschichte ihrer Umsetzung betrifft, in der Tat miteinander verflochten. Allerdings liegt der Grund hierfür darin, dass sie als Teile einer Reihe für sich bestehender Garantien im Bereich der Religion gelten. Selbst die sich im gleichen Verfassungszusatz findende Klausel der Redefreiheit hat eine Auslegungsgeschichte, die davon nahezu vollständig verschieden ist.

Gewiss ist es richtig, dass Fähigkeiten eine Reihe von miteinander verknüpften Ansprüchen bilden sowie dass einige Fähigkeiten wesentlich dafür sein mögen, andere zu befördern. Die Verfassungstradition ist in der Lage, dies anzuerkennen, während sie bedingungslos jede Art der Gleichbemessung der grundlegenden Ansprüche ablehnt wie auch jede Art von Kompensation, die eine Art von Anspruch durch eine bestimmte Menge eines anderen gewissermaßen freikaufen würde. Ein Mangel an religiöser Freiheit und Gleichheit lässt sich nicht in einer anderen Münze wiedergutmachen. George Washingtons Antwort an die Quäker lautete nicht: »Wir werden dafür sorgen, dass ihr Militärdienst leistet, jedoch werdet ihr eine hübsche Summe Geld dafür erhalten.« Im Verfahren *People vs. Philips* wurde ein katholischer Geistlicher, der sich weigerte, unter Eid Informationen preiszugeben, die er durch eine Beichte erhalten hatte, nicht mit dem Hinweis aufgefordert zu antworten, man werde dies dann mit einer ansehnlichen Spende wiedergutmachen. Ihm wurde hingegen gesagt, dass die »moderaten und gerechten Prinzipien« des Rechts niemanden in eine »solch schreckliche Zwangslage« zwingen würden, zwischen der Verletzung eigener Gewissenspflichten und dem Gang ins Gefängnis wählen zu müssen. »Der einzig für das Gericht gangbare Weg ist der, ihn überhaupt nicht in den Zeugenstand zu rufen.« Der Grund dafür ist folgender: Der Geistliche wurde aufgefordert, seine Gewissenspflicht zu verletzen, und man war der Überzeugung, die Verletzung seiner Gewissenspflicht sei gleichbedeutend mit der Abschaffung des Sakraments der Beichte. Dieses Problem wäre nicht dadurch aus der Welt geschafft, wenn der Geistliche oder seine Kirche eine stattliche Geldspende erhalten hätten. Es macht keinen Sinn zu sagen, »beichte deinem Pfarrer deine Geheimnisse, wobei du ruhigen Gewissens davon ausgehen kannst, dass deine Kirche, sollte er sie vor Gericht preisgeben müssen, dafür eine hübsche Geldspende erhalten wird«.

Das zweite Merkmal der justiziellen Umsetzung, das diese Beispiele veranschaulichen, ist das ihrer umsichtigen *schrittweisen Herangehensweise:* Eine Struktur entsteht über Jahre hinweg, indem ein Fall vermöge eines anderen vorangebracht wird oder dessen Einsichten aufklärt und vertieft. Oft sind die Umrisse eines abstrakt spezifizierten Rechts anfangs äußerst unklar. (Der US-amerikanische Grundsatz der Redefreiheit beispielsweise galt für lange Zeit nicht als Schutz der freien Rede von Dissidenten in Kriegszeiten.) Mit der Zeit und dem Aufkommen neuer Fälle verstehen wir immer besser, was wir schützen, und das, was wir schützen, nimmt immer konkretere Gestalt an. So werden aus der abstrakten Vorstellung von einer »Schwelle« jene zunehmend spezifischeren Bestimmungen, die in der Sprache der Verfassung und der der Auslegung formuliert sind (»erhebliche Bürde«, »zwingendes Staatsinteresse«), die verwendet werden, um sie klar zu artikulieren.

Ein drittes diesbezügliches Merkmal besteht im *Kontextualismus* guter Auslegungen. Abstrakte Prinzipien werden immer in einem konkreten Kontext verwirklicht. Eine realistische Vorstellung dieses Kontexts und der Möglichkeiten, die er eröffnet, ist für die korrekte Urteilsfindung in den Fällen absolut entscheidend, die zentrale Fähigkeiten umfassen. Richter können es sich nicht leisten, auf dem Niveau der Allgemeinheit zu verharren oder Zuflucht bei einer rein formalistischen Methode zu suchen, womit sie sich weigerten, den Gehalt des fraglichen Falls zu betrachten: Sie müssen sich weit in die Geschichte und die gesellschaftliche Wirklichkeit hineinbegeben, um sich der schwierigen Frage zu stellen, ob die jeweilige Fähigkeit den Menschen tatsächlich sichergestellt worden ist. »Kontextualismus« meint hier weder eine Art Ad-hoc-»Situationsethik«, die keine Orientierung für die Zukunft bietet, noch einen wurzellosen Pragmatismus. Hingegen geht es darum, anspruchsvolle generelle Prinzipien umzusetzen. Um diese korrekt umzusetzen, müssen wir jedoch verstehen, wie Menschen in den spezifischen Lebensbereichen, in denen ihnen entweder Chancen gegeben oder verwehrt sind, wirklich agieren. Der Kontextualismus ist ein Desiderat für alle Ansätze, allerdings besteht eine besondere Nähe zum Fähigkeitenansatz. Denn bestrebt, verborgene Hindernisse einer vollständigen Befähigung zu erfassen, wurde durch diesen schon immer die Bedeutung hervorgehoben, die der Untersuchung der Lebensgeschichte einer jeden Person in ihrem gesellschaftlichen und geschichtlichen Kontext zukommt.

Ein viertes Merkmal guter justizieller Auslegung eines Grundrechts besteht in der permanenten *Aufmerksamkeit auf Rechten von Minderheiten, gleich behandelt zu werden*. Die Justiz legt in der Tat zu Recht den Schwerpunkt auf solche Fälle, denn Minderheiten sind in einem, an Mehrheiten orientierten politischen Prozess benachteiligt. Somit benötigen deren Ansprüche einen besonderen juristischen Schutz. Schwerlich ist in einem Verfahren, das die freie Religionsausübung des ersten Zusatzartikels der Verfassung zur Rechtsgrundlage hat, als prozessführende Partei ein Vertreter der Presbyterianischen oder der Episkopalkirche vorstellbar. Welche Probleme könnten sie in diesem Zusammenhang haben? Regeln werden von der Mehrheit gemacht, womit es die Minderheiten sind, die ungleich stärker Gefahr laufen, eine »erhebliche Bürde« tragen zu müssen. Gut an der Tradition ist in der Tat, dass sie zuweilen wie ein Universitätsseminar zum Verstehen von Minderheiten erscheint. Anfangs hatte der Oberste Gerichtshof der Vereinigten Staaten Schwierigkeiten, solche Religionen zu verstehen, die nicht dem Protestantismus ähneln. Katholiken und Juden schnitten hierbei ziemlich gut ab, amerikanische Ureinwohner, ganz gewiss aber Mormonen relativ schlecht.

Mit der Zeit gebietet allein schon die Gestalt der Tradition, dass das Gericht wiederholt die Grundsätze und Ansprüche fremder Traditionen erwägt und immer besser versteht, was in diesen Fällen eine Bürde wäre. Die Religion der amerikanischen Ureinwohner ist gegenwärtig weit besser verstanden als sie dies in den frühen Jahren war. Eine gemeindebasierte Religion wie die Altamische behandelt man heute ziemlich fair. Der von mir favorisierte Fall ist *Swann vs Pack*, ein Rechtsfall aus Tennessee, der eine Sekte betraf, die Giftschlangen für rituelle Zwecke nutzte. Hierbei ging es um die Frage, ob ein zwingendes Interesse des Staates vorlag, die von diesen Schlangen ausgehende Gefahr abzuwenden. Um sie zu beantworten, widmete sich das Gericht einer von größter Demut und Anteilnahme geprägten Begutachtung der Sekte, ihrer die Schlangen betreffenden Auffassungen, der Wichtigkeit, die diese für ihre kultischen Handlungen besitzen usw., wobei das Gericht zu dem Schluss kam, dass es für die Sekte eine erhebliche Bürde darstellen würde, ihr den Umgang mit den giftigsten Schlangen zu untersagen. An einer Stelle befand ein untergeordnetes Gericht, ein zwingendes Staatsinteresse an der Beschränkung der fraglichen rituellen Handlungen liege dann nicht vor, wenn Kinder von ihnen ausgeschlossen wären. Ein übergeordnetes Gericht (in diesem Fall der Oberste Gerichtshof des Staates Tennessee) kam zu einem entgegengesetzten Schluss und verwies auf Risiken, denen sich Erwachsene aussetzen würden, die über die Gefährdungen nicht hinreichend informiert sind. Dennoch ist der Sinn für Rücksichtnahme und das Feingefühl gegenüber einer sehr kleinen und untypischen Minderheit äußerst beeindruckend.

Bisher hat sich also meine Beschäftigung mit Fähigkeiten und Recht in einer gewissen Engführung auf den Schutz von Grundrechten durch eine schriftlich fixierte Verfassung und deren Umsetzung mittels justizieller Auslegung konzentriert. Diese Fokussierung ist nicht angemessen, weil sie erstens eine politische Struktur voraussetzt, in der die Aufgabe der Auslegung grundlegender Ansprüche bereits der Judikative zugewiesen ist, darüber hinaus zweitens aber auch die Zuversicht, dass sie diese Aufgabe ordnungsgemäß erfüllt. Grundlegende Fähigkeiten werden allerdings auf andere Weise umgesetzt: durch die Legislative und durch Verwaltungsbehörden. Die umfangreiche Literatur zur öffentlichen Entscheidungsfindung [public choice] hat bemerkenswerte Erkenntnisse zu solchen Fragen wie der Rolle von Interessengruppen bei der Beförderung oder Behinderung von Programmen gesellschaftlichen Wandels wie auch der Funktion erbracht, die bestimmten Schlüsselelementen der politischen Struktur – Wahlverfahren, Zweikammersystem, Föderalismus, der gerichtliche Rechtsschutz selber – sowohl bei der Vermeidung einiger für die öffentliche Entscheidung eigentümlicher Schwierigkeiten als auch für die Schaffung eines Prozesses der Beratschlagung zukommt, der durch normative Festlegungen wie der gleichen Handlungsfähigkeit und der Wechselseitigkeit geprägt ist.

Sen hat mit seiner Arbeit am Fähigkeitenansatz mittlerweile dieses Problem in einem gewissen Umfang thematisieren können, indem er sich mit dem intrinsischen und dem instrumentellen Wert von Demokratie und politischer Debatte befasst hat. Im Unterschied zu Gegnern, die ein Engagement für die öffentliche Vernunft als »westlich« kennzeichnen, zeigt Sen sowohl in *The Argumentative Indian* wie in *India: Development and Participation*, wie tief dieses Engagement in den Traditionen Indiens verwurzelt ist. Die Analyse des religiösen Extremismus, die er in *Identity and Violence* vornimmt, richtet die Aufmerksamkeit auch auf das Versagen der öffentlichen Debatte als einer der Hauptquellen von Gruppenpolarisierung und Konfliktbildung – obwohl ich glaube, dass er hier mit der Annahme, religiöse Gewalt werde einfach durch ein Mehr an öffentlicher Diskussion abnehmen, nicht Recht hat (es sei denn, wir legen Struktur und Art dieser Art Diskussion gewissenhaft fest). Eine detaillierte Beschreibung demokratischer Verfahren zur Thematisierung der gerade genannten Strukturfragen hat Sen jedoch noch nicht vorgelegt. Es ist noch nicht einmal klar, ob er die Verankerung von Grundrechten außerhalb der Reichweite von Mehrheitsbeschlüssen befürwortet.

Die Stärkung der Bürger mittels demokratischer Verfahren ist das gemeinsame Ziel der großen Mehrheit jener, die am Fähigkeitenansatz arbeiten, und eines seiner wirklich bedeutsamen Merkmale. Dass dies so ist, zeigt sich an dem Nachdruck, den Sen und ich auf die Handlungsfähigkeit und Achtung der Wahlmöglichkeiten von Menschen legen. Allzu häufig wird jedoch das Wort »Demokratie« nicht hinreichend bestimmt. In den meisten Demokratien gibt es Möglichkeiten, Rechte jenseits der Reichweite von Mehrheitsbeschlüssen zu verankern. Wenn Demokratie »Volksherrschaft« bedeutet, dann ist, so möchte ich behaupten, eine solche Verankerung ein notwendiges Merkmal der Demokratie. Denn sie sichert grundlegende Aspekte der Selbstherrschaft (ein Mensch – eine Stimme, gleicher Rechtsschutz, Rechtsstaatsgarantie und Vereinigungsfreiheit). Demokratie sollte anders gesagt nicht als bloße Mehrheitsherrschaft verstanden werden. Auch ließe sich in diesem Zusammenhang erwähnen, dass eine der wirkungsvollsten Maßnahmen zur Stärkung, die in der neueren Demokratieentwicklung ersonnen wurden, die Ein-Drittel-Quote für Frauen in den dörflichen *Panchayats*, den indischen Dorfräten, darstellt. Diese Maßnahme könnte man für undemokratisch halten, wenn man damit meinte, sie sei von den örtlichen Mehrheiten favorisiert worden. Oft ist sie dies aber nicht. Die Umsetzung dieser Maßnahme erfolgte auf dem Wege der Verfassungsänderung, die für alle bindend ist. Und doch wurden Frauen durch sie in bemerkenswerter Weise gestärkt.

Das Wort »Demokratie« sagt uns also ziemlich wenig. Man kann völlig davon überzeugt sein, dass die Ermächtigung von Personen und Achtung wichtige Dinge sind und es dennoch als eine offene Frage betrachten, wie sie als Themen der politischen Struktur zu behandeln wären. Wir müssen dringend den ganzen, die politische Struktur betreffenden Problemzusammenhang zur Sprache bringen und jene Themen durchdenken, die durch Politikwissenschaftler und Public-Choice-Theoretiker eingehend diskutiert worden sind wie etwa die Teilung der Gewalten, Abstimmungsverfahren, die Rolle von Interessengruppen, Verfahren zur Einhegung dieser Rolle und viele andere bedeutsame Dinge. In der Abwesenheit einer präzisierten Strukturanalyse auf die »demokratische Diskussion« zu verweisen, scheint mir – insbesondere dann, wenn eine umfassende Fachliteratur zu solchen Themen vorliegt – nur floskelhaft zu sein. Ein ähnliches Problem ist die häufige Bezugnahme auf die »Bürgergesellschaft« – ohne die Beziehung bürgergesellschaftlicher Organisationen zur Gleichheit aller Bürger und zu grundlegenden verfassungsrechtlichen Normen untersucht zu haben. Eine der einflussreichsten bürgergesellschaftlichen Organisationen in der Geschichte ist die der hinduistischen Rechten. Diese nutzt ihre enorme Mobilisierungsmacht dazu, Muslime zu verunglimpfen – durch öffentliche Diskussion! Lobbygruppen sind gleichfalls mächtige bürgergesellschaftliche Organisationen, die oftmals gegen die gleichwertige Stärkung aller Bürger arbeiten. So viel mehr müsste gesagt werden: keiner dieser Orte, an denen eine öffentliche Diskussion stattfindet, ist an sich gut.

Eine wesentliche Herausforderung des Fähigkeitenansatzes wird folglich zukünftig darin bestehen, systematischer über die politische Struktur nachzudenken. Dies kann unter Absehung von der Geschichte und den Verhältnissen der Nationen (dem Bildungsstand der Wählerschaft, der Wahrscheinlichkeit, dass Richter mit den Lebensumständen und Meinungen der Wähler bekannt sind usw.) nicht wirklich realisiert werden. Dennoch zeigen die Public-Choice-Literatur und die Literatur über deliberative und partizipatorische Demokratie einen Fortschritt bei bestimmten Fragen. So scheint eine wichtige Aufgabe darin zu bestehen, den Fähigkeitenansatz mit diesen anspruchsvollen Theorien in Beziehung zu bringen.

8.8 Fähigkeiten und menschliche Psychologie

Eine gleichermaßen bedeutsame Herausforderung für die Zukunft stellt die Ausarbeitung einer politischen Psychologie dar – einer Darstellung der Gefühle und anderer psychologischer Einstellungen, die ein Programm zur Verwirklichung menschlicher Fähigkeiten stützen und behindern. Es ist offensichtlich, dass Menschen ein derart herausforderndes Programm, welches dem persönlichen Eigeninteresse große Opfer abverlangt, nicht ohne Gefühle der Sympathie und Solidarität gestalten werden. Daniel Batsons bemerkenswerte Forschung hat gezeigt, dass Sympathie allein (die er »empathische Sorge« nennt) nicht verlässlich ist, weil sie leicht jenen Menschen den Vorzug gibt, die einem nahestehen. Zugleich zeigt Batson aber auch die einzigartig motivierende Kraft des Gefühls auf, die zu missachten unklug wäre. Institutionen kommt eine Festigkeit und Unvoreingenommenheit zu, die Menschen oft fehlt, auch überdauern sie flüchtige Gefühlsschwankungen. Dennoch werden die guten Institutionen, sollten die Gefühle schwinden, schließlich einen Wandel erfahren. Wenn für die Rechtfertigung einer Reihe politischer Institutionen gezeigt werden muss, dass sie durch wirkliche Menschen geschaffen werden und dauerhaft sein können, dann lässt sich diese Aufgabe ohne eine Untersuchung der emotionalen Dimensionen des politischen Bereichs nicht realisieren. Dass das Thema Emotion für viele der großen Theoretiker der Politik wie etwa Aristoteles, Hobbes, Rousseau, Mill und Rawls von zentraler Bedeutung war, kann nicht überraschen.

Eine solche Untersuchung sollte in zwei Teilen erfolgen. Zuerst muss gefragt werden, was wir über die menschliche Psychologie »an sich« wissen, das heißt über alles zu ihr Gehörige, was nicht einer bestimmten Kultur geschuldet ist. Menschen sind nicht grenzenlos formbar. Auch gibt es psychologische Studien allgemeiner menschlicher Anlagen (z. B. in Bezug auf Gruppenzwang, Autoritätshörigkeit, Furcht und Abscheu), die sich durch handfeste kulturübergreifende Belege ausweisen.

Zweitens müssen wir, so gut dies uns möglich ist, verstehen, wie formbar diese emotionalen Anlagen sind und welche Eingriffe (durch Familie, Schule, andere gesellschaftliche Umfelder) ihnen eine Richtung geben, die das Ziel der Verwirklichung der zentralen Fähigkeiten für alle Bürger weltweit befördert. Mill hatte geglaubt, Menschen seien äußerst formbar, und ein öffentliches Bildungsprogramm vorgestellt, das die Menschen dazu befähigen sollte, den eigenen Erfolg im Leben mit dem Erfolg anderer zu identifizieren, einschließlich dem anderer in der Zukunft. Obwohl Mill vom Ausmaß menschlicher Formbarkeit gewiss übertriebene Vorstellungen hatte, sollten wir doch die Rolle gesellschaftlicher Normen bei der Gestaltung von Emotionen in jedem Alter nicht unterschätzen. Ein umfassenderes Verständnis des Entwicklungsprozesses und der Wege, auf denen eine Vielzahl gesellschaftlicher Einflüsse jene Gefühle prägen, die für die Politik bedeutsam sind, ist entscheidend dafür, diesen Ansatz zu verwirklichen oder ihn auch nur zu rechtfertigen.

Teil dieser Aufgabe wird es sein, ein Verständnis jener Gefühle zu erarbeiten, die, wie etwa Sympathie und Achtung, den Fähigkeitsansatz befördern. Diese sind nicht aus sich heraus verlässlich, denn oft werden sie nur sehr beschränkt und ungleich wirksam. Eine uns beschäftigende Frage ist folglich, wie wir sie dazu befähigen können, auf der Idee menschlicher Gleichheit gründende Strategien zu unterstützen, ohne dass wir ihnen dabei die Motivationskraft nehmen. Wie ließen sich diese Emotionen heranbilden, ohne die geschätzten Werte freier Rede und Diskussion zu untergraben? Eine andere umfassende Aufgabe wird darin bestehen, jene Emotionen zu erkunden, die den Fähigkeitenansatz unterminieren, einschließlich verschiedener Formen von Hass und Abscheu, aber auch jener primitiven Scham angesichts der eigenen Hilflosigkeit, die oft dazu führt, andere anzuprangern und zu stigmatisieren.

Wenn wir in diesem Sinne mit unserer Arbeit beginnen, müssen wir die Einschränkungen sehr ernst nehmen, die uns die Bindung an den politischen Liberalismus auferlegt. Letzterer verlangt uns ab, die verschiedenartigen Lebensvorstellungen, die sich in einer pluralistischen Gesellschaft finden, dadurch zu achten, dass wir unsere politischen Prinzipien nicht auf irgendeiner metaphysischen, erkenntnistheoretischen oder psychologischen Lehre errichten, die zwischen den Menschen, die diese verschiedenen Vorstellungen hegen, kontrovers ist. Dies ist eine schwierige Aufgabe. Dass sie aber zu bewältigen ist, hat John Rawls gezeigt, indem er politisch tragfähige Versionen von Ideen (der Person, der Handlung, der Autonomie und der Objektivität) konzipiert hat, die in je verschiedener Weise in den unterschiedlichen religiösen und säkularen Lebensansichten generiert werden. Rawls glaubte, auf ähnliche Weise mit der Psychologie verfahren zu können. Er war der Auffassung, so verfahren zu müssen, wenn eine akzeptable Darstellung politischer Stabilität zu erbringen sei. Durchgeführt hat er dieses Projekt allerdings nicht. Die Darstellung der Kindesentwicklung und des Gefühls, die er in *Eine Theorie der Gerechtigkeit* vorangebracht hatte, wurde von ihm mit dem Hinweis suspendiert, sie sei möglicherweise zu umstritten. Natürliche verlangte er, eine »vernünftige politische Psychologie« müsse entwickelt werden, hat dies aber selber nicht geleistet.

Mit Rawls bin ich der Überzeugung, dass die Aufgabe sowohl wichtig als auch – innerhalb der Grenzen des politischen Liberalismus – zu bewältigen ist. Um sie ordentlich zu erfüllen, müssen wir uns die mit der Emotion befassten wissenschaftlichen Forschungen und experimentellen Untersuchungen möglichst umfassend aneignen, denn diese liefern Datenpunkte, die vermutlich von allen vernünftigen Ansichten her akzeptiert werden können. Der normative Aspekt (welche Emotionen gefördert werden sollten) erschließt sich aus den politischen Prinzipien selbst, die vermutlich schon Gegenstand eines übergreifenden Konsens geworden sind. Nicht alles, was wir über Kinder, insbesondere sehr kleine Kinder, in Erfahrung bringen müssen, lässt sich allein über experimentelle Daten erlangen. Humanwissenschaftliche Disziplinen wie die klinische Psychologie, Psychoanalyse, Geschichte und Literaturwissenschaften verschaffen uns gleichfalls einen Einblick in die Dynamik eines kindlichen Seelenlebens. Es ist immer gut, und oft geschieht dies auch, wenn solche Einsichten durch Experimente gestützt sind. Aber Experimente können uns einfach nicht alles mitteilen, was wir über Angst, Narzissmus oder Scham bei Kindern wissen müssen. Deshalb sollten wir Erkenntnisse humanwissenschaftlicher und verstehensorientierter Disziplinen in flexibler und nichtdogmatischer Weise nutzen, die unseren Mitbürgern verschiedene Zugänge zur Darstellung anzubieten versuchen: Wem zum Beispiel durch die eigene Weltanschauung die Psychoanalyse verwehrt ist, mag für analoge Einsichten empfänglich sein, die sich der Lektüre von Proust entnehmen lassen.

Über menschliche Gefühle gehaltvoll sprechen zu können erfordert, mit dem menschlichen Leben vertraut und über eine Vielzahl menschlicher Zwangslagen belesen zu sein sowie über ein ungewöhnliches Maß an Leiden wie Freude betreffende Kenntnisse zu verfügen. Wirtschaftswissenschaftler besitzen solche Kenntnisse kaum oder haben diese zumindest in ihren Werken nicht dargelegt. Gelegentlich wurde von ihnen der gesamte Themenbereich der Emotion als nicht sachdienlich ausgeblendet. Unter den großen Philosophen verfügen einige (etwa Platon, Aristoteles, Seneca, Rousseau, Mill und Tagore) über Kenntnisse der Art, um die es mir geht. Anderen scheinen sie zu fehlen – oder zumindest vermeiden sie es, über diese Dinge in ihren Werken zu schreiben. Mit dem Fähigkeitenansatz befasste Theoretiker haben sich die experimentelle Arbeit der Psychologie bestmöglich anzueignen, müssen allerdings auch Romane, Biographien, Autobiographien und psychologische Fallberichte lesen. Sie sind verpflichtet, sich all das zu eigen zu machen, was ihr Verständnis jener komplexen Elemente menschlicher Erfahrung, von denen unsere Hoffnung auf politischen Erfolg und politische Stabilität abhängt, zu erweitern vermag.

Schluss

Wir leben in einer Zeit, die durch Profitstreben und die Sorge um nationale wirtschaftliche Errungenschaften beherrscht ist. Wirtschaftswachstum, obwohl Teil einer klugen praktischen Politik, ist eben nur ein Teil, noch dazu eines von nur instrumenteller Bedeutung. Was letztlich zählt, sind die Menschen; Profite sind für die Leben der Menschen nur zweckdienliche Mittel. Gleich dem Ziel einer guten nationalen Binnenpolitik besteht das Ziel der globalen Entwicklung darin, jede Person zu einem vollwertigen und schöpferischen Leben zu befähigen, dazu, dass sie ihre Potentiale entwickeln und ein sinnvolles Dasein entsprechend ihrer Würde unter Gleichen erreichen kann. Das wirkliche Ziel der Entwicklung besteht anders gesagt in der *menschlichen Entwicklung*. Andere Ansätze und Maßnahmen in Fragen menschlicher Entwicklung sind bestenfalls Ersatzmechanismen, wobei die meisten die menschlichen Prioritäten auf umfassende, präzise und ausgewogene Art nicht widerspiegeln können. Die weitverbreitete Nutzung des BIP als Maßstab der Lebensqualität hält an, trotz der zunehmenden Einigkeit darüber, dass diese Ersatzkonzeption die Qualität des menschlichen Lebens nicht einmal gut erfasst.

Die meisten Nationen haben innerstaatlich verstanden, dass Menschen zu achten eine umfassendere und komplexere Darstellung nationaler Prioritäten verlangt, als sie das BIP für sich genommen liefern kann. Alles in allem bieten sie in ihren Verfassungen und Gründungsdokumenten eher angemessene Darstellungen. Die Theorien jedoch, die die Strategiebildung in der neuen Weltordnung dominieren, müssen die Achtung gebietende Komplexität erst noch erlangen, die vernünftige Verfassungen aufweisen. Andererseits sind sie, bei all ihren Mängeln, von enormem Einfluss. Leider erreicht die Macht ihrer Einflussnahme nicht nur internationale Körperschaften. Ihr unterliegen auch die binnenpolitischen Prioritäten von Nationen. Viele Nationen versuchen gegenwärtig, ihr Wirtschaftswachstum auf Wegen zu erlangen, die andere Verpflichtungen verletzen, die sie ihrem Volk gegenüber eingegangen sind. Der Rückgriff auf unvollständige Theorien bildet nur einen Teil der Geschichte, die hinter dieser eingeschränkten Perspektive steht, allerdings einen solchen, der sich einfallsreich thematisieren lässt und so auch thematisiert wird.

Ein neues theoretisches Paradigma ist im Entstehen, das sich den Forderungen der Menschen nach einer Lebensqualität verschrieben hat, die ihre gleiche menschliche Würde verlangt. Im Unterschied zu den vorherrschenden Ansätzen ist es von Anbeginn der gleichen Würde aller Menschen verpflichtet, welcher Klasse, Religion, Kaste, Ethnie oder welchem Geschlecht sie auch immer angehören mögen. Auch ist es von dem Bemühen getragen, allen ein Leben zu ermöglichen, das dieser gleichen menschlichen Würde wert ist. Dieses Paradigma weist sich sowohl als vergleichende Darstellung der Lebensqualität als auch als eine Theorie grundlegender gesellschaftlicher Gerechtigkeit aus und behebt die hauptsächlichen Mängel der vorherrschenden Ansätze. Empfänglich für Fragen der Verteilungsgerechtigkeit richtet es insbesondere die Aufmerksamkeit auf Kämpfe traditionell ausgegrenzter oder marginalisierter Gruppen. Auch die Komplexität und qualitative Mannigfaltigkeit der Ziele, denen Menschen nachgehen, vermag der Ansatz zu erfassen. Statt all diese verschiedenen Ziele über einen Kamm zu scheren, werden hier die zwischen ihnen bestehenden Beziehungen gewissenhaft untersucht und es wird darüber nachgedacht, wie sie einander befördern und ergänzen. Auch wird hier der Tatsache Rechnung getragen, dass verschiedene Menschen Ressourcen möglicherweise in verschiedener Menge benötigen, wenn sie das gleiche Niveau zu wählen und zu handeln sollen erreichen können. Relevant ist dies insbesondere im Falle unterschiedlicher gesellschaftlicher Ausgangspositionen.

All dieser Gründe wegen erregt der Fähigkeitenansatz weltweit Aufmerksamkeit als Alternative zu den vorherrschenden entwicklungstheoretischen Ansätzen in der Entwicklungsökonomie und der politischen Strategiebildung. Er findet auch Aufmerksamkeit als ein Zugang zum Problem grundlegender gesellschaftlicher Gerechtigkeit innerhalb der Nationen und zwischen den Nationen – wobei er in mancher Hinsicht mit anderen philosophischen Konzeptionen gesellschaftlicher Gerechtigkeit übereinstimmt. In mancher Hinsicht aber auch nicht – wenn er zum Beispiel dem Kampf behinderter Menschen eine stärkere Unterstützung gewährt, als dies ein vertragstheoretisches Modell zu erlauben scheint.

Unsere Welt benötigt ein kritischeres Denken und einen respektvolleren argumentativeren Umgang. Die übliche, aber peinliche Praxis, mittels Schlagworten zu argumentieren, muss dringend durch eine solche Art öffentlichen Diskurses ersetzt werden, die unserer gleichen menschlichen Würde selber größere Achtung entgegenbringt. Der Fähigkeitenansatz wird als Beitrag zu einer nationalen wie internationalen Debatte vorgestellt, nicht jedoch als Dogma, das als Ganzes kommentarlos hinzunehmen wäre. Er soll erwogen, durchdacht, mit anderen Ansätzen verglichen und – falls er die argumentative Prüfung bestanden haben sollte – angenommen und praktisch umgesetzt werden. Das bedeutet, dass Sie, die Leser dieses Buches, die Autoren des nächsten Kapitels dieser Geschichte menschlicher Entwicklung sind.

Nachwort

Dieses Buch erzählt die Geschichte einer sich entwickelnden intellektuellen und praktisch-politischen Bewegung, deren Organisationsverband – der Human Development and Capability Association (HDCA) – jeder beitreten kann, der sich für diese Ideen interessiert. Diese Vereinigung wurde im Jahre 2004 gegründet (nach einem Zeitraum von drei Jahren, in denen Vorbereitungskonferenzen stattfanden), sie veranstaltet jährlich ein Treffen, veröffentlicht eine Zeitschrift (das *Journal of Human Development and Capabilities,* die dem UNDP angegliedert, redaktionell aber mittlerweile mit der Vereinigung verbunden ist) und fördert weltweit eine Vielzahl von Seminaren und Aktivitäten. Obwohl Amartya Sen und ich die beiden »Gründungsvorsitzenden« sind, wird die tägliche Arbeit der Vereinigung größtenteils von ihrem, im Rotationsmodus arbeitenden Exekutivkomitee bewältigt, von einer Gruppe äußerst engagierter junger Wissenschaftler, bekannt als die »Arbeitsbienen«, und von ihrem gegenwärtigen, für eine zweijährige Amtszeit tätigen Präsidenten. (Nach Sen und mir zählten zu den Präsidenten Frances Stewart von der Oxford University und Kaushik Basu von der Cornell University, dem gegenwärtigen Chefberater für Wirtschaftsfragen der Regierung Indiens.)

Die Vereinigung hat das Ziel, den Menschen, die sich für den Ansatz interessieren, die Möglichkeit zu geben, einige der Grenzen zu überwinden, die die gegenwärtige akademische Welt kennzeichnen:

a) *Grenzen zwischen den Fachdisziplinen.* Wirtschaftswissenschaftler müssen stärker mit Politikwissenschaftlern, Philosophen, Soziologen, Psychologen, Ökologen und anderen zusammenarbeiten, damit das Versprechen, das diesem Ansatz innewohnt, realisiert werden kann.
b) *Die Grenze zwischen Theorie und Praxis.* Politiker und Fachleute der Entwicklungspolitik haben denen, die sich mit theoretischen

Fragestellungen beschäftigen, vieles zu bieten und können wiederum auch von ihnen lernen. Die Arbeit an der Theorie sollte auf Probleme der wirklichen Welt antworten, die Theorieansätze können die Welt der praktischen Politik wie die der Entwicklungspolitik erhellen.

c) *Die Grenze zwischen Alt und Jung.* In der wissenschaftlichen Welt müssen dringend Wege gefunden werden, um junge Forscher, die gerade erst am Anfang ihrer akademischen Laufbahn stehen, mit gestandenen Theoretikern in Kontakt zu bringen.
d) *Grenzen zwischen Regionen und Nationen.* Sowohl erfahrenen Gelehrten, insbesondere aber auch deren jüngeren Kollegen müssen Gelegenheiten dafür geschaffen werden, über nationale und regionale Grenzen hinweg zusammenzukommen.

Jeder Leser dieses Buches, ob er nun gegenwärtig an einer akademischen Institution arbeitet oder nicht, kann der Vereinigung beitreten, eine Abhandlung zu deren Jahresversammlung einreichen und deren Webseite nutzen, um mit anderen, an denselben Fragen interessierten Menschen in Verbindung zu treten.

Anhang A

Heckman über Fähigkeiten

Während seiner bemerkenswerten wissenschaftlichen Laufbahn hat der an der University of Chicago lehrende Ökonom James J. Heckman, Nobelpreisträger für Wirtschaftswissenschaften im Jahre 2000, seine Aufmerksamkeit durchgängig auf eine Konzeption menschlicher Fähigkeiten gerichtet, die im Zusammenhang mit seinem Interesse an der Entwicklung im frühen Kindesalter steht. Bisher hat Heckmans bedeutendes empirisches und theoretisches Wirken bei der Ausarbeitung des Fähigkeitenansatzes noch nicht hinreichend Erwähnung gefunden. Die Ideen, die sich in seinem parallelen Forschungsprojekt manifestieren, sollten für diese Arbeit zukünftig eine wesentliche Bedeutung erlangen. Denn sie sind für die praktische, die Entwicklung menschlicher Fähigkeiten betreffende Politik richtungweisend und stellen qualitativ anspruchsvolle Modelle dar, mit denen sich die fraglichen Themenstellungen beleuchten lassen. Mit einer von James Heckman und mir im Frühjahr 2010 an der University of Chicago organisierten Konferenz, auf der Amartya Sen das Hauptreferat hielt, begann sich die Lücke zu schließen. Wir hoffen, dass der Prozess gegenseitiger wissenschaftlicher Erhellung fortwährt.

»Fähigkeiten« werden von Heckman als Fertigkeiten oder Potenziale dafür verstanden, etwas zu erreichen. Sein Ansatz gründet in der wirtschaftswissenschaftlichen »Humankapital«-Konzeption. Definitorisch steht sein Fähigkeitsbegriff meinem Begriff interner Fähigkeiten näher, als meinem der kombinierten Fähigkeiten. Anders gesagt sind die äußeren gesellschaftlichen Umstände, die entweder die Wahl der Tätigkeit erlauben oder behindern, als solche gesehen nicht Elemente einer gegebenen Fähigkeit, wie Heckman den Terminus benutzt. Somit ist es für eine fruchtbare Verständigung zwischen diesen beiden Ansätzen erforderlich, Fragen der Übersetzbarkeit zu beachten.

Gestützt auf umfangreiche psychologische Forschungen und andere empirische Studien entwickelt Heckman seine zentrale These, dass menschliche Fähigkeiten in entscheidendem Maße bereits sehr früh durch vielfältige Umwelteinwirkungen geprägt werden, beginnend mit vorgeburtlichen Einflüssen auf die spätere Entwicklung, die sich im frühen Lebensalter in der Familie und in den ersten Jahren der schulischen Ausbildung fortsetzen. Heckman interessiert sich sowohl für die kognitiven Fertigkeiten wie auch für das, was er »nichtkognitive« Fertigkeiten nennt, womit er Vermögen emotionaler und charakterologischer Art meint (Aufmerksamkeit, Selbstkontrolle usw.), die den späteren Erfolg im Erwachsenenalter in erheblichem Maße beeinflussen. (Ich habe das Wort »nichtkognitive« in Anführungszeichen gesetzt, weil Heckmans Programm nicht beinhaltet, eine nichtkognitive Konzeption von Gefühlen im Gegensatz zu einer kognitiven zu verteidigen; er nutzt den Terminus nur, um den Bereich des Emotionalen von jenem des Kalkulatorischen und anderer intellektueller Fertigkeiten zu unterscheiden.) Empirische Untersuchungen haben gezeigt, dass ein frühzeitiges Eingreifen von entscheidender Bedeutung ist, womit vorschulische Interventionen und Bildungsprogramme, die in Zusammenarbeit mit den Eltern die Leistungsfähigkeit in einer durch Ungleichheit gespaltenen Gesellschaft zu verbessern suchen, Plausibilität gewinnen. In der Tat behauptet Heckman, ein Großteil menschlicher Leistungspotenziale werde vertan, weil nicht zeitig genug interveniert wird, weder durch Programme, die die Gesundheit des zukünftigen Menschen bereits *in utero* verbessern, noch durch solche, die auf die nachgeburtliche Entwicklung zielen. Obwohl die Forschung erweist, dass die meisten wesentlichen menschlichen Fähigkeiten erheblich durch Ereignisse in der frühen Kindheit beeinflusst werden, entwickeln sich, wie Heckman auch behauptet, einige wesentliche emotionale Fähigkeiten, wie etwa Selbstkontrolle, später, d. h. bis hin zur Adoleszenz – was es sinnvoll macht, Hilfsprogramme auch für diesen Lebensabschnitt auszuarbeiten.

Heckman setzt sein breit angelegtes Forschungsprogramm in Zusammenarbeit mit Psychologen, Gesundheitsexperten und Familienforschern fort. Jene Philosophen und Wirtschaftswissenschaftler, die dem Fähigkeitenansatz verbunden sind, müssen diese Arbeit vollständig aufgreifen.

Die hier folgend aufgelisteten wesentlichen Veröffentlichungen von Heckman und seinen Mitautoren bilden nur eine kleine Auswahl ihrer Arbeit über menschliche Fähigkeiten. Allerdings beinhalten sie Bezugnahmen auf damit zusammenhängende Untersuchungen von Heckman und anderen.

Borghans, Lex, Angela Lee Duckworth, James J. Heckman, und Bas ter Weel. »The Economics and Psychology of Personality Traits«. *Journal of Human Resources* 43 (2006): 972–1058.

Borghans, Lex, Barc H. H. Golsteyn, James J. Heckman, und Huub Meijers. »Gender Differences in Risk Aversion and Ambiguiry Aversion«. *Journal of the European Economic Association* 7 (2009): 649–658.

Carneiro, Pedro, und James J. Heckman. »Human Capital Policy«. IZA Discussion Paper no. 821, SSRN http://ssrn.com/abstract=434544.

Cunha, Flavio, und James J. Heckman. »Formulating, Identifying and Estimating the Technology of Cognitive and Noncognitive Skill Formation«. *Journal of Human Resources* 43 (2006):738–782.

– »The Technology of Skill Formation«. AEA Papers and Proceedings 97 (May 2007): 31–47.

– »The Economics and Psychology of Inequality and Human Development«. *Journal of the European Economics Association* 7 (2009): 320–364.

Cunha, Flavio, James J. Heckman, Lance Lochner, und Dimitriy V. Masterov. »Interpreting the Evidence on Life Cycle Skill Formation«. *Handbook of the Economics of Education*, Bd. 1, hg. v. Eric A. Hanushek und Finis Welch. Amsterdam, 2006, 697–812.

Heckman, James J. »Catch 'em Young«. *Wall Street Journal*, January 10, 2006, S. A14.

– »Skill Formation and the Economics of Investing in Disadvantaged Children«. *Science* 12 June 30. 2006, 1900–1902.

– »The Economics, Technology, and Neuroscience of Human Capability Formation«. *PNAS* 104, August 14, 2007, 13250–13255.

– »Schools, Skills, and Synapses«. *Economic Inquiry* 46 (2008): 289–324.

– »Schools, Skills, and Synapses«. VOX, http://www.voxeu.org/index/php?q=node/1564.

Heckman, James J., und Dimitriy V. Masterov. »The Productivity Argument for Investing in Young Children«. *Review of Agricultural Economics* 29 (2007): 446–493.

Heckman, James J., und Yona Rubinstein. »The Imporrance of Noncognitive Skills: Lessons from the GED Testing Program«. *American Economic Review* 91 (2001): 145–149.

Heckman, James J., Jora Stixrud, und Sergio Urzua. »The Effects of Cognitive and Noncognicive Abilities on Labor Market Outcomes and Social Behavior«. *Journal of Labor Economics* 24 (2006): 411–482.

Knudsen, Eric I., James J. Heckman, Judy L. Cameron, und Jack P. Shonkoff. »Economic, Neurobiological, and Behavioral Perspectives on Building America's Future Workforce«. *PNAS* 103 (2006): 10155–10162.

Anhang B

Sen über Wohlergehen und Handlungskompetenz

In seinen Dewey Lectures »Well-Being, Agency, and Freedom« (*Journal of Philosophy* 82 (1985), 169–221) nutzt Amartya Sen eine, in ihren Konsequenzen erhebliche Unterscheidung zwischen der *Freiheit des Wohlergehens* [well-being freedom] und der *Freiheit des Tätigseins* [agency freedom]. Da ich diese Unterscheidung nicht verwende (auch Sen verwendet sie in seinen jüngsten Veröffentlichungen nicht), sollte ich darlegen, warum ich dies nicht tue, und die Beziehungen zwischen Sens und meinen Kategorien herausarbeiten.

Sen differenziert zwischen dem »Aspekt des Wohlergehens« einer Person – womit er offenbar das Gedeihen dieser Person meint, ihren Erfolg im Leben – und dem »Aspekt des Tätigseins*«[1], dem Entscheidungsvermögen, das er mit der kantschen Moralphilosophie in Zusammenhang bringt. Er prüft dann eine Reihe von Konzeptionen des Wohlergehens und lehnt sowohl Konzeptionen ab, die mentale Zustände zur Grundlage nehmen, als auch jene, die sich auf eine Bedürfnisbefriedigung beziehen, da er sie jeweils für zu begrenzt hält: Sie erfassten nicht weitere bedeutsame Aspekte personalen Wohlergehens, insbesondere nicht diverse Formen von Aktivität. »Das vorrangige Merkmal des Wohlergehens«, so schließt er, »verbindet sich mit der Frage, wie eine Person ›tätig sein‹ kann, wobei dieser Terminus in einem sehr weiten Sinne zu fassen ist« (197). Es finden sich zwei weitere Formulierungen dieses Gedankens: »Das vorrangige Merkmal des Wohlergehens einer Person ist der Tätigkeitsvektor, den sie erreicht.« (198) Und: »Das zentrale Merkmal des Wohlergehens besteht in der Fähigkeit, in einem wertvollen Sinne tätig zu sein.« (200) Die Person müsse, so lautet Sens Schlussfolgerung, die

[1] Um den Unterschied zwischen der Übersetzung von »functionings« und »agency« deutlich zu machen, wird die Übersetzung des englischen »agency« als »Tätigsein« mit Asterisk gekennzeichnet.

bedeutenden Tätigkeiten bewerten. Das Wohlergehen der Person werde folglich relativ zu ihrer Bewertung sein.

Diese Behauptungen leiten bereits zu einer Frage über: Ist Wohlergehen die Möglichkeit (Fähigkeit) wertvoller Tätigkeiten oder deren Leistung? Diese anfänglichen Aussagen deuten auf die erstere Variante. Die daran anschließende Diskussion bestätigt diese Vorstellung, gestaltet sie aber durch die Behauptung schwieriger, Freiheit sei nur ein Aspekt des Wohlergehens. Ein erlangtes Wohlergehen bestehe wesentlich in ausgeführten Tätigkeiten, aber die Möglichkeit, sie zu wählen, sei gleichfalls »relevant für die Einschätzung des Wohlergehensaspekts« einer Person. (201) Man betrachte zwei Menschen: Der eine fastet und der andere hungert. Sen behauptet, es gebe keinen Unterschied hinsichtlich des »durch beide tatsächlich erreichten Niveaus des Wohlbefindens«. Allerdings gebe es eine Freiheitsdifferenz: Der reduzierte Ernährungszustand der fastenden Person sei Ergebnis ihrer freien Entscheidung, und dieser Unterschied sei für die Einschätzung des Wohlergehens der Person relevant. Diese Wahlfreiheit, tätig oder nicht tätig zu sein, nennt Sen fortan »Freiheit des Wohlergehens«, wobei die daran anschließende Diskussion entschieden darauf verweist, dass ihm diese Freiheit nicht nur Mittel personalen Wohlergehens, sondern ein konstitutiver Bestandteil desselben ist.

Somit ist Freiheit Sen zufolge – die er offenbar doppelsinnig versteht, als Freiheit, tätig oder nicht tätig zu sein – dem Wohlergehen wesenseigen. Die Freiheit des Wohlergehens bestehe in jener Freiheit, die sich »auf die Fähigkeit einer Person konzentriert, diverse Tätigkeitsvektoren zu besitzen und sich des erlangten Wohlergehens zu erfreuen, das diesen Fähigkeit entspricht« (203). Jetzt aber kontrastiert Sen diesen Freiheitsbegriff mit einem solchen, den er »umfassender« nennt, und der »auf den Aspekt des Tätigseins* einer Person bezogen ist« (ebd.). Dies überrascht allerdings etwas, schien es doch, dass Tätigsein* bereits in Erwägung gezogen wurde. Betrachten wir, wie Sen diese grundsätzliche Unterscheidung darlegt:

»Die ›Freiheit des Tätigseins*‹ einer Person nimmt Bezug auf das, was einer Person bei der Verfolgung ihrer Ziele oder Werte – welche auch immer dies sein mögen – freisteht zu tun und zu erreichen. Der Aspekt des Tätigseins* einer Person lässt sich nicht verstehen, ohne deren Absichten, Zielvorstellungen, Bindungen, Verpflichtungen und – in einem weiten Sinne gefasst – deren Vorstellung vom Guten in Betracht zu ziehen. Während die Freiheit des Wohlergehens in der Freiheit besteht, etwas Bestimmtes zu erzielen, nämlich das eigene

Wohl, ist die Idee der Freiheit des Tätigseins* allgemeiner, denn sie ist nicht an irgendeine Art Ziel gebunden. Die Freiheit des Tätigseins* meint die Freiheit, das zu erlangen, was die Person als verantwortlicher Akteur für sich entscheidet, erlangen zu sollen. Aufgrund dieser *offenen Bedingtheit* ist das Wesen der Freiheit des Tätigseins* völlig verschieden von der des Wohlergehens, die sich auf eine bestimmte Art Zielvorstellung konzentriert und Möglichkeiten daran bemisst.« (203–204, Hervorhebung im Original)

Diese Unterscheidung ist für einen Utilitaristen nicht rätselhaft, für den Wohlbefinden einen mit Glück oder Bedürfnisbefriedigung verbundenen engen Sinn besitzt. Aber Sen hat diese begrifflichen Engführungen des Wohlbefindens bereits zurückgewiesen und Wohlbefinden in Übereinstimmung mit all dem definiert, was eine Person wertschätzt, das heißt mit ihrer Vorstellung des Guten. Weil Tätigsein* von ihm hier unter Bezug auf eine Vorstellung vom Guten bestimmt wird, ist die Einführung dieses zusätzlichen Begriffs völlig rätselhaft. Denn sie legt nahe, dass sich Sen auf einen engeren Begriff des Wohlergehens zurückgezogen hat und nun des Tätigseins* bedarf, um die Arbeit zu erledigen, die ein umfassender Begriff des Wohlergehens geleistet hat (in der vorherigen Vorlesung). Wie kann diese Unterscheidung einen Sinn ergeben?

Man könnte erstens vermuten, dass die Freiheit des Tätigseins* umfassender ist, weil sie die Freiheit einschließt, ein Ziel nicht zu verfolgen, wie auch jene, das Ziel zu verfolgen (womit es möglich wäre, die Freiheit des Wohlergehens ohne die des Tätigseins* zu besitzen – unter dem Schutzmantel gewisser paternalistischer politischer Leitlinien, denen entsprechend Menschen gezwungen werden zu tun, was sie wertschätzen, zum Beispiel gesund zu leben, und ihnen die Möglichkeit genommen wird, sich anders zu entscheiden). Sen hat aber bereits klargestellt, dass die Freiheit, sich anders zu entscheiden, elementarer Bestandteil der Freiheit des Wohlergehens ist. Man könnte nun vermuten, dass die Freiheit des Tätigseins* deshalb umfassender ist, weil sie die Freiheit umfasst, Bindungen und Ziele zu erstreben, die nicht mit dem eigenen individuellen Leben verbunden sind und damit, wie es einem als Individuum geht. Allerdings behauptet Sen nachdrücklich, die Freiheit des Tätigseins* umfasse die »Vorstellung vom Guten«, die die jeweilige Person hegt, und sei persönlich in genau diesem Sinn: Sie schließe all das ein, was eine Person in Verfolgung dieses Guten wertschätzt. Ist die Freiheit des Wohlergehens beschränkter als anfänglich definiert? Scheinbar nicht, denn der Akteur ist aufgefordert, alle Tätigkeiten zu berücksichtigen und sie einzuschätzen. Die Freiheit des Tätigseins* wird von Sen nicht mit der Freiheit in Verbindung gebracht, Dinge zu erstreben, die für die Vorstellung vom Guten, die die Person hegt, völlig bedeutungslos sind – obwohl er dies vielleicht hätte tun können. So ist die Freiheit, den ganzen Tage über Grashalme zu zupfen, für die Freiheit des Tätigseins* dieser Person, Sen zufolge, genauso bedeutungslos wie sie es für deren Freiheit des Wohlbefindens ist, falls die Person dieser Tätigkeit überhaupt keine Bedeutung beimisst. Falls im Unterschied dazu eine Person dem Grashalmzupfen Wert beimisst, dann ist die Möglichkeit, diese Tätigkeit zu wählen, sowohl für die Freiheit des Tätigseins* als auch für die Freiheit des Wohlbefindens dieser Person bedeutsam.

Somit komme ich zu dem Schluss, dass diese Unterscheidung unklar und für jemanden wie Sen nicht brauchbar ist, der utilitaristische Vorstellungen des Wohlbefindens (mit guten Gründen) verworfen hat. Es handelt sich um ein Rudiment des Utilitarismus innerhalb von Sens nichtutilitaristischem Projekt.

Der Vergleich meiner eigenen Konzeption von Freiheit mit der Sens ist schwierig, denn die meinige ist eine politische und keine umfassende Konzeption des Wohlbefindens und des Tätigseins*. Sie äußert sich deshalb überhaupt nicht zu den Freiheiten der Menschen, Teile ihrer umfassenden Konzeptionen des Guten zu erstreben, die zur politischen Konzeption nicht gehören. Gewiss schätzt die politische Konzeption Fähigkeiten, die von erheblicher Auswirkung auf die Fähigkeiten der Menschen sind, ihren mannigfaltigen Vorstellungen vom Guten nachzugehen. Fähigkeiten wie etwa Gesundheit, körperliche Unversehrtheit, praktische Vernunft und Religionsfreiheit befinden sich genau aus dem Grund auf der Liste, weil sie wertvoll dafür sind, viele verschiedene Lebenspläne zu verfolgen. Allerdings nimmt sie hinsichtlich jeder einzelnen Freiheit, jedes einzelne Element einer jeden Auffassung des Guten zu verfolgen, nicht Stellung. Auch garantiert sie keinem Bürger die Möglichkeit, ein jedes dieser Elemente zu verfolgen. Einige Auffassungen des Guten erfordern zum Beispiel Ressourcen in solchem Umfang, dass sie die Fähigkeit des Staates beeinträchtigen würden, die Bürger in Angelegenheiten grundsätzlicher Natur zu schützen.

Wo die politische Konzeption allerdings wirklich Stellung nimmt, werden die Fähigkeiten als Freiheiten dafür geschätzt, eine partielle, politische Vorstellung des Wohls zu verfolgen. Mit Sens

Argumenten zugunsten einer fähigkeitsbasierten Konzeption des Wohlbefindens gegenüber Konzeptionen der Bedürfnisbefriedigung und mentaler Zustände bin ich völlig einverstanden – obwohl ich mich auf Fähigkeiten im politischen Sinne beziehe, nicht aber im Sinne umfassender Lehren. Weil aber das, was geschätzt wird, die Freiheit ist, zu handeln oder nicht zu handeln, ist Tätigsein* konzeptionell integriert. Somit komme ich zu dem Schluss, dass zum jetzigen Zeitpunkt keine Notwendigkeit besteht, zwischen der Freiheit des Tätigseins* und der des Wohlergehens zu unterscheiden, wenn wir über eine hinreichend durchdachte Konzeption des Wohlergehens verfügen.

Anmerkungen zu den einzelnen Kapiteln

Diese Bemerkungen sollen auf weiterführende Literatur verweisen. Für das Verständnis des Textes sind sie nicht erforderlich. Hingegen lenken sie die interessierte Aufmerksamkeit auf Veröffentlichungen (deren vollständige Angaben sich in der Bibliographie finden), in denen die verschiedenen hier erhobenen Behauptungen weiter begründet und/oder diskutiert werden.

Bezugnahmen auf die in der Bibliographie aufgelisteten Arbeiten von Nussbaum und Sen sollten selbsterklärend sein. Teil III der Bibliographie umfasst Veröffentlichungen anderer Autoren, die sich direkt mit dem Fähigkeitenansatz beschäftigen. Er verschafft jenen, die an weiterführender Lektüre interessiert sind, einen zweifelsohne hochselektiven, aber dennoch, wie ich glaube, nützlichen Überblick über die verfügbare Literatur. Teil IV umfasst die übrige Literatur, auf die hier im Text verwiesen wird – es handelt sich um Textmaterial, das für die jeweils diskutierten Fragen bedeutsam ist, ohne aber notwendigerweise den Fähigkeitenansatz ins Feld zu führen oder diesen detailliert zu erläutern. Um dem Leser die Suche nach der entsprechenden Publikation in zwei verschiedenen Teilen der Bibliographie zu ersparen, wurde hinter jeder solchen Bezugnahme der Hinweis (III) oder (IV) für die jeweilige Liste ergänzt.

Kapitel 1

Die Human Development Reports werden jährlich vom Entwicklungsprogramm der Vereinten Nationen im Verlag Oxford University Press, New York, veröffentlicht.

Zusätzliche Informationen zu Vasantis Geschichte finden sich, gemeinsam mit anderen diesbezüglichen Geschichten und Angaben, in Nussbaum 3.

SEWA und die Aktivitäten von Ela Bhatt werden in Rose (IV) beschrieben. Zu den Kämpfen von Frauen wie jener in SEWA organisierten siehe Bhatt (IV).

Zu Unterschieden bei der Ernährung von Mädchen und der Gesundheitsfürsorge für Mädchen siehe Sen und Drèze 14, 16 und 18. Zu geschlechtsspezifischen Abtreibungen siehe 18. Siehe auch Sen 33, 34.

Zu Ungleichheiten beim Eigentums- und Erbrecht siehe Agarwal (IV) *(A Field of One's Own)*. Zum Zusammenhang von häuslicher Gewalt und Bodenbesitz siehe Agarwal und Panda (III). Das Problem häuslicher Gewalt wir auch diskutiert in Nussbaum 69.

Zu der im abschließenden Absatz erwähnten empirischen Arbeit siehe Wolff und De-Shalit (III).

Kapitel 2

Die eingehendste Diskussion dieser Grundbegriffe findet sich in Nussbaum 3, 6 und 55, sowie in Sen 7 und 9. Die hier vorgestellte Liste zentraler Fähigkeiten ist identisch mit der Version, die Nussbaum 3, 6 und 55 präsentiert.

Die Idee der politischen Liberalismus wird analysiert und mit anderen Arten des Liberalismus verglichen in Larmore (IV) und Rawls (IV) *(Politischer Liberalismus)*. Objektivität ist ein Schlüsselthema, das Nussbaum 46 diskutiert.

Fähigkeiten und Tätigkeiten im Zusammenhang der Gesundheitsfürsorge diskutiert Arneson (IV).

Zur Idee menschlicher Würde siehe Nussbaum 79 und 48; sie findet ihre Anwendung in Nussbaum 3 und 6.

Zu tragischen Entscheidungen siehe Sen 6 und Nussbaum 43. Siehe auch Richardson (III) *(Practical Reasoning)*.

Kapitel 3

Kritiken des BIP-Ansatzes werden in Nussbaum 3, 6 und 55, sowie in Sen 3, 5 und 9 entwickelt. Vergleiche die entsprechenden Kritiken bei Stiglitz, Sen, Fitoussi et al. (IV).

Kritische Einwände gegen utilitaristische Ansätze entwickeln Nussbaum 3, 6, 33 und 55, sowie Sen 2, 4, 9, 19, 21, 23, 26 und 38. Der utilitaristische Glücksbegriff wird in Nussbaum 65 und 83 analysiert. Siehe auch Schokkaert (III). Einen äußerst interessanten Vorstoß zu einer subtilen Version umfassender Wohlfahrt unternimmt Posner (IV).

Die Frage interner Konsistenz von Wahlentscheidungen diskutiert Sen 35, siehe dazu auch 20. Eine pluralistische Nutzenskonzeption befürwortet Sen 26.

Das Problem anpassungsfähiger Präferenzen diskutiert Elster (IV), Sen 3 und 4, sowie Nussbaum 3 (Kapitel 2).

Die wesentliche Bedeutung von Handlungsfähigkeit und Freiheit diskutiert Sen 9. Siehe auch Sen 27.

Für die Darstellungen der Grundgüter bei Rawls siehe Rawls (IV) *(Eine Theorie der Gerechtigkeit* und *Politischer Liberalismus).* Auf Unterschiede im Bedarf an Ressourcen hat Sen zuerst in 24 hingewiesen, darauf folgend in vielen Büchern und Aufsätzen. Siehe hierfür insbesondere Sen 3, 4, 7, 9 und 38. Dieses Problem diskutiert Nussbaum 3, 6 und 55.

Die Beziehung zwischen Fähigkeiten und Menschenrechten diskutieren Sen 49 und Nussbaum 3, 6, 34, 55 und 86. Für damit verbundene Rechtsfragen siehe Sen 27.

Kapitel 4

Zum Unterschied zwischen Sen und mir siehe Nussbaum 55, vergleiche Sen 9.

Sens Kritik an Rawls befindet sich in Sen 13.

Meine Herangehensweise an das Problem politischer Rechtfertigung wird in Nussbaum 3, Kapitel 2, dargelegt, sowie in Nussbaum 63 in

Auseinandersetzung mit Okin (IV) weiterentwickelt, deren Darstellung in verschiedener Hinsicht ungenau ist. Rawls' berühmter Ansatz findet sich in Rawls (IV) *(Eine Theorie der Gerechtigkeit)*. Zum Prozess der Selbsterziehung siehe auch Nussbaum 35.

Zum Begriff des übergreifenden Konsenses siehe Rawls (IV) *(Politischer Liberalismus)*. Mein Gebrauch dieses Terminus wird in Nussbaum 6 vorgestellt.

Meine Kritik der Wohlfahrts-Ansätze, die auf einer Konzeption informierter Wünsche basieren, findet sich in Nussbaum 3, Kapitel 2. Siehe auch Harsanyi (IV), Brandt (IV) und Hampton (IV). Zum Begehren und Wünschen als kognitiver Teil der Persönlichkeit siehe Nussbaum 3, Kapitel 2 (hier kritisiere ich Scanlon (IV) *(What We Owe to Each Other)*).

Meine umfassende Kritik vertragstheoretischer Konzeptionen findet sich in Nussbaum 6, einschließlich einiger Ausführungen zur Geschichte und zur gegenwärtigen Diskussion, wobei Rawls mein beständiger Bezugspunkt ist. Eine interessante Diskussion meiner Kritik an Rawls bietet Richardson (III), »Rawlsian Social-Contract Theory«. Meine Entgegnung findet sich in derselben Ausgabe der Zeitschrift.

Zu Scanlons ethischem Kontraktualismus siehe Scanlon (IV) *(What We Owe to Each Other)*. Einen Versuch, ausgehend davon eine politische Theorie zu konzipieren, bietet Barry (IV). In (IV), »Value, Desire, and the Quality of Life«, verweist Scanlon auf einen grundverschiedenen, eine substanzielle Liste enthaltenden Ansatz.

Zum politischen Liberalismus und zu damit verbundenen Konzeptionen siehe Larmore (IV) und Rawls (IV) *(Politischer Liberalismus)*. Meine Verpflichtung auf den politischen Liberalismus als dem angemessenen Weg, den Fähigkeitenansatz zu formulieren, wurde zuerst in Nussbaum 32 bekundet. Diese Bekundung habe ich dann in allen umfassenderen Darlegungen des Ansatzes wiederholt. Folglich ist es unzutreffend, diese Auffassung als eine Form des »Kosmopolitismus« zu beschreiben. Dies wird in Nussbaum 77 erläutert.

Zu Religion und Staat siehe Nussbaum 8 und 76.

Zur Charakterisierung des Ansatzes als »ergebnisorientiert« aber nicht (im umfassenden Sinne) konsequentialistisch siehe Nussbaum 6.

Zu Emotionen siehe Nussbaum 4, 5, 7, 9, 23, 24, 26, 53, 73, 80, 83 und 88; siehe Sen 21.

Kapitel 5

Der Universalismus (in seiner für kulturelle Belange empfänglichen Form) wird verteidigt in Nussbaum 3, Kapitel 1, und in Nussbaum 19, 22, 25 und 27.

Sens Kritik der Auffassung, Grundbegriffe der Menschenrechtsbewegung seien gänzlich »westlichen Werten« verpflichtet, findet sich in Sen 42, 43, 11; Sen und Nussbaum in Nussbaum 20.

Zur Beziehung zwischen Religion und anderen politischen Grundnormen, einschließlich der Gleichheit für Frauen, siehe Nussbaum 2, 3, 7, 8, 30, 40, 50, 64, 71, 75, 76, 82, 85; Sen 12.

Zu Tagore, Gandhi und Nehru siehe Sen 11; Nussbaum 7, 10; Nussbaum und Doniger 15.

Zum Schutz gesellschaftlicher und wirtschaftlicher Rechte in den Verfassungen von Südafrika und Indien siehe Nussbaum 78.

Über Kultur in ihrer Vielfalt siehe Benhabib in Nussbaum und Glover 12, sowie Nussbaum 3.

Zum Erfordernis, ein differenziertes System von Freiheiten darzustellen, siehe die interessante Kritik in Richardson (III), »The Social Background«. Dies habe ich, wie ich glaube, in Nussbaum 8 getan, obwohl ich Richardsons Überlegungen zum Zeitpunkt der Abfassung von Nussbaum 8 noch nicht kannte.

Meine Ansicht zu humanitären Interventionen habe ich in Nussbaum 6 dargelegt.

Kapitel 6

Meine eigenen Argumente für eine Erweiterung des Fähigkeitenansatzes über nationale Grenzen hinaus finden sich, nach ersten Vorüberlegungen in Nussbaum 67, in Nussbaum 6. Wichtige Beiträge in diesem Bereich haben Rawls (IV) *(Das Recht der Völker)*, Beitz (IV) und Pogge (IV) *(Realizing Rawls* und *Weltarmut und Menschenrechte)* geleistet. Siehe auch Ungers (IV) utilitaristische Ansicht sowie Singer (IV).

Für Fairnessprobleme individueller Philanthropie siehe Murphy (IV), sowie für den psychologischen Nachweis, dass Empathie nicht zu fairer oder ausgewogener Hilfe führt, Batson (IV).

Zur Wichtigkeit, Menschen einen persönlichen Verfügungsbereich zuzugestehen, siehe Williams (IV) und, für eine interessante Problemlösung, Nagel (IV).

Kapitel 7

Zu den nichtwestlichen Wurzeln dieser Ideen siehe Sen 11 und 42, sowie Nussbaum 7.

Aristoteles' Ideen in ihrer, für den Ansatz konstitutiven Bedeutung werden diskutiert in Nussbaum 18, 19, 21, 22, 25 und 27. Nussbaum 78 enthält umfangreiche Verweise auf für diese Diskussion relevante aristotelische Texte. Für Aristoteles' Kritik am Streben nach Reichtum siehe *Politik* 1256a1–1258b8. Seine Kritik an Platons Ständestaat findet sich in Buch 2 der *Politik*, für seine Bemerkung, dass das Gut einer Sache dieser dauerhaften Bestand verleihe, siehe 1261a17–b10.

Zur stoischen Idee der Würde und deren Folgerungen siehe Nussbaum 31 und 78. Einige Einschränkungen werden in Nussbaum 37, 48 und 53 diskutiert.

Roger Williams wird in Nussbaum 8, Kapitel 2, diskutiert.

Zu Adam Smith und dem Bildungsbegriff siehe die entsprechende Diskussion in Nussbaum 78. Über Handelsbeschränkungen siehe *The Wealth of Nations* (nachstehend WN) 452–498. Smith' Verteidigung der Aufgabe der Regierung bei der Begrenzung des unverhältnismäßigen Einflusses des Geldes widmet Rothschild (IV) eine exzellente Diskussion. Zur »zarten Pflanze im kalten Boden« siehe WN 97, zur Bildung WN 782–788.

Für eine Analyse des Fähigkeitsbegriffs in Paines *Die Rechte des Menschen* siehe Nussbaum 78.

Siehe Barker (IV) und Green (IV). Zum Verhältnis der Ideen Greens zu den politischen Ereignissen in Großbritannien siehe die Einleitung zu Harris und Morrow (IV) sowie Deigh (IV). Zu ähnlichen Ideen während des New Deal siehe Sunstein (IV).

Kapitel 8

Zum Problem der Benachteiligung siehe Wolff und De-Shalit (III).

Zu Geschlechterfragen und menschlichen Fähigkeiten siehe Nussbaum 2, 3, 12, 25, 26, 35, 39, 54, 55, 56, 62, 63, 69 und 71; Sen 32, 33, 34, 40, 47 und 48; Agarwal und Panda (III), Aagrwal, Humphries und Robeyns (Hg.) (III).

Zur thematisch verwandten philosophischen Literatur siehe Nussbaum 2, 5, 28, 29, 30, 38, 40, 41, 44, 50, 51, 52, 57, 58, 59, 66 und 68.

Zur Verdinglichung von Frauen im Internet siehe die Abhandlungen in Levmore und Nussbaum 16.

Zur sexuellen Orientierung siehe Nussbaum 2, 5 und 9. Siehe auch Ball (III).

Behinderung und Fürsorge sind zentralen Themen von Nussbaum 6, die auch eine ausführliche Diskussion der Ansichten anderer Theoretiker enthält. Zu neuen, über Nussbaum 6 hinausgehenden Forderungen politischer Rechte für Menschen mit kognitiven Behinderungen siehe Nussbaum 87, einer diesem Thema gewidmeten Ausgabe der Zeitschrift *Metaphilosophy*, die gleichfalls umfängliches relevantes Material anderer Autoren enthält. Eine exzellente Kritik formuliert Richardson (III) (»Rawlsian Social-Contract Theory«). Pflege und Pflegearbeit bilden den Schwerpunkt des *Human Development Report* 1999.

Zu meinen, dem Thema Bildung gewidmeten Arbeiten gehören 1, 10, 17, 59, 72, 74 und 81. Thematisch relevante Rechtsfragen und Fragen des Verfassungsrechts werden in 78 und 68 diskutiert. (Eine eingehendere Untersuchung der hier erwähnten Fälle findet sich in 78.)

Die Untersuchungsergebnisse des Pratichi Trusts finden sich im *Pratichi Education Report* (IV).

Bei den hier angesprochenen Rechtsfällen handelt es sich, das indische Verfassungsrecht betreffend, um *Mohini Jain v. State of Karnataka* AIR 1992 1858 und *Unnikrishnan J. P. v. State of Andra Pradesh* AIR 1993 SC 2178; für die Vereinigten Staaten der Fall *Plyer v. Doe* 457 U.S. 202 (1982).

Für meine Ansichten zu Tierrechten siehe Nussbaum 6, 88 und 89; siehe auch Kosgaard (IV) und Bendik-Keymer (III).

Zur Umweltqualität siehe Holland (III) »Ecology and the Limits of Justice« und »Justice and the Environment in Nussbaum's Capability Approach«; Bendik-Keymer (III). Für Sen zum Thema Bevölkerungspolitik siehe 39 und 41.

Über Fähigkeiten und Verfassungsrecht siehe Nussbaum 78; zur Aufgabe der Regierung siehe Nussbaum 6 und 78. Zu Sens Ablehnung eines begrifflichen Zusammenhangs zwischen Fähigkeiten und Regierung siehe Sen 49. Die Frage der freien Religionsausübung wird, einschließlich aller hier erwähnten Rechtsfälle, eingehend in Nussbaum 8 diskutiert, gleichfalls in 76 und 78.

Zu Sens Auffassung zum Thema öffentliche Debatten siehe 11, 12 und 13.

Die hier genannten Rechtsfälle zum Thema freie Religionsausübung sind

- *Sherbert v. Verner*, 374 U.S. 398 (1963),
- *Employment Division v. Smith*, 494 U.S. 872 (1990) (dieser Rechtsfall hat zu einer erheblichen Modifikation des Interpretationsrahmens geführt),
- *People v. Philips*, N.Y. Court of General Sessions, June 14, 1813 (dieser Prozess, in dem sich der Priester weigerte, sein Beichtgeheimnis preiszugeben, wurde aufgezeichnet und im Handbuch über Region und Verfassung, hg. v. McConnell. Garvey und Berg, 103–109, erneut veröffentlicht),
- *Swann v. Pack*, 527 S.W. 2d 99 (Tenn. 1974) (dieser Fall betrifft den Umgang mit Schlangen).

Für meine frühere Arbeit zum Thema Emotionen siehe Nussbaum 4, 5, 23, 24, 26 und 32. Zur Arbeit, die letztlich in ein neues, in Vorbereitung befindliches Projekt eingehen wird, siehe 53, 75, 80, 85 und 90.

Bibliographie

I. Schriften von Martha Nussbaum

Diese Auswahl umfasst nur Schriften, die für die in dieser Publikation diskutierten Fragen relevant sind

Bücher

1. *Cultivating Humanity: A Classical Defense of Reform in Liberal Education*. Cambridge, MA: Harvard University Press, 1997.
2. *Sex and Social Justice*. Oxford: Oxford University Press, 1999.
3. *Women and Human Development: The Capabilities Approach*. New York: Cambridge University Press, 2000.
4. *Upheavals of Thought: The Intelligence of Emotions*. Cambridge: Cambridge University Press, 2001.
5. *Hiding from Humanity: Disgust, Shame, and the Law*. Princeton: Princeton University Press, 2004.
6. *Frontiers of Justice: Disability, Nationality, Species Membership*. Cambridge, MA: Harvard University Press, 2006, dt. *Die Grenzen der Gerechtigkeit: Behinderung, Nationalität und Spezieszugehörigkeit*, übers. v. Robin Celikates und Eva Engels, Berlin: Suhrkamp 2010.
7. *The Clash Within: Democracy, Religious Violence and India's Future*. Cambridge, MA: Harvard University Press, 2007.
8. *Liberty of Conscience: In Defense of America's Tradition of Religious Equality*. New York: Basic Books, 2008.
9. *From Disgust to Humanity: Sexual Orientation and Constitutional Law*. New York: Oxford University Press, 2010.
10. *Not For Profit: Why Democracy Needs the Humanities*. Princeton: Princeton University Press, 2010.

Als Herausgeberin:

11. (mit Amartya Sen) *The Quality of Life*. Oxford: Clarendon Press, 1993.
12. (mit Jonathan Glover) *Women, Culture, and Development*. Oxford: Clarendon Press, 1995.
13. (mit Joshua Cohen) *Is Multiculturalism Good for Women?* Princeton: Princeton University Press, 1999.
14. (gemeinsam mit Cass Sunstein) *Animal Rights: Current Debates, New Directions*. New York: Oxford University Press, 2004.

15. (gemeinsam mit Wendy Doniger) *India: Implementing Pluralism and Democracy.* New York: Oxford University Press, im Erscheinen.
16. (mit Saul Levmore) *The Offensive Internet: Speech, Privacy, and Reputation.* Cambridge, MA: Harvard University Press, im Erscheinen.
17. (gemeinsam mit Soya Hasan) *Affirmative Action in Higher Education* (Arbeitstitel), in Vorbereitung.

Aufsätze

18. »Nature, Function, and Capability: Aristotle on Political Distribution.« In: *Oxford Studies in Ancient Philosophy,* Ergänzungsband 1, 145–184. New York: Oxford University Press, 1988. Wiederabdruck in *Marx and Aristotle,* hg. v. G. McCarthy, 175–212. Savage, MD: Rowman and Littlefield, 1992.
19. »Non-Relative Virtues: An Aristotelian Approach.« In: *Midwest Studies in Philosophy* 13 (1988): 32–53. Erweiterte Ausgabe in Nussbaum und Sen, *The Quality of Life,* 242–269.
20. (mit Amartya Sen) »Internal Criticism and Indian Rationalist Traditions.« In: *Relativism: Interpretation and Confrontation,* hg. v. M. Krausz, 299–325. Notre Dame, IN: University of Notre Dame Press, 1989.
21. »Aristotelian Social Democracy.« In: *Liberalism and the Good,* hg. v. R. B. Douglass, G. Mara, and H. Richardson, 203–252. New York: Routledge, 1990. Reprinted in *Aristotle and Modern Politics,* hg. v. A. Tessitore, 47–104. Notre Dame, IN: University of Notre Dame Press, 2002.
22. »Human Functioning and Social Justice: In Defense of Aristotelian Essentialism.« In: *Political Theory* 20 (1992): 202–246. Eine gekürzte Version unter dem Titel »Social Justice and Universalism: In Defense of an Aristotelian Account of Human Functioning.« In: *Modern Philology* 90 (1993), Ergänzungsband, S46–S73. Deutsch veröffentlicht unter dem Titel »Menschliches Handeln und. soziale Gerechtigkeit.« In: *Gemeinschaft und Gerechtigkeit,* hg. v. H. Brunkhorst und M. Brumlik. Frankfurt/M.: Fischer Taschenbuch, 1993.
23. »Tragedy and Self-Sufficiency: Plato and Aristotle on Fear and Pity.« In: *Oxford Studies in Ancient Philosophy* 10 (1992): 107–160. Eine gekürzte Version in *Essays on Aristotle's Poetics,* hg. v. A. Rorty 261–290. Princeton: Princeton University Press, 1992.
24. »Equity and Mercy.« In: *Philosophy and Public Affairs* 22 (1993): 83–125. Wiederabdruck in *Punishment: A Philosophy and Public Affairs Reader,* hg. v. A. John Simmons et al., 145–187. Princeton University Press, 1995. Wiederabdruck in *Punishment and Rehabilitation,* hg. v. Jeffrie Murphy, 212–248. Belmont, CA: Wadsworth, 1995; und in *Literature and Legal Problem Solving,* hg. v. Paul Heald, 15–54. Durham, N. C.: Carolina Academic Press, 1998.
25. »Human Capabilities, Female Human Beings.« In: Nussbaum and Glover, *Women, Culture, and Development,* 61–104.
26. »Emotions and Women's Capabilities.« In: Nussbaum and Glover, *Women, Culture, and Development,* 360–395.

27. »Aristotle on Human Nature and the Foundations of Ethics.« In: *World, Mind, and, Ethics: Essays on the Philosophy of Bernard Williams*, hg. v. J. E. G. Altham and Ross Harrison, 86–131. Cambridge: Cambridge University Press, 1995.
28. »Objectification.« In: *Philosophy and Public Affairs* 24 (1995): 249–291. Wiederabdruck in *The Philosophy of Sex*, hg. v. Alan Soble, 3. Aufl. Lanham, MD: Rowman and Littlefield, 1997 (auch in Nussbaum, *Sex and Social Justice.*)
29. »The Feminist Critique of Liberalism.« In: *Women's Voices, Women's Rights: Oxford Amnesty Lectures* 1996, hg. Alison Jeffries, Boulder CO: Westview, 1999. Auch veröffentlicht als die Lindley Lecture für das Jahr 1997, University of Kansas Press. (Auch in Nussbaum, *Sex and Social Justice.*)
30. »Religion and Women's Human Rights.« In: *Religion and, Contemporary Liberalism*, hg. Paul Weithman, 93–137. Notre Dame, IN: Notre Dame University Press, 1997. (Auch in Nussbaum, *Sex and Social Justice.*)
31. »Kant and Stoic Cosmopolitanism.« In: *Journal of Political Philosophy* 5 (1997): 1–25. Auch als »Kant und stoisches Weltbürgerrum« veröffentlicht in *Frieden durch Recht: Kants Friedensidee und das Problem einer neuen Weltordnung*, hg. Matthias Lutz-Bachmann und James Bohman, 45–75. Frankfurt/M.: Suhrkamp, 1996. Auch in *Perpetual Peace*, hg. v. James Bohman und Matthias Lutz-Bachmann, 25–58. Cambridge, MA: MIT Press, 1997.
32. »The Good as Discipline, the Good as Freedom.« In: *Ethics of Consumption: The Good Life, Justice, and Global Stewardship*, hg. David A. Crocker and Toby Linden 312–341. Lanham, MD: Rowman and Littlefield, 1998.
33. »Flawed Foundations: The Philosophical Critique of (a particular Type of) Economics.« In: *University of Chicago Law Review* 64 (1997): 1197–1214.
34. »Capabilities and Human Rights.« In: *Fordham Law Review* 66 (1997): 273–300. Eine überarbeitete Version wurde veröffentlicht in *Global Justice, Transnational Politics*, hg. v. Pablo De Greiff und Ciaran Cronin, 117–150, Cambridge, MA: MIT Press, 2002.
35. »Public Philosophy and International Feminism.« In: *Ethics* 108 (1998): 762–796.
36. »Virtue Ethics: A Misleading Category?« In: *Journal of Ethics* 3 (1999): 163–201.
37. »Duties of Justice, Duties of Material Aid: Cicero's Problematic Legacy.« In: *Journal of Political Philosophy* 7 (1999): 1–31. Eine überarbeitete Version wurde veröffentlicht in: *Stoicism: Traditions and Transformations*, hg. v. S. Strange and J. Zupko, 214–249. Cambridge: Cambridge University Press, 2004.
38. »A Plea for Difficulty.« In: *Is Multiculturalism Bad for Women?* hg. J. Cohen, M. Howard, and M. Nussbaum, 105–114. Princeton: Princeton University Press, 1999.
39. »Women and Equality: The Capabilities Approach.« In: *International Labour Review* 138 (1999): 227–245. Wiederabdruck in *Women, Gender and*

Work, hg. v. Martha Fetherolf Loutfi, 45–68. Geneva: International Labour Office, 2001.

40. »Religion and Women's Equality: The Case of India.« In: *Obligations of Citizenship and Demands of Faith*, hg. v. Nancy Rosenblum, 335–402. Princeton: Princeton University Press, 2000.
41. »Is Privacy Bad for Women? What the Indian Constitutional Tradition Can Teach Us about Sex Equality.« In: *The Boston Review* 25 (April/Mai 2000): 42–47.
42. »Aristotle, Politics, and Human Capabilities: A Response to Antony, Arneson, Charlesworth, and Mulgan.« In: *Ethics* 111 (2000): 102–140.
43. »The Costs of Tragedy: Some Moral Limits of Cost-Benefit Analysis.« In: *Journal of Legal Studies* 29 (2000): 1005–1036. Wiederabdruck in *Cost-Benefit Analysis: Legal, Economic and Philosophical Perspectives*, hg. Matthew D. Adler and Eric A. Posner, 169–200. Chicago: University of Chicago Press, 2000.
44. »The Future of Feminist Liberalism.« In: Presidential Address delivered to the Central Division of the American Philosophical Association, *Proceedings and Addresses of the American Philosophical Association* 74 (2000): 47–79. Wiederabdruck in *The Subject of Care: Feminist Perspectives on Dependency*, hg. v. Eva Kittay und Ellen K. Feder, 186–214. Lanham, MD: Rowman and Littlefield, 2002. Also reprinted in *Setting the Moral Compass: Essays by Women Philosophers*, hg. v. Cheshire Calhoun, 72–90. New York: Oxford University Press, 2004.
45. »India: Implementing Sex Equality through Law.« In: *Chicago Journal of International Law* 2 (2001): 35–58.
46. »Political Objectivity.« In: *New Literary History* 32 (2001): 883–906.
47. »Sex, Laws, and Inequality: What India Can Teach the United States.« In: *Daedalus*, Winter 2002, 95–106.
48. »The Worth of Human Dignify: Two Tensions in Stoic Cosmopolitanism.« In: *Philosophy and Power in the Graeco-Roman World: Essay in Honour of Miriam Griffin*, hg. v. G. Clark and T. Rajak, 31–49. Oxford: Clarendon Press, 2002.
49. »Aristotelische Sozialdemokratie: Die Verteidigung universaler Werte in einer pluralistischen Welt.« In: *Für eine aristotelische Sozialdemokratie*, hg. v. Julian Nida-Rümelin und Wolfgang Thierse, 17–40. Eine Veröffentlichung des Kulturforums der SDP. Essen: Klartext Verlag, 2002. Wiederabdruck als »Aristotelian Social Democracy: Defending Universal Values in a Pluralistic World.« In: *Internationale Zeitschrift für Philosophie* (2003): 115–129.
50. »Rawls and Feminism.« In: *The Cambridge Companion to Rawls*, hg. Samuel Freeman, 488–520. Cambridge: Cambridge University Press, 2003. Spanische Übersetzung in *Estudos Públicos* 103 (2006): 359–394.
51. »Women and the Law of Peoples.« In: Symposium on John Rawls's *The Law of Peoples: Politics, Philosophy, and Economics* 1 (2002): 283–306.
52. »Sex Equality, Liberty, and Privacy: A Comparative Approach to the Feminist Critique.« In: *India's Living Constitution: Ideas, Practices, Controversies*, hg. v. E. Sridharan, Z. Hasan, and R. Sudarshan, 242–283. New Delhi:

Permanent Black, 2002. Gekürzte Version unter dem Titel »What's Privacy Got to Do with It? A Comparative Approach to the Feminist Critique.« In: *Women and the United States Constitution: History, Interpretation, Practice*, hg. v. Sibyl A. Schwarzenbach und Patricia Smith, 153–175. New York: Columbia University Press, 2003.

53. »Compassion and Terror.« In: *Daedalus*, Winter 2003, 19–26. Eine leicht hiervon abweichende Version unter demselben Titel findet sich in *Terrorism and International Justice*, hg. James Sterba, 229–252. New York: Oxford University Press, 2003.
54. »Women's Capabilities and Social Justice.« In: *Gender Justice, Development, and Rights*, hg. Maxine Molyneux and Shahra Razavi, 45–77. Oxford: Oxford University Press, 2002.
55. »Capabilities as Fundamental Entitlements: Sen and Social Justice.« In: *Feminist Economics* 9 (2003) 33–59. Wiederabdruck in *Amartya Sens Work and Ideas: A Gender Perspective*, hg. v. Bina Agarwal, Jane Humphries, Ingrid Robeyns, 35–62. Oxford: Routledge, 2005. Wiederabdruck in *India in Capabilities, Freedom, and Equality: Amartya Sens Work from a Gender Perspective*, gleiche Herausgeber, 39–69. Delhi: Oxford-University Press, 2006. Eine gekürzte Version unter dem Titel »Poverty and Human Functioning: Capabilities as Fundamental Entitlements« in *Poverty and Inequality*, hg. v. David B. Grusky and Ravi Kanbur, 47–75. Stanford, CA: Stanford University Press, 2006. Eine umfassendere Version unter dem Titel »Constitutions and Capabilities« in *Democracy in a Global World*, hg. v. Deen K. Chatterjee, 111–144. Lanham, MD: Rowman and Littlefield, 2008. Wiederabdruck in *The Global Justice Reader*, hg. v. Thom Brooks, 598–614. Malden, MA: Blackwell, 2008.
56. »Promoting Women's Capabilities.« In: *Global Tensions*, hg. Lourdes Benaria und Savirti Bisnath, 241–256. New York: Routledge, 2004.
57. »The Modesty of Mrs. Bajaj: India's Problematic Route to Sexual Harassment Law.« In: Directions in Sexual Harassment Law, hg. Catharine A. MacKinnon and Reva B. Siegel, 633–671. New Haven: Yale University Press, 2004.
58. »Gender and Governance: An Introduction.« In: *Essays on Gender and Governance*, hg. Martha Nussbaum, Amrita Basu, Yasmin Tambiah, and Niraja Gopal Jayal, 1–19. New Delhi: United Nations Development Programme Resource Centre, 2003.
59. »Women's Education: A Global Challenge.« In: *Signs* 29 (2004): 325–355. Reprinted in *Women and Citizenship*, hg. v. Marilyn Friedman, 188–213. New York: Oxford University Press, 2005.
60. »Capabilities and Disabilities: Justice for Mentally Disabled Citizens.« In: *Philosophical Topics* 30 (2002): 133–165.
61. »Beyond ›Compassion and Humanity‹: Justice for Non-Human Animals.« In: *Animal Rights: Current Debates and New Directions*, hg. v. Cass R. Sunstein und Martha C. Nussbaum, 299–320. New York: Oxford University Press, 2004.

62. »Women and Theories of Global Justice: Our Need for New Paradigms.« In: *The Ethics of Assistance: Morality and the Distant Needy*, hg. Deen Chatterjee, 147–176. Cambridge: Cambridge University Press, 2004.
63. »On Hearing Women's Voices: A Reply to Susan Okin.« In: *Philosophy and Public Affairs* 32 (2004): 193–205.
64. »›On Equal Condition‹: Constitutions as Protectors of the Vulnerable.« In: *Will Secular India Survive?* hg. Mushirul Hasan and Hasan Saroor, 22–49. New Delhi: ImprintOne, 2004.
65. »Mill between Bentham and Aristotle.« In: *Daedalus*, Frühjahr 2004, 66–68. Wiederabdruck in Economics and Happiness, hg. Luigino Bruni uand Pier Luigi Porta, 170–183. Oxford: Oxford University Press, 2005.
66. »Body of the Nation: Why Women Were Mutilated in Gujara.« In: *The Boston Review* 29 (2004): 33–38. In leicht veränderter Version veröffentlicht als »Rape and Murder in Gujarat: violence against Muslim Women in the struggle for Hindu supremacy.« In: *›Holy War‹ and Gender, ›Gotteskrieg‹ und Geschlecht*, hg. Christina von Braun, Ulrike Brunorre, Gabriele Dietze, Daniela Hrzán, Gabriele Jähnert und Dagmar Pruin, 121–142. Berliner Gender Studies, Bd. 2. Münster: Transaction, 2006.
67. »Beyond the Social Contract: Toward Global Justice.« In: *The Tanner Lectures on Human values* 24: 413–508. Salt Lake City: University of Utah Press, 2004.
68. »India, Sex Equality and Constitutional Law.« In: *Constituting Women: The Gender of Constitutional Jurisprudence*, hg. Beverly Baines und Ruth Rubio-Marin, 174–204. Cambridge: Cambridge University Press, 2004.
69. »Women's Bodies: Violence, Security Capabilities.« In: *Journal of Human Development* 6 (2005): 167–183.
70. »Wellbeing, Contracts and Capabilities.« In: *Rethinking Wellbeing*, hg. Lenore Manderson, 27–44. Perth, Australia: API Network, 2005.
71. »Religion, Culture, and Sex Equality« (Aufsatz teilweise identisch mit Kapitel 3 von Women and Human Development, veröffentlicht erst nach einigen Jahren). In: *Men's Laws, Women's Lives: A Constitutional perspective on Religion, Common Law and Culture in South Asia*, hg. Indira Jaising, 109–137. Delhi: Women Unlimited, 2005.
72. »Education and Democratic Citizenship: Beyond the Textbook Controversy.« In: *Islam and the Modern Age* (New Delhi) 35 (2005): 69–89. Eine leicht abgeänderte Version unter dem Titel »Freedom from Dead Habit.« In: *The Little Magazine* (New Delhi) 6 (2005): 18–32.
73. »The Comic Soul: Or, This Phallus that Is Not One.« In: *The Soul of Tragedy: Essays on Athenian Drama*, hg. v. Victoria Pedrick und Steven M. Oberhelman, 155–180. Chicago: University of Chicago Press, 2005.
74. »Education and Democratic Citizenship: Capabilities and Quality Education.« In: *Journal of Human Development* 7 (2006): 385–395.
75. »Radical Evil in the Lockean State: The Neglect of the Political Emotions.« In: *Journal of Moral Philosophy* 3 (2006): 159–178. Eine umfassendere Version unter dem Titel »Radical Evil in Liberal Democracies.« In: *Democracy and the New Religious Pluralism*, hg. v. Thomas Banchoff, 171–202. New York: Oxford University Press, 2007.

76. »Liberty of Conscience: The Attack on Equal Respect.« In: *Journal of Human Development* 8 (2007): 317–358.
77. »The Capabilities Approach and Ethical Cosmopolitanism: A Response to Noah Feldman.« In: *Yale Law Journal: The Pocket Part*, October 30, 2007, http://thepocketpart.org/2007/10/30/Nussbaum.html.
78. »Constitutions and Capabilities: ›Perception‹ against Lofty Formalism.« Supreme Court Foreword. In: *Harvard Law Review* 121 (2007): 4–97.
79. »Human Dignity and Political Entitlements.« In: *Human Dignify and Bioethics: Essays. Commissioned by the President's Council on Bioethics*, 351–380. Washington, D.C.: President's Council on Bioethics, 2008.
80. »Toward a Globally Sensitive Patriotism.« In: *Daedalus*, Summer 2008, 78–93.
81. »Education for Profit, Education for Freedom.« Special lecture 1, Institute for Development Studies Kolkata, March 2008.
82. »The Clash Within: Democracy and the Hindu Right.« In: *Arguments for a Better World: Essay in Honor of Amaryta Sen*, hg. v. Kaushik Basu und Ravi Kanbur, Bd. 2, 503–521. Oxford: Oxford University Press, 2008. Leicht abgeändert veröffentlicht in *Journal of Human Development* 9 (2008): 357–376.
83. »Who Is the Happy Warrior: Philosophy poses questions to psychology.« In: *Journal of Legal Studies* 37 (2008): 81–114. Wiederabdruck in *Law and Happiness*, hg. v. Eric A. Posner and Cass R. Sunstein, 81–114. Chicago: University of Chicago Press, 2010.
84. »Land of My Dreams: Islamic Liberalism under Fire in India.« In: *The Boston Review* 34 (2009): 10–14. Wiederabdruck in *The Idea of a University: Jamia Millia Islamia*, hg. v. Rakhshanda Jalil, 13–28.New Delhi: Aakar, 2009.
85. »Nationalism and Development: Can There Be a Decent Patriotism?« *Indian Journal of Human Development* 2 (2008): 259–278.
86. »Capabilities, Entitlements, Rights: Supplementation and Critique.« In: *Journal of Human Development and Capabilities*, im Erscheinen.
87. »The Capabilities of People with Cognitive Disabilities.« In: *Metaphilosophy* 40 (2009): 331–351. Wiederabdruck in *Cognitive Disability and, Its Challenge to Moral Philosophy*, hg. v. Eva Kimay and Licia Carlson. Wiley-Blackwell, 2010.
88. »Compassion: Human and Animal.« In: *Ethics and, Humanity: Themes from the Philosophy of Jonathan Glover*, hg. v. N. Ann Davis, Richard Keshen und Jeff McMahan, 202–226. New York: Oxford University Press, 2010.
89. »The Capabilities Approach and Animal Entitlements.« In: *Handbook on Ethics and Animals*, hg. v. Tom Beauchamp. Oxford: Oxford University Press, im Erscheinen.
90. »Equality and Love at the End of *The Marriage of Figaro:* Forging Democratic Emotions.« In: *Journal of Human Development and Capabilities* 2 (2010): 397–423.

91. »Abortion, Dignity and a Capabilities Approach« (mit Rosalind Dixon). In: *Feminist Constitutionalism*, hg. v. Beverly Baines, Daphne Barak-Erez und Tsvi Kahana. Cambridge: Cambridge University Press, im Erscheinen.

II. Schriften von Amartya Sen

Die folgenden Schriften stellen nur eine beschränkte Auswahl jener Arbeiten Sens dar, die hier thematisch bedeutsam sind.

Bücher
1. *Poverty and Fairness: An Essay on Entitlement and Deprivation*. Oxford: Clarendon Press, 1981.
2. *Choice, Welfare, and Measurement*. Oxford: Clarendon Press, 1982.
3. *Resources, Values, and Development*. Cambridge, MA: Harvard University Press, 1984.
4. *Commodities and Capabilities*. Amsterdam: North-Holland, 1985.
5. *The Standard of Living*. Tanner Lectures, 1985, hg. v. G. Hawthorn. Cambridge University Press, 1987.
6. *On Ethics and Economics*. Oxford: Blackwell, 1987.
7. *Inequality Reexamined*. New York and Cambridge, MA: Russell Sage and Harvard University Press, 1992.
8. *On Economic Inequality*, erweiterte Ausgabe, Oxford: Clarendon Press, 1996. Zuerst 1973 von Oxford University Press veröffentlicht.
9. *Development as Freedom*. New York: Knopf, 1999.
10. *Rationality and Freedom*. Cambridge, MA: Harvard University Press, 2002.
11. *The Argumentative Indian*. London: Allen Lane, 2005.
12. *Identity and Violence: The Illusion of Destiny*. New York: W. W. Norton, 2006.
13. *The Idea of Justice*. Cambridge, MA: Harvard University Press, 2009.

Mit Jean Drèze:
14. *Hunger and Public Action*. Oxford: Clarendon Press, 1989.
15. (Hg.) *The Political Economy of Hunger*, 3 Bde., Oxford: Clarendon Press, 1990.
16. *India: Economic Development and Social Opportunity*. Oxford und Delhi: Oxford University Press, 1995.
17. (Hg.) *Indian Development: Selected Regional Perspectives*. Oxford und Delhi: Oxford University Press, 1996.
18. *India: Development and Participation*. Oxford and Delhi: Oxford University Press, 2002. (Erweitere Neuausgabe von Sen 16.)

Mit Bernard Williams:
19. (Hd.) *Utilitarianism and Beyond*. Cambridge: Cambridge University Press, 1982.

Aufsätze

20. »Behaviour and the Concept of a Preference.« In: *Economica* 40 (1973): 241–259. (Auch in Sen 2.)
21. »Rational Fools: A Critique of the Behavioural Foundations of Economic Theory.« In: *Philosophy and Public Affairs* 6 (1977): 317–344. (Auch in Sen 2.)
22. »Poverty: An Ordinal Approach to Measurement.« In: *Econometrica* 44 (1976): 219–231. (Auch in Sen 2.)
23. »Utilitarianism and. Welfarism.« In: *Journal of Philosophy* 76 (1979): 463–489.
24. »Equality of What?« In: *Tanner Lectures on Human Values,* hg. v. S. McMurrin. Salt Lake City: University of Utah Press, 1980. (Auch in Sen 2.)
25. »Description as Choice.« In: *Oxford Economic Papers* 32 (1980): 353–369. (Auch in Sen 2.)
26. »Plural Utility.« In: *Proceedings of the Aristotelian Society* 81 (1980–1981): 193–215.
27. »Rights and Agency.« In: *Philosophy and Public Affairs* 11 (1982): 3–39.
28. »Development: Which Way Now?« *The Economic Journal* 93 (1983): 745–762. (Auch in Sen 3.)
29. »Poor, Relatively Speaking.« In: *Oxford, Economic Papers* 35 (1983): 153–169. (Auch in Sen 3.)
30. »Well-Being, Agency, and Freedom: The Dewey Lectures 1984.« In: *Journal of Philosophy* 82 (1985): 169–221.
31. »The Moral Standing of the Market.« In: *Social Philosophy and Policy* 2 (1985): 1–19.
32. »Women's Survival as a Development Problem.« In: *Bulletin of the American Academy of Arts and Sciences* 43 (1989).
33. »More than 100 Million Women are Missing.« In: *New York Review of Books,* December 20, 1990.
34. »Gender and Cooperative Conflicts.« In: *Persistent Inequalities,* hg. v. Irene Tinker. New York: Oxford University Press, 1990.
35. »Internal Consistency of Choice.« In: *Econometrica* 61 (1993): 495–521. (Auch in Sen 10.)
36. »Positional Objectivity.« In: *Philosophy and Public Affairs* 22 (1993): 126–145. (Auch in Sen 10.)
37. »Markets and Freedoms.« In: *Oxford Economic Papers* 45 (1993): 519–541. (Auch in Sen 10.)
38. »Capability and Well-being.« In: Nussbaum und Sen, *The Quality of Life.*
39. »Population: Delusion and Reality.« In: *New York Review of Books* September 22, 1994.
40. »Gender Inequality and Theories of Justice.« In: Nussbaum und Glover, *Women, Culture and Development,* 259–273.
41. »Fertility and Coercion.« In: *University of Chicago Law Review* 63 (1996): 1035–1051.
42. »Human Rights and Asian Values.« In: *The New Republic,* July 14/21, 1997, 33–40.

43. »Indian Traditions and Western Imagination.« In: *Daedalus*, Spring 43.
44. »The Possibility of Social Choice.« Nobel Lecture. In: *American Economic Review* 89 (1999), 349–378.
45. »The Discipline of Cost-Benefit Analysis.« In: *Journal of Legal Studies* 29 (2000): 931–953. Wiederabgedruckt in *Cost-Benefit Analysis*, hg. v. Matthew Adler und Eric Posner. Chicago: University of Chicago Press, 2000.
46. »Consequential Evaluation and Practical Reason.« In: *Journal of Philosophy* 97 (2000): 477–502.
47. »Population and Gender Equity.« In: *The Nation*, July 24, 2000.
48. »The Many Faces of Misogyny.« In: *The New Republic*, September 17, 2001, 35–40.
49. »Elements of a Theory of Human Rights.« In: *Philosophy and Public Affairs* 32 (2004): 315–356.
50. »What Do We Want from a Theory of Justice?« *Journal of Philosophy* 103 (2006): 215–238.
51. »The Place of Capability in a Theory of Justice.« In: Brighouse and Robeyns (Hg.) (III), 239–253.

III. Andere mit dem Fähigkeitenansatz beschäftigte Werke

Man beachte, dass viele thematisch relevante Aufsätze in den von Sen und Nussbaum herausgegebenen Sammelbänden veröffentlicht sind. Die Plenarvorträge der Jahrestreffen der Human Development and Capability Association sowie eine Auswahl der eingereichten Aufsätze wurden im *Journal of Human Development and Capabilities* (bis zur Jahr 2008 *Journal of Human Development*) veröffentlicht. Im Folgenden werden nur einige dieser Aufsätze erwähnt, die Auswahl ist nicht erschöpfend. Band 9 (2008) enthält eine nützliche Bibliographie der Schriften zum Fähigkeitenansatz der Jahre 2007–2008, analog der Band 10 für Schriften des folgenden Jahrs.

Agarwal, Bina, und Pradip Panda. »Toward Freedom from Domestic Violence: The Neglected Obvious.« In: *Journal of Human Development* 8 (2007): 359–388.

Agarwal, Bina, Jane Humphries, und Ingrid Robeyns (Hg.): *Amartya Sen's Work and Ideas: A Gender Perspective*. Oxford: Rourtledge, 2005. Veröffentlicht in Indien als *Capabilities, Freedom, and Equality: Amartya Sen's Work from a Gender Perspective*. Delhi: Oxford University Press, 2006. (Ursprünglich veröffentlicht als zwei Sonderbände von *Feminist Economics*, 2003.)

Alkire, Sabina. *Valuing Freedoms: Sen's Capability Approach and Poverty Reduction*. Oxford: Oxford University Press, 2002.

– »Measuring Freedoms Alongside Well-Being.« In: *Well-Being in Developing Countries: New Approaches and Research Strategies*, hg. v. I. Gough und J. Allister McGregor. Cambridge: Cambridge University Press, 2007.

Ball, Carlos. *The Morality of Gay Rights*. NewYork: Routledge, 2003.

Basu, Kaushik, und Ravi Kanbur (Hg.). *Arguments for a Better World: Essays in Honor of Amartya Sen*. Oxford and Delhi: Oxford University Press, 2009.

Basu, Kaushik, Prasanta Pattanaik, und Kotaro Suzumura (Hg.). *Choice, Welfare, and Development: A Festschrift in Honor of Amartya K. Sen*. Oxford: Oxford University Press, 1995.

Bendik-Keymer, Jeremy. »From Humans to All of Life: Nussbaum's Transformation of Dignify.« In: *Capabilities, Gender Equality: Toward Fundamental Entitlements*, hg. v. F. Comim. New York: Cambridge University Press, im Erscheinen.

Brighouse, Harry, und Ingrid Robeyns (Hg.). *Measuring Justice: Primary Goods and Capabilities*. Cambridge: Cambridge University Press, 2010.

Chiappero-Martinetti, Enrica (Hg.). *Debating Global Social: Reach and Limits of the Capability Approach*. Milan: Fondazione Giangiacomo Feltrinelli, 2009.

Comim, Flavio (Hg.). Capabilities, Gender, Equality: *Toward Fundamental Entitlements*. New York and Cambridge: Cambridge University Press, im Erscheinen.

Comim, Flavio, Mozaffar Qizilbash, and Sabina Alkire (Hg.). *The Capability Approach: Concepts, Measures and Applications*. Cambridge: Cambridge University Press, 2008.

Crocker, David A. »Functioning and Capability: The Foundations of Sen's and Nussbaum's Development Ethic.« In: *Political Theory* 20 (1992): 584–612.

– »Functioning and Capability: The Foundations of Sen's and Nussbaum's Development Ethic, Part 2.« In: Nussbaum and Glover, *Women, Culture, and Development*.

– *Ethics of Global Development: Agency, Capability, and, Deliberative Democracy*. Cambridge: Cambridge University Press, 2008.

Crocker, David A., und Ingrid Robeyns. »Capability and Agency.« In: *Amartya Sen*, hg. v. C. Morris, 60–90. Cambridge: Cambridge University Press, 2009.

Deneulin, Séverine, und Lila Shahani (Hg.). *An Introduction to the Human Development and Capability Approach: Freedom and, Agency*. London: Earthscan/IDRC, 2009.

Drydyk, Jay. »Responsible Pluralism, Capabilities, and Human Rights.« In: *Journal of Human Development and Capability* 12, im Erscheinen.

Drydyk, Jay, mit Peter Penz und Pablo Bose. *Displacement by Development: Ethics and Responsibilities*. Cambridge: Cambridge University Press, 2010.

DuBois, Jean-Luc, et al. (Hg.). *Repenser l'action collective: une approche par les capabilités*. Paris: Réseau IMPACT, 2008.

Esquith, Stephen L., und Fred Gifford (Hg.). *Capabilities, Power, and Institutions*. University Park, PA: Penn State Press, 2010.

Fukuda-Parr, Sakiko, und A. K. Shiva Kumar (Hg.). *Readings in Human Development*. Oxford: Oxford University Press, 2003.

Holland, Breena. »Ecology and the Limits of Justice: Establishing Capability Ceilings in Nussbaum's Capability Approach.« In: *Journal of Human Development* 9 (2008): 401–426.

– »Justice and the Environment in Nussbaum's ›Capabilities Approach‹: Why Sustainable Ecological Capacity Is a Meta-Capability.« In: *Political Research Quarterly* 61 (2008): 319–332.

Jayal, Niraja Gopal. »The Challenge of Human Development: Inclusion or Democratic Citizenship?« *Journal of Human Development and Capabilities* 10 (2009): 359–374.

Kanbur, Ravi, und Kaushik Basu (Hg.). *Arguments for a Better world: Essays in Honor of Amartya Sen*. Oxford: Oxford University Press, 2009.

Morris, Christopher (Hg.). *Amartya Sen*. Contemporary Philosophy in Focus. Cambridge: Cambridge University Press, im Erscheinen.

Pogge, Thomas. »A Critique of the Capability Approach.« In: Brighouse und Robeyns (Hg.). (III): 17–60.

Putnam, Hilary. »Capabilities and Two Ethical Theories.« In: *Journal of Human Development* 9 (2008): 377–388.

Qizilbash, Mozaffar. »Social Choice and Individual Capabilities.« In: *Politics, Philosophy and Economics* 6 (2007): 169–192.

Richardson, Henry. *Practical Reasoning about Final Ends*. Cambridge: Cambridge University Press, 1997.

– »Some Limitations of Nussbaum's Capacities.« In: *Quinnipiac Law Review* 19 (2000): 309–332.

– »The Stupidity of the Cost-Benefit Standard.« In: *Journal of Legal Studies* 29 (2000): 971–1003. Wiederabdruck in *Cost-Benefit Analysis*, hg. v. Mathew Adler and Eric Posner. Chicago: University of Chicago Press, 2000.

– »Rawlsian Social-Contract Theory and the Severely Disabled.« In: *Journal of Ethics* 10 (2006): 419–462.

– »The Social Background of Capabilities for Freedoms.« In: *Journal of Human Development* 8 (2007): 389–414.

Robeyns, Ingrid. »The Capability Approach: A Theoretical Survey.« In: *Journal of Human Development* 6 (2005): 93–114.

– »The Capability Approach in Practice.« In: *Journal of Political Philosophy* 14 (2006): 351–376.

– »Justice as Fairness and the Capability Approach.« In: Kanbur and Basu, *Arguments for a Better World*, 2009.

Schokkaert, Erik. »Capabilities and Satisfaction with Life.« In: *Journal of Human Development* 8 (2007): 415–430.

Stewart, Frances. »*Frontiers of Justice: Disability, Nationality, Species Membership*, by Martha C. Nussbaum.« In: *Journal of Human Development and Capabilities* 10 (2009): 153–155.

Wolff, Jonathan, and Avner De-Shalit. *Disadvantage*. New York: Oxford University Press, 2007.

IV. Andere zitierte Werke

Agarwal, Bina. *A Field of One's Own: Gender and Land Rights in South Asia.* Cambridge: Cambridge University Press, 1994.

– »›Bargaining‹ and Gender Relations: Within and Beyond the Household.« In: *Feminist Economics* 3 (1997): 1–51.

Arneson, Richard J. »Perfectionism and Politics.« In: *Ethics* 111 (2000): 37–63.

Barclay, Linda. »What Kind of a Liberal Is Martha Nussbaum?« *SATS: Nordic Journal of Philosophy* 4 (2003): 5–24.

Barker, Ernest. *The Political Thought of Plato and Aristotle.* London: Dover, 1959. Erstveröffentlichung im Jahr 1906 bei G. P. Purnam's Sons.

Barry, Brian. *Justice as Impartiality.* Oxford: Clarendon Press, 1995.

Batson, C. Daniel. *The Altruism Question: Toward a Social-Psychological Answer.* Hillsdale, NJ: Lawrence Erlbaum Associates, 1991.

Beitz, Charles. *Political Theory and International Relations.* Princeton: Princeton University Press, 1979.

Benhabib, Seyla. »Cultural Complexity, Moral Interdependence, and the Global Dialogical Community.« In: Nussbaum and Glover, *Women, Culture, and Development*, 235–255.

Bhatt, Ela. *We Are Poor But So Many.* New York: Oxford University Press, 2006.

Brandt, Richard. *A Theory of the Good and Right.* Oxford: Clarendon Press, 1979.

Deigh, John. »Liberalism and Freedom.« In: *Social and Political Philosophy: Contemporary Perspectives*, hg. v. J. Sterba, 151–161. New York: Routledge, 2001.

Elster, Jon. »Sour Grapes.« In: Sen and Williams, *Utilitarianism and Beyond*, 219–238.

– *Sour Grapes: Studies in the Subversion of Rationality.* Cambridge: Cambridge University Press, 1983.

Green, T. H. »Liberal Legislation and the Freedom of Contract.« In: Harris and. Morrow, *T. H. Green*, 194–212.

Hampton, Jean. »Feminist Contractarianism.« In: *A Mind of One's Own: Feminist Essays on Reason and Objectivity*, 2. Aufl., hg. v. Louise Antony und Charlotte Witt, 332–358. Boulder: Westview, 2002.

Harris, Paul, and John Morrow, (Hg.) *T. H. Green: Lectures on the Principles of Political Obligation and Other Writings.* Cambridge: Cambridge University Press 1985.

Harsanyi, John. »Morality and the Theory of Rational Behavior.« In: Sen and Williams, *Utilitarianism and Beyond*, 39–62.

Korsgaard, Christine. »Fellow Creatures.« *The Tanner Lectures on Human Values*, hg. v. Grethe B. Peterson, Bd. 25/6 (2004): 79–110.

Larmore, Charles. *The Morals of Modernity.* Cambridge: Cambridge University Press, 1996.

Murphy, Liam. *Moral Demands in Ideal Theory.* New York: Oxford University Press, 2000.

Nagel, Thomas. *Equality and, Partiality.* New York: Oxford University Press, 1991.

Okin, Susan Moller. »Poverty, Well-Being, and Gender: What Counts, Who's Heard?« *Philosophy and Public Affairs* 31 (2003): 280–316.

Pettit, Philip. *Republicanism: A Theory of Freedom and Government.* New York: Oxford University Press, 1997.

Pogge, Thomas. *Realizing Rawls.* Ithaca, NY: Cornell University Press, 1989.

– *World Poverty and, Human Rights: Cosmopolitan Responsibilities and Reforms.* Cambridge: Polity Press, 2008.

Posner, Eric. »Human welfare, Not Human Rights.« In: *Columbia Law Review* 108 (2008): 1758–1802.

The Pratichi Education Report: The Delivery of Primary Education, a Study in West Bengal, by the Pratichi Research Team, Kumar Ranq Abdur Rafique, Amrita Sengupta, mit einer Einleitung von Amartya Sen. Nr. 1. Delhi: TLM Books, 2002.

Rawls, John. *A Theory of Justice.* Cambridge, MA: Harvard University Press, 1971, dt. Eine Theorie der Gerechtigkeit, übers. v. Hermann Vetter, Frankfurt/M.: Suhrkamp 1979.

– *Political Liberalism,* erweiterte Aufl. New York: Columbia University Press, 1993, dt. Politischer Liberalismus, übers. v. Wilfried Hinsch, Frankfurt/M.: Suhrkamp 1998.

– *The Law of Peoples.* Cambridge, MA: Harvard University Press, 1999, dt. Das Recht der Völker, übers. v. Wilfried Hinsch, Berlin: de Gruyter 2002.

Rose, Kalima. *Where Women Are Leaders: The SEWA Movement in India.* Delhi: Vistaar, 1992.

Rothschild, Emma. *Economic Sentiments: Adam Smith, Condorcet, and the Enlightenment.* Cambridge, MA: Harvard University Press, 2001.

Scanlon, Thomas. »Value, Desire, and the Quality of Life.« In: Nussbaum und Sen, *The Quality of Life,* 185–200.

– *What We Owe to Each Other.* Cambridge, MA: Harvard University Press, 1999.

Singer, Peter. »Famine, Affluence, and Morality.« In: *Philosophy and Public Affairs* 1 (1972): 229–244.

Stiglitz, J. E., Amartya Sen, J.-P. Fitoussi, et al. *Report of the Commission on the Measurement of Economic Performance and Social Progress.* Online, 2010.

Sunstein, Cass R. *The Second Bill of Rights: F. D. R.'s Unfinished Revolution and Why We Need It More Than Ever.* New York: Basic, 2004.

Unger, Peter. *Living High and Letting Die: Our Illusion of Influence.* New York: Oxford University Press, 1996.

Williams, Bernard. »A Critique of Utilitarianism.« In: *Utilitarianism: For and Against,* hg. v. J. J. C. Smart und Bernard Williams, 77–150. Cambridge: Cambridge University Press, 1973.

Danksagung

Die in diesem Buch entwickelten Gedanken entstanden im Laufe der Jahre der Arbeit am Fähigkeitenansatz. Dank schulde ich somit wirklich jeder Person, die mit Kommentaren und Vorschlägen diese Unternehmung in ihrer Gesamtheit befördert hat. Die Absicht allerdings, der allgemeinen Leserschaft ein kleines Buch zur Einführung in den Ansatz zu schreiben, entstand auf der Jahresversammlung der HDCA im September 2008 in Neu Delhi, Indien. Auf einer Vorlesung, die im Vorfeld der Konferenz für Neumitglieder der Vereinigung stattfand, gab ich eine Einführung in die Entwicklung des Ansatzes, stellte ihnen dessen verschiedene Versionen vor und erläuterte die Herausforderungen, vor denen er steht. Im Anschluss sagten mir viele Menschen: »Wenn Sie doch nur schriftlich ausarbeiten würden, was Sie hier gerade vorgetragen haben, dann wäre das für unsere Lehre und unseren Umgang mit der Öffentlichkeit sehr nützlich.« Forderungen dieser Art waren bereits früher an mich herangetragen worden, jetzt aber, so muss ich gestehen, hatte ich zu reagieren. Somit bin allen dankbar, die auf dem Treffen diese Bitte formuliert hatten. Wie immer danke ich auch Bina Agarwal, Sabina Alkire, Kaushik Basu, David Crocker, Enrica Chiappero-Martinetti, Flavio Comim, Reiko Gotoh, Mozaffar Qizilbash, Henry Richardson, Ingrid Robeyns und den anderen Mitgliedern der Gruppe der »Arbeitsbienen« der Vereinigung und ihrem im Rotationsmodus arbeitenden Exekutivkomitee für ihre bewundernswerten Anstrengungen und Leistungen. Sie haben dafür gesorgt, dass die von uns erbrachte Arbeit der ganzen Welt, speziell aber jüngeren Lehrenden und Lernenden auf eine Weise zugänglich ist, die nur durch leidenschaftliche Hingabe erzielt werden konnte. Ich kam zu dem Schluss, dass ich ihnen aus Dankbarkeit für die geleistete Arbeit das von ihnen gewünschte Buch schulde, und hoffe, etwas Nützliches geschaffen zu haben. In gleichem Maße dankbar bin ich meinen Kollegen an der University of Chicago Law School für ihre großzügige Beschäftigung mit meiner Arbeit. Für hilfreiche Kommentare zu einer ersten Ausarbeitung danke ich insbesondere

Daniel Abebe, Emily Buss, Rosalind Dixon, Mary Anne Franks, Tom Ginsburg, Adam Hosein, Jae Lee, Saul Levmore, Richard McAdams, Eric Posner, Lior Strahilevitz, Julie Suk und David Weisbach. Henry Richardson bat darum, mir als der Autor eines der Harvard University Press übermittelten wundervollen Kommentars genannt zu werden. Gleiches tat auch David Crocker. Somit schulde ich beiden – wie auch einem anonymen Leser – besonderen Dank. Selbstverständlich bin ich Amartya Sen zu tiefster Dankbarkeit verpflichtet. Dies ist allerdings das ganze Buch hindurch offensichtlich, sodass dazu weiteres nicht gesagt werden muss.